VOYAGE EN ÉTHIOPIE

AU

SOUDAN ORIENTAL

ET DANS

LA NIGRITIE

OUVRAGES DU MÊME AUTEUR

PUBLIÉS AVEC ENCOURAGEMENT DU GOUVERNEMENT

VOYAGES AU SOUDAN ORIENTAL
ET DANS L'AFRIQUE SEPTENTRIONALE

Comprenant des explorations dans l'Algérie, les Régences de Tunis et de Tripoli, l'Egypte, la Nubie, les déserts, l'île de Méroé, le Sennâr, le Fa-Zoglo, et dans les contrées inconnues de la Nigritie, formant un bel Album in-folio de vues pittoresques, scènes de mœurs, types de végétation remarquable, dessins d'objets ethnologiques et scientifiques, panoramas, cartes géographiques, etc.

Atlas de 61 Planches en partie coloriées, avec texte

dont 4 cartes, 2 panoramas et un frontispice. Prix : 160 fr. avec 3 vol. in-8.

PARALLÈLE
DES
ÉDIFICES ANCIENS ET MODERNES
DU CONTINENT AFRICAIN

Comprenant : pour l'antiquité, des monuments des diverses phases de la civilisation naissante, de chaque style et de chaque époque qui se sont succédé; pour les temps modernes, les habitations depuis le *toucoul* ou cabane des nègres du Soudan jusqu'à la somptueuse habitation mauresque et la mosquée depuis sa plus simple expression jusqu'à sa plus grande splendeur.

Ces exemples sont choisis parmi les monuments les plus caractéristiques, les moins connus ou entièrement inconnus.

Atlas de 82 Planches in-folio en partie coloriées, avec texte

et une carte de l'Afrique centrale et orientale. Prix : 160 fr. avec un vol. in-8.

EXPLORATION ARCHÉOLOGIQUE
EN ASIE MINEURE

EXÉCUTÉE PENDANT LA GUERRE DE CRIMÉE

Plus de cinquante localités ou cités antiques ont fourni les documents de cette exploration ; elle comprend des ruines de villes antiques presque entières; avec leur enceinte et des monuments de toute espèce parfois peu endommagés. On y remarque des enceintes fortifiées, des camps retranchés, des stades, des théâtres, des temples, des basiliques, des thermes, des palestres, des agora, des hippodromes qui ont jusqu'à deux fois la grandeur du plus grand cirque de Rome, des aqueducs, dont l'un, plus élevé que celui du Gard, a cinq à six fois sa longueur, etc. ; en outre, des médailles, un grand nombre d'inscriptions grecques et quelques-unes latines. Cet ouvrage, en cours de publication, formera

43 livraisons de 5 Planches in-folio avec texte

Prix de chaque livraison : 10 fr.

VOYAGE EN ÉTHIOPIE

AU

SOUDAN ORIENTAL

ET DANS

LA NIGRITIE

PUBLIÉ AVEC ENCOURAGEMENT DU GOUVERNEMENT

PAR

P. TRÉMAUX

LAURÉAT DE L'INSTITUT DE FRANCE, MEMBRE DE PLUSIEURS ACADÉMIES ET SOCIÉTÉS SAVANTES

OUVRAGE ACCOMPAGNÉ D'UN ATLAS DE PLANCHES

TOME PREMIER

ÉGYPTE ET ÉTHIOPIE

PARIS
LIBRAIRIE DE L. HACHETTE ET Cie
BOULEVARD SAINT-GERMAIN, 77

1862

Tous droits réservés

AVANT-PROPOS

—

Le lointain voyage qui fait le sujet de cet ouvrage est dû à un concours de circonstances rares et imprévues.

Après avoir été couronné par l'Académie, M. Trémaux quitta la France avec l'intention d'aller compléter ses études architecturales sur la terre classique de Rome et dans d'autres contrées où l'antiquité a laissé ses plus intéressants monuments. Il visita d'abord l'Algérie et la régence de Tunis, qui lui donnèrent un avant-goût des explorations. De là il comptait se rendre en Italie; mais, ne trouvant pas de navire qui dût faire voile pour ce pays, il accepta l'offre que lui fit un capitaine de navire de le conduire en Égypte, et bientôt il perdit de vue la terre de Carthage et les antiques débris que la mer roule dans ses flots.

La traversée ne fut pas heureuse : une tempête, qui fit échouer un vaisseau anglais sur la côte de Tripoli, fit aussi subir de graves avaries au frêle bâtiment sur lequel était M. Trémaux. Heureusement le navire put atteindre Malte, où le capitaine se vit forcé de séjourner pour faire réparer ses avaries.

De Malte, où l'avait rejeté la tempête, notre voyageur pouvait facilement gagner l'Italie; mais il était trop tard! les monuments des Constantin, des Titus et des Caracalla avaient déjà fait place, dans son imagination, aux ruines plus anciennes et plus mystérieuses qui attestent les magnificences des Sésostris et des Rhamsès. C'était un parti pris; il se rendit en Égypte.

Pendant son séjour au Caire, M. Trémaux apprit que Méhémet-Aly envoyait une expédition au Soudan, au delà de Fa-Zoglo, avec mission d'établir des machines pour laver l'or et pousser les recherches des sables aurifères, aussi loin que possible dans les régions inconnues de la Nigritie. C'était là une occasion rare et précieuse dont M. Trémaux comprit qu'il devait profiter. Personne n'était spécialement attaché dans un intérêt scientifique à cette expédition, dont la recherche de l'or était le seul mobile. Cependant il y avait à recueillir des faits qui ne pouvaient manquer d'intéresser la géographie, la science et l'histoire. Ainsi, en s'adjoignant à l'expédition, non-seulement M. Trémaux pouvait faire tous ses efforts pour remplir cette importante tâche, mais, en outre, il trouvait une précieuse occasion d'étudier les monuments jusque dans l'Éthiopie, où ils sont si peu connus.

M. Trémaux ayant pris cette détermination, fut présenté par M. Adolphe Barrot, consul de France en Égypte, au vice-roi, qui se montra très-disposé à favoriser un voyageur qui voulait bien, sans autre intérêt que celui de la science, s'aventurer dans une telle entreprise. En conséquence, il lui délivra un firman, l'autorisant à jouir de tous les avantages que pourrait lui procurer l'expédition, afin qu'il pût se livrer en toute liberté aux études et aux recherches qu'il jugerait les plus intéressantes.

Pour organiser cette expédition, Méhémet-Aly avait fait demander à l'empereur de Russie un ingénieur qui devait établir au Soudan, des machines pour les lavages aurifères, semblables à celles qui sont employées dans les mines de l'Oural. Le czar, au lieu d'envoyer un ingénieur, avait désigné pour cette mission un lieutenant-colonel, M. Kovalewski, qui était plutôt un homme du monde ou un soldat qu'un ingénieur; mais pour suppléer à ses connaissances sous ce dernier rapport, il lui avait adjoint deux ouvriers russes très-expérimentés; l'un pour établir les machines, l'autre pour faire les recherches et les expériences de lavage. En outre, un jeune botaniste polonais, sujet russe, M. Cinkowski, avait obtenu du czar l'autorisation de partir avec M. Kovalewski. Un lieutenant-colonel turc, Yousouf-Effendi, chargé de conduire et approvisionner l'expédition, un médecin, un interprète et des serviteurs égyptiens en grand nombre, complétaient le personnel de cette expédition. Une escorte militaire devait être fournie par les dernières troupes égyptiennes que l'on rencontrerait à l'entrée du pays des nègres, aux environs de Kaçane, sur le Toumate.

M. Trémaux se félicite d'autant plus aujourd'hui d'avoir effectué ce curieux voyage, que depuis ce moment la domination égyptienne, loin d'avoir fait des progrès dans la Nigritie, y a perdu du terrain dans les contrées qui font l'objet de ce voyage, et que toutes les tentatives faites pour explorer le fleuve Blanc n'ont encore pu dépasser sensiblement la limite déjà connue, ou bien ont échoué avant même d'atteindre les pays non explorés. Telle a été l'expédition scientifique, organisée sous la direction de M. d'Escayrac de Lauture, qui, après avoir déjà compté ses frais par centaines de mille francs, n'a pas même pu mettre le pied sur le pays des nègres.

M. Trémaux a la conscience d'avoir tiré de sa lointaine exploration tout le profit possible. Les atlas qui accompagnent cette publication comprennent des vues pittoresques, des scènes de mœurs, des types de végétation remarquables, des dessins d'objets ethnologiques et scientifiques, des panoramas, des cartes géographiques, et un parallèle des édifices anciens et modernes du continent africain. La publication de ces nombreux documents, faite avec le concours du gouvernement, a seule retardé jusqu'à ce jour la publication de ces volumes.

EXTRAIT DU RAPPORT DE L'ACADÉMIE DES INSCRIPTIONS ET BELLES-LETTRES, A M. LE MINISTRE DE L'INSTRUCTION PUBLIQUE SUR LE PROJET DE PUBLICATION DU VOYAGE DE M. TRÉMAUX EN NUBIE, AU SOUDAN ORIENTAL ET DANS L'AFRIQUE SEPTENTRIONALE. — INSÉRÉ AU MONITEUR UNIVERSEL DU 7 MAI 1851.

La commission nommée pour l'examen des matériaux rapportés par M. Trémaux, architecte, lauréat de l'Institut, pendant son voyage dans la haute Nubie, au Soudan oriental et dans l'Afrique septentrionale, s'est assemblée, et m'a chargé de faire le rapport suivant. L'auteur a mis sous ses yeux la presque totalité de ses dessins; il les a classés en deux grandes séries : la première, consacrée à l'architecture et aux constructions de tous genres et de tous temps; la seconde, à la géographie et au voyage proprement dit. L'une et l'autre présentent un véritable intérêt. Si tout n'est pas entièrement neuf, l'ensemble qu'elles forment leur donne un grand avantage, qui compense en partie le mérite de la nouveauté. En outre, ce qui n'avait été fait par personne, la reconnaissance du pays compris entre le Nil blanc et le Nil bleu sous le parallèle du 10ᵉ degré, M. Trémaux l'a accompli avec succès, et, pour y réussir, il a déployé un zèle et une constance dignes des plus grands éloges.

Le plan de publication de M. Trémaux est sage et judicieux; il compare les constructions des peuples non civilisés à celles des nations plus avancées. Les dessins ne sont pas tous terminés, mais l'auteur saura facilement donner aux dessins encore imparfaits le fini qui leur manque; son expérience et son habileté comme artiste en sont une sûre garantie.

C'est pour la première fois que des voyageurs européens ont pénétré aussi loin dans le sud; M. Trémaux a relevé avec soin toutes les positions, il a déterminé avec exactitude la ligne de partage entre les vallées des deux Nils; enfin, il a observé les populations et fait des remarques neuves et d'un véritable intérêt sous le rapport des mœurs et des usages, ainsi que du type physique des races humaines.

PREMIÈRE PARTIE
ÉGYPTE ET NUBIE

CHAPITRE PREMIER

DÉPART DU CAIRE

Rues et véhicules du Caire. — Embarquement sur le Nil. — Les villas du Caire. — Mœurs et réflexions. — Aspect de la vallée du Nil. — Différents groupes de pyramides. — Le crépuscule en Égypte. — Diversité des passagers.

L'Afrique septentrionale venait de me faire entrevoir un monde nouveau par ses peuples bigarrés, et un monde éteint par ses restes archéologiques. Aussi, peu de temps après mon arrivée au Caire, j'avais résolu de bien plus longues explorations : l'Égypte et l'Éthiopie devaient me montrer, dans de nombreuses et gigantesques ruines, les premières traces de la puissance humaine. L'horizon des déserts allait s'ouvrir devant moi, puis ce Soudan énigmatique, puis les pays inconnus de la Nigritie, où l'homme, toujours à l'état primitif, semble né d'hier, et n'a encore d'autre vêtement que la couche noire dont l'a voilé la nature.

S'il est un moment où le voyageur doive se sentir ému, c'est assurément celui où il va mettre l'immensité des déserts entre lui et sa patrie, le pays de ses affections, et pénétrer dans des régions inconnues qui lui laissent de faibles chances de retour. Cependant, bien que déjà loin de ma famille, qui me croyait à Rome, les avis sur les sérieux dangers qui attendent l'explorateur dans ces pays lointains, les conseils prudents, rien ne m'avait manqué. A mille lieues de sa patrie, sur cette terre étrangère où tout pour l'européen semble appartenir aux fictions des contes orientaux, un compatriote devient un ami, il est presque un frère. Je ne pouvais donc me défendre d'une certaine impression, résultant des dangers nombreux dont m'avaient parlé ces amis d'un jour; mais, d'un autre côté, ce voyage mystérieux, ce vague attrait de l'inconnu après lequel aspire une imagination ardente l'eut bientôt emporté sur les velléités de la prudence. Et comme tout chemin mène à Rome, je pris, confiant dans ma bonne étoile, la route du Soudan pour y arriver

Un ânier était à ma porte, avec deux de ces beaux ânes d'Orient qui jadis, presque au même lieu, servirent de monture à la sainte famille; bientôt mes effets furent installés sur l'un deux, et dans un instant je fus sur l'autre, tout fier d'enfourcher un aussi illustre quadrupède.

Je quittai ainsi le Caire, ville au cachet oriental par excellence. Pendant quelque temps je serpentai à travers ses ruelles étroites et tortueuses, où, pressé par la foule, tantôt on se heurte aux nombreuses montures de tout genre qui les parcourent, ou bien aux angles saillants des maisons qui anticipent démesurément et sans règle sur ces ruelles, tantôt on se courbe pour laisser passer par-dessus sa tête les charges des gigantesques chameaux qui, avec les ânes, servent, à l'exclusion des voitures, au transport des voyageurs et des marchandises au Caire. En sortant de la cité des kalifs, nous suivîmes la route poudreuse qui conduit sur les rives du Nil à Boulac.

Là, un bateau à vapeur du vice-roi attendait les membres de l'expédition que Son Altesse envoyait à la recherche de l'or. Ce bateau, sur lequel j'allais prendre place, devait nous conduire jusqu'à la première cataracte.

L'activité n'étant pas une des qualités dominantes chez les Orientaux, une partie de la journée s'écoula pendant notre installation à bord. Pour prendre patience, j'examinais les barques égyptiennes ou *dahabiè*, qui remontaient péniblement le Nil, soit au moyen de longues voiles latines qu'enflait une brise du nord, ou halées par des hommes attelés à des cordages quand la brise devenait trop faible pour vaincre le courant.

Enfin, à une heure assez rapprochée de la nuit,

le 20 janvier 1848, notre bateau s'ébranla, et nous eûmes bientôt regagné les barques qui nous avaient précédés. Ici la science de l'Occident montra toute sa supériorité sur la vieille routine orientale : notre bateau glissa majestueusement sur le Nil, au milieu de ces dahabiè qui semblaient inertes et même reculer à ses côtés.

Rien n'est plus riant que ce beau fleuve aux abords de Boulac. De blanches villas couvertes en terrasses émaillent ses rivages et sont à demi enfouies dans des masses d'une belle végétation; çà et là les capricieuses fantaisies de l'architecture arabe attirent et captivent la vue. Seulement la plupart des fenêtres et des balcons en saillie sont fermés et grillés; ils ne permettent pas au regard indiscret du passant de pénétrer dans l'intérieur. Il est interdit, par la religion de Mahomet, de voir le visage des odalisques que renferment ces villas; l'infraction que commet l'odalisque qui se laisse voir est encore bien plus grave. Le costume des femmes au dehors n'est pas moins discret que ces grillages, dont il est le complément; il dissimule si complétement les formes et les traits, qu'il n'est guère possible de discerner si elles sont jeunes ou vieilles, belles ou laides, grosses ou minces. C'est ainsi que se traduisent les craintes jalouses chez les Orientaux; cependant si le passant peut à peine discerner comme une ombre les femmes qui se meuvent derrière ces grillages, elles, au contraire, peuvent voir facilement.

à l'extérieur ; à la vérité, cela ne fait guère le compte de la coquetterie féminine, car elles préféreraient souvent être vues que voir.

Une telle religion ferait peu de prosélytes parmi nos jolies Parisiennes, qui se résigneraient, je crois, difficilement à déformer et cacher ce qu'elles mettent tant de soins à parer et à produire. En Orient, la femme qui ne verrait pas la jalousie de son mari se signaler par une reclusion sévère se croirait délaissée, penserait qu'il ne l'aime pas, puisqu'il négligerait de s'assurer de sa fidélité. En Europe, au contraire, s'il en était ainsi, la femme se considérerait comme victime d'une cruelle tyrannie. Tel est pourtant l'effet d'une même cause. Si l'on cherche la raison de ce résultat, elle n'est pas difficile à trouver, elle est la conséquence des principes et de l'éducation de chaque peuple, si différents en Orient et en Occident.

En Orient, les deux sexes ne vivent pas ensemble en société, la femme reste sans instruction, elle se tient toujours voilée en présence des hommes autres que son mari ou ses enfants. Le mariage se traite avec les parents ou plutôt avec le père de la jeune fille, sans que le prétendant ait pu voir à découvert le visage de la personne dont il sollicite la main ; il ne peut donc avoir conçu pour elle aucun de ces sentiments délicats qui constituent le véritable amour. Ce n'est pour lui qu'une affaire de convenance ou un besoin exclusivement matériel. En outre, par suite de cette vie de reclusion, la femme d'Orient ne possède ni la grâce, ni les charmes qui captivent; elle n'a pour elle que la beauté de la forme. Si c'est une esclave que l'homme achète, une question d'argent règle toute l'affaire; puis, le besoin matériel étant toute la satisfaction qu'elle peut donner, l'homme n'a plus rien à attendre d'un être sans éducation et dégradé; le résultat reste donc toujours le même pour l'homme. Quant à la femme, si elle éprouve des sentiments délicats, ce n'est certainement pas la pesanteur de la main d'un maître qui les fait naître; elle se sent surtout attirée vers l'homme par l'instruction, l'intelligence et les sentiments élevés qu'elle trouve en lui; mais l'on sait que les Orientaux ne brillent ni par les unes ni par les autres de ces qualités, et ceux mêmes qui se distinguent par quelques-uns de ces avantages croiraient se dégrader s'ils n'agissaient pas avec leur femme en maître absolu, selon les principes musulmans. Ainsi, ce qui fait naître chez les hommes des sentiments délicats, manque aux femme de l'Orient, et ce qui attire et captive le cœur de celles-ci ne se trouve pas dans leurs maîtres privés d'éducation.

Voilà pourquoi l'amour du cœur est peu connu dans ces contrées, et pourquoi l'amour physique règne presque exclusivement.

Ceci posé, la conséquence en découle naturellement : en Europe, l'homme ne voudrait pas se priver d'une source de jouissances morales supérieures à la jouissance physique, en traitant la femme sans délicatesse et en maître absolu. En Orient, au contraire, l'homme, n'ayant rien à attendre des jouissances morales, qui ne sauraient se développer avec de tels usages, n'a pas besoin de ménagements ni d'égards pour la femme, il ne songe qu'à assurer ses jouissances physiques par les mesures que lui dicte son titre de maître, et faute d'un lien moral il lui faut une barrière matérielle.

Dans cette situation, le musulman ne peut guère compter sur la vertu ni sur les sentiments délicats de la femme pour la retenir dans ses devoirs, et il ne croit à sa fidélité que quand elle est sous la surveillance d'un eunuque, et dérobée aux regards des hommes par un voile impénétrable et des vêtements difformes, ou bien lorsqu'elle est renfermée dans les murs du harem.

Quant à la femme privée d'éducation et des sentiments élevés qui naissent des égards de l'homme, elle ne se croit, pour ainsi dire, pas chargée de veiller elle-même à la conservation de son honneur. Elle regarde ceci comme étant plus particulièrement l'affaire de son époux; aussi ne trouve-t-elle rien à dire à la reclusion et à l'accoutrement bizarre auquel elle est astreinte; loin de là, elle se considérerait comme délaissée, ainsi que je l'ai dit, si le mari ne prenait pas ces précautions contre elle, et l'eunuque qui la suit est un luxe dont elle s'enorgueillit. Dans cette situation, elle n'apprécie que le bien-être et les jouissances matérielles. L'homme qui les lui procure est en quelque sorte dispensé d'autres qualités. S'il n'en était pas ainsi, si ces femmes avaient les goûts et les sentiments des femmes d'Europe, elles seraient vraiment bien malheureuses.

La même cause qui a fait croire au musulman que toute autre religion que la sienne était mauvaise, fait aussi que chaque peuple accepte et pratique les conséquences de sa foi sociale comme lui paraissant les plus justes et les meilleures.

Pendant que je me laissais aller aux réflexions que m'inspiraient les fenêtres grillées ou *moucharabieh* des maisons orientales, le bateau continuait activement sa course en remontant le fleuve. Les maisons disparurent, et nous nous trouvâmes en contre-bas de ses rives. Nous ne vîmes plus que les sommets des villages épars dans la plaine de deux ou trois lieues de largeur qui forme la vallée du Nil. Chacun de ces villages est ordinairement situé sur une légère éminence de terrain qui le préserve des inondations. Il est généralement surmonté et ombragé d'un bouquet de palmiers dont les têtes panachées s'élèvent au-dessus de chétives constructions en terre.

La vue se termine à l'occident par la chaîne de montagnes basses qui forment la limite des déserts; à l'orient par les flancs des plateaux rocheux et entrecoupés qui s'étendent vers la mer Rouge.

A droite, en montant, on voit d'abord les gigantesques masses des pyramides de Giseh, dont les sommets dépassent la chaîne des montagnes ; puis, sur le même côté, on découvre successivement les pyramides de Saqquarâh, de Dahchour et d'Abou-Sir, qui longent également la chaîne des montagnes du désert. L'une d'elles ressemble par ses degrés à une succession de pyramides tronquées, posées les unes sur les autres.

Ces immenses monuments commencent à donner une idée de la puissance prodigieuse de l'antique civilisation de cette contrée.

Notre but, ici, n'est pas de faire une description complète des nombreux monuments antiques de l'Égypte, qui ont déjà été décrits plusieurs fois; mais seulement de toucher aux points les plus saillants et les plus propres à donner une idée de l'antique civilisation égyptienne. Les nombreux restes de temples et autres ruines que l'on rencontre en remontant la vallée du Nil, sur tous les points où existèrent les cités antiques, les innombrables tombeaux, les immenses catacombes qui accompagnent ces cités, nécessiteraient seuls plusieurs volumes. Seulement les ruines de l'Éthiopie étant peu connues, et par cela même plus intéressantes, nous nous y attachons plus particulièrement.

Vers le soir, nous avions en vue une haute masse sombre appelée la montagne de Réquette ou pyramide naturelle. Cette montagne ressemble assez à une forteresse élevée sur un rocher presque à pic, dont la base semble posée sur le sommet des autres montagnes. A partir de ce moment, le plus magnifique effet de soleil couchant que l'on puisse imaginer se présenta à nos yeux éblouis. Les vapeurs empourprées du soir commencèrent à nous envelopper de leurs mille nuances transparentes; les bords de l'horizon semblaient éclairés par les reflets d'un vaste incendie du désert, derrière les croupes sombres des montagnes. Par une transition insensible, cet horizon empourpré du ciel se fondait dans l'azur étoilé de la voûte. La lune remplissait l'espace de ses pâles clartés et donnait un aspect vaporeux à tous les accidents de la campagne. Le Nil, ce roi des fleuves, présentait en ce lieu une largeur imposante, sa surface, unie comme une glace, reflétait les profondeurs et les astres du ciel. Sa rive, couronnée de palmiers, semblait une frange suspendue dans l'espace, tant la surface unie et brillante du Nil ressemblait au ciel qu'elle réfléchissait, et le navire, en glissant sur le fleuve entre ce monde réel et le monde reflété, paraissait naviguer dans l'espace infini des cieux.

Les quelques Européens présents avec moi sur le pont du bateau étaient véritablement en extase devant ce nouveau et ravissant spectacle, dont les plus belles soirées d'Europe ne peuvent donner qu'une faible idée.

Quant aux indigènes, nos compagnons de voyage, assez heureux pour avoir obtenu leur passage sur le

Marquep el Nâr (bateau à feu), cet effet qui se reproduit presque chaque soir, ne pouvait leur procurer les mêmes sensations qu'à nous. Quelques-uns étaient nonchalamment accroupis sur le pont et drapés dans des haillons; ils égrenaient simultanément entre leurs doigts les grains d'un long chapelet, et entre leurs lèvres les syllabes entrecoupées d'une oraison indéfinie. D'autres, dont le vêtement chamarré d'or et de couleurs vives indiquait ou des chefs, ou des gens d'une position plus fortunée, ou des *effendis* (savants), faisaient la prière avec force démonstrations gymnastiques, ou exhalaient quelques bouffées de fumée blanche qu'ils aspiraient gravement de leurs longs chibouks; mais aucun de ces hommes ne semblait voir le magnifique spectacle de la nature qui nous entourait, et auquel ils sont sans doute habitués. Ils étaient pour nous le complément du tableau et nous fournissaient une sorte de spécimen de la vie orientale, résumée dans ces trois principaux accidents : *Far niente*, prier et fumer.

Un autre groupe, situé à l'avant du bateau, attira également mon attention, il se composait d'esclaves et de gens de service spéciaux pour chaque usage. Ici, les physionomies étaient plus variées, on trouvait des types de l'Égypte et de toutes les régions qui s'étendent depuis la Nubie jusqu'au Soudan, pays où se fait le recrutement des esclaves. Les uns, accroupis ou plus ou moins couchés, écoutaient les récits de quelques conteurs ou promenaient les yeux au firmament. D'autres jouaient au moyen de petits cailloux disposés et comptés de certaine façon. Sur un côté du bateau, une tête crépue, une figure noire, appuyée sur la balustrade, fixa plus particulièrement mon attention. Immobile depuis longtemps, je crus d'abord cette personne malade; mais je vis bientôt qu'il n'en était rien. Ni les jeux, ni les récits, ni même la beauté du spectacle qui nous entourait ne semblaient avoir action sur elle, ou plutôt, à voir ses gros yeux blancs, ouverts sans rien voir, sa pensée rentrée en elle-même, il me sembla que c'était la beauté de la nature qui avait ainsi mis ce masque noir dans une extase à laquelle avaient succédé d'autres rêves, d'autres pensées. Je fus satisfait de voir enfin, parmi ces gens, une personne qui, comme moi, avait réellement subi l'influence d'une aussi belle soirée.

Bientôt je fus distrait de mes observations; il se fit un mouvement dans le personnel du bateau; on annonça Béni-Souef, où nous devions passer la nuit. Je désirais pourtant voir un peu mieux la personne qui avait attiré mon attention, pour la reconnaître le lendemain; mais, malgré l'agitation qui régnait autour d'elle, elle ne quitta en rien sa position : je dus renoncer pour le moment à mon projet.

CHAPITRE II

LES BORDS DU NIL

Aspect de Béni-Souef. — Promenade et apparitions nocturnes. — Mes compagnons de voyage. — Les *saki*. — L'arrosement des terres. — Filature et palais des pachas. — Les hypogées. — Sons harmonieux sur le Nil. — Kénéh et Dendérah. — Lenteurs des barques à voiles. — Anglais et Russe aux prises. — Approche de Thèbes.

Quand le bateau fut amarré, je mis pied à terre sur des talus nus et arrondis qui forment le quai de Béni-Souef. Les maisons qui bordent le Nil ne sont guère plus hautes que des murs de clôture; un petit nombre seulement ont une surélévation qui ressemble à un premier étage. Quelques tours de pigeonniers et quelques minarets s'élèvent à travers les têtes de palmiers qui dominent la ville. Malgré l'obscurité, il me prit fantaisie de pénétrer dans ses ruelles tortueuses que pas une lumière n'éclairait; chemin faisant, j'entendais de temps à autre s'ouvrir une porte et des bruits de pas dans une cour voisine, ou des lambeaux de conversations inintelligibles, ou bien encore la voix criarde de quelque mégère. Ailleurs, mon attention était attirée par des rayons de lumière s'échappant à travers les grillages d'une petite fenêtre borgne; plus loin se faisait entendre le battement sourd du *tarabouka*, auquel se joignaient les accents monotones de quelques voix plaintives. Là, je m'arrêtai un moment; un amas de terre qui servait de banc contre la clôture de la cour me servit de marchepied pour voir par-dessus. J'entendis alors plus distinctement le bruit de l'instrument et les chants; une porte s'ouvrit et j'aperçus au milieu de la pièce une personne debout faisant des mouvements de danse devant des spectateurs accroupis sur des nattes. Enfin, la porte s'étant refermée et des pas s'étant dirigés vers la rue, j'abandonnai mon poste d'observation.

Plus loin, je rencontrai quelques figures comme des fantômes qui semblaient prendre avec soin le côté opposé. Dans l'obscurité, mon costume devait en effet leur paraître quelque chose d'extraordinaire. Plusieurs fois je me trouvai dans des cours ou des impasses, qui me forcèrent à revenir sur mes pas, sans trop savoir où me diriger pour retrouver les bords du Nil. A travers des portes ou des clôtures mal jointes, j'entendais des respirations, sous des espèces de hangars, j'entrevoyais des gens et des animaux se mouvoir dans l'ombre. Enfin, après de nombreux détours et divers incidents de ce genre, je retrouvai les bords du Nil, où je rejoignis notre bateau.

Le lendemain matin, en continuant notre route, la direction du fleuve nous fit côtoyer la chaîne des montagnes basses du désert de l'est, qui sont coupées en falaises et forment de hautes crêtes, taillées presque à pic par le Nil. Ces montagnes, ou plutôt ces plateaux du désert présentent une stratification peu variée; c'est une sorte de grès friable qui a atteint un faible degré de consistance et se désagrége facilement. La plaine cultivée se trouve presque toute à l'ouest.

Mes compagnons de voyage commencèrent à arriver sur le pont. C'était d'abord le colonel turc, chargé de pourvoir aux besoins de l'expédition. Il apparut sur le pont, suivi de plusieurs domestiques ou esclaves. L'un portait son grand sabre, l'autre son long chibouk, « un troisième ne portait rien, » mais se tenait près de lui, les bras croisés, comme pour attendre ses ordres. Quelle ne fut pas ma surprise en reconnaissant dans le porte-chibouk ma tête noire de la veille, dont la physionomie pensive m'avait frappé. Cette personne que j'avais prise pour une femme portait un costume d'homme; pourtant ses traits assez réguliers, imberbes et même fins pour sa race, quoique un peu mâles, comme chez la plupart des négresses, me semblaient toujours être ceux d'une femme. Le colonel ne pouvant pas emmener une femme à cause des lois du Coran, qui obligent à toutes sortes de précautions pour la dérober aux yeux des hommes, et particulièrement des *djaours* (infidèles), avait peut-être imaginé ce déguisement pour détourner l'attention; ou bien encore était-ce un eunuque, car sa voix douce ne pouvait guère être que celle d'une femme ou d'un eunuque. Je me reposai donc sur le temps pour éclaircir ce doute. Les deux autres domestiques du colonel turc étaient aussi de jeunes adolescents qui me semblaient peu propres à rendre d'utiles services dans un tel voyage, et je ne comprenais guère leur présence ici. Ce colonel, nommé Yousouf-Effendi, s'avança gravement sur le pont à pas mesurés; une grosse ceinture entre laquelle étaient placés quelques poignards et yatagans maintenait en même temps son ample pantalon; une veste toute brodée et chamarrée jusque sur le dos recouvrait en partie la ceinture; ses bas étaient retenus par des jarretières à franges multicolores; ses pieds étaient enfermés dans une double paire de chaussures en maroquin, l'une jaune à l'intérieur, l'autre rouge à l'extérieur; enfin, deux bonnets recouvraient sa tête : l'un, blanc, débordait légèrement au-dessous de l'autre, qui était rouge et garni de l'ample houpette bleue que l'on connaît; celle-ci était maintenue sur le milieu du bonnet par une plaque ronde en cuivre qui est le cachet distinctif du bonnet militaire en Égypte et en Turquie.

En arrivant, le colonel Yousouf-Effendi tourna sa longue moustache dans ses doigts, jeta un coup d'œil autour de lui, dégagea sa voix par quelques petits toussements, puis tira de sa poche un mouchoir brodé qu'il déplia avec soin et qu'il jeta par le milieu sur sa main gauche comme pour s'en servir; il se pinça alors le nez entre le pouce et l'index de l'autre main, se penchant sur la balustrade du pont, et accomplit l'opération sinon avec grâce, du moins avec tant d'adresse que le mouchoir préparé devint inutile. Il fut replié méthodiquement avec soin et réintégré dans la poche d'où il était sorti.

Après ces préliminaires, Yousouf-Effendi se retourna; il m'aperçut, et me fit avec gravité et comme un hôte qui reçoit son monde des *salamalek* que je m'empressai de lui rendre; puis il me fit demander par le drogman comment j'avais passé la nuit, etc. Pendant ce temps arriva le colonel russe, M. Kovalewsky, que je connaissais déjà. C'était un petit homme mince et fluet aux sourcils blonds, affectant les manières européennes. Comme appartenant à la société russe, il parlait le français et même un peu l'italien. Il s'approcha enveloppé d'une longue robe de chambre qui avait bien de la peine à rehausser sa taille, et s'avança également pour échanger ses salutations avec nous; sa parole était lente et mesurée, il parlait en serrant un peu les lèvres et en sifflant. Tels étaient les deux principaux personnages de l'expédition; plus tard nous aurons occasion de connaître les autres.

Nous continuâmes à remonter le Nil. Les villages se

succédaient avec la même physionomie que ceux que nous avions vus la veille. Sur ces rives on entend incessamment des *saki* ou machines à élever l'eau, dont les grossiers rouages en bois ont des grincements stridents qui déchirent les oreilles. A peine le bruit de l'une de ces machines malencontreuses pour une oreille musicale commençait-il à diminuer en arrière par l'éloignement, qu'une autre recommençait de plus belle par devant. Pour nous consoler, on nous dit que ce charmant concert devait nous accompagner pendant plus de deux cents lieues, jusqu'à ce que nous ayons pénétré dans le désert.

Si ces machines sont peu agréables à l'ouïe, elles sont en revanche de la plus grande utilité pour la fertilité de l'Égypte et principalement de la Nubie. La surface des terres cultivées est partout divisée en petits rectangles de quelques pas de largeur, au moyen de petites digues d'une quinzaine de centimètres de hauteur. Chacun de ces rectangles est successivement mis en communication avec les rigoles qui amènent l'eau élevée par la saki, jusqu'à ce qu'il soit submergé à pleins bords, puis l'eau est conduite à un autre, ainsi de suite. Si l'on se bornait à un léger arrosement superficiel, l'eau, avant qu'elle ait pu pénétrer aux racines, serait promptement absorbée par la chaleur tropicale et l'air sec venant des déserts; l'effet serait nul, malgré de fréquentes répétitions. Aussi, l'arrosement constitue le plus sérieux travail du cultivateur en

Égypte. Les saki sont mues par des bœufs, des ânes ou des chameaux, ou même par l'accouplement disparate de ces divers animaux tournant autour de la machine. Quelques autres systèmes servent aussi à élever les eaux. On voit quelquefois sur les berges du fleuve de petits bassins établis à hauteur d'homme, les uns au-dessus des autres, en s'éloignant de plus en plus sur les talus; à chacun de ces petits réservoirs un homme est établi pour élever l'eau de l'un à l'autre au moyen d'une sorte de sceau. Une perche en bascule sur un long pieux, ayant une corde d'un bout pour soutenir le sceau, et un contre-poids de l'autre, sert à soulager le travailleur dans ce genre d'arrosement.

Le 22 janvier au matin, nous visitâmes la filature que le pacha d'Égypte a fait établir à Djirgé. Elle est montée sur une assez grande échelle et bien tenue. Les *fellah* égyptiens, peu propres aux travaux de l'imagination et de l'intelligence, se familiarisent assez bien avec ces sortes de métiers où il ne faut guère que de l'habitude. Cette faculté d'imitation plutôt que de création de l'Égyptien moderne paraît être une des causes de l'état de stagnation où il demeure depuis des siècles.

Vers onze heures nous mettions pied à terre pour visiter la ville de Minyeh et le palais que Méhémet-Aly possède en cette cité. Celle-ci ressemble à toutes les autres villes d'Égypte : la plupart des maisons sont basses et n'ont qu'un premier étage, elles sont invariablement couvertes en terrasses et construites en briques de terre sèche. Grâce à ses minarets, ses pigeonniers et surtout ses palmiers élancés, cette ville est d'un assez joli aspect à l'extérieur, vue du Nil; mais à l'intérieur elle est comme toutes les autres : les rues sont étroites et tortueuses, les maisons sans apparence et bâties avec des briques de terre séchée au soleil L'extérieur du palais du pacha ne présente rien de remarquable, à l'intérieur il offre plus de richesse. C'est un ensemble d'architecture orientale où l'on trouve çà et là quelques parties à l'européenne.

Après avoir renouvelé notre provision de charbon, nous reprîmes notre marche. A quelque distance de Minyeh, nous vîmes des tombeaux taillés dans des falaises en grès friable du genre de celles dont j'ai déjà parlé. Les principaux sont ceux de Béni-Hassan. Ils présentent vers les deux tiers ou les trois quarts de la falaise de petits porches évidés dans la masse, et quelquefois divisés par une ou deux colonnes ou piliers rectangulaires. Les hypogées ou pièces de l'intérieur offrent une remarquable série de peintures retraçant de nombreuses scènes de la vie civile et de la caste militaire de l'ancienne Égypte. Ces peintures lèvent un coin du voile qui enveloppe l'histoire des mœurs antiques de cette contrée; les arts et les métiers y trouvent leur place. Quelques-unes présentent une finesse et une correction de dessin remarquables.

Pendant la nuit, nous continuâmes notre route,

favorisés d'abord par un magnifique crépuscule comme celui de la veille, puis par un beau clair de lune. C'est pendant ces nuits calmes que l'on aime à goûter la fraîcheur, qui repose et console de la chaleur accablante du jour, bien qu'à cette époque elle soit tempérée par la saison. Pendant que chacun goûtait silencieusement le repos et la fraîcheur du soir, je prêtais depuis longtemps une oreille désœuvrée au murmure et au bouillonnement de l'eau que fendait la proue du bateau. Après un certain temps, il me sembla percevoir quelques sons harmonieux à travers ces bruissements. J'écoutai : oui, c'était plus qu'une mélodie, c'était quelque chose comme de véritables accords; mais ce n'était nullement la musique locale où ressortent toujours les battements du tarabouka. Était-ce un rêve? une illusion de mon oreille fatiguée? je regardais mes voisins, ils écoutaient aussi. Cette harmonie augmenta, elle finit par se distinguer du murmure de l'eau et paru venir de l'avant. Chacun regarda et chercha à pénétrer l'obscurité. Enfin, ces sons ne laissèrent plus de doute, c'étaient bien de la véritable et bonne musique : un harmonium paraissait la produire. Oui, un harmonium dans la haute Égypte! Bientôt nous distinguâmes une *dahabiè* montée par des voyageurs européens qui charmaient ainsi les longues et mortelles journées que coûte un voyage aux premières cataractes, à ceux qui n'avaient pas, comme nous, la ressource d'un bateau à vapeur. Jamais musique ne m'a fait plus plaisir que dans cette circonstance : je reconnus des mélodies du *Désert* de Félicien David. Pendant quelque temps je fus tout oreille, et après que les derniers accords se furent éteints dans le lointain, il me semblait entendre encore cette délicieuse musique.

Nous passâmes pendant la nuit sans nous arrêter devant Manfalou et Syout. Le 23, au matin, nous abordâmes en face de Kénéh pour renouveler notre provision de charbon. Cette ville est située sur la rive droite, à environ deux kilomètres du fleuve; sur l'autre rive, en face, on voit les ruines de Dendérah, qui offrent les restes d'un des temples les mieux conservés de l'antique Égypte. C'est du plafond de ce temple qu'est tiré le fameux zodiaque ou planisphère qui, apporté à Paris en 1821, occupa les savants et fut le sujet de controverses animées. Le bourg de Dendérah est aussi renommé par ses fabriques de chapelets et colliers en noyaux de doume, peints en rouge, que l'on expédie au Soudan. Ce fut dans ses environs que jadis saint Pacôme fonda des couvents, aujourd'hui détruits.

De temps à autre nous devancions quelques barques de voyageurs remontant péniblement le cours du fleuve, chassées par une faible brise. Souvent elles sont remorquées par des hommes qui tirent à la corde comme des bateliers sur le bord d'un canal, ou poussent la barque en marchant sur son bord et en s'appuyant sur un long bâton piqué au fond de l'eau. Qu'on juge combien doit être chère la vue des premières cataractes quand on l'a payée de deux cents lieues d'une pareille navigation sous un soleil tropical.

Pendant le plus fort de la chaleur, nous vîmes devant nous une barque presque stationnaire entre les efforts contraires d'une faible brise et du courant. Au moment où nous passâmes devant elle, un Anglais sortit de sa cabine; il se mit à héler et à gesticuler en s'adressant à nous : chacun l'écouta, mais le bateau ne s'arrêta pas. Voyant cela il se mit à crier de plus belle; il nous menaça des foudres de son ambassadeur, du pacha et même de sa puissante souveraine. Le bateau marchait toujours. Alors ses gestes devinrent des plus comiques; il eut recours à la pantomime et demanda instamment à parler au capitaine. Enfin, notre bateau suspendit sa marche et l'Anglais envoya son drogman au colonel turc et au capitaine. Après quelques moments de discussion, soit par la puissance du personnage lui-même ou par la vertu de ses guinées, il obtint qu'une corde fût jetée par l'arrière du bateau à la dahabiè, qui s'y amarra pour remonter avec nous. Le colonel russe, blessé de n'avoir pas été consulté à ce sujet, ou qui n'aimait pas l'Anglais, se récria à son tour contre cette manœuvre, qui retardait, disait-il, la marche de l'expédition. De nouveaux pourparlers s'établirent; on parlementa ou plutôt on cria de toute part, mais la barque n'en continua pas moins à fendre le courant avec nous, et le colonel russe finit, en désespoir de cause, par rentrer dans sa cabine en serrant les lèvres et en jurant entre ses dents. L'Anglais, fier de son succès, se calma bientôt en faisant de grandes enjambées sur sa barque.

C'est ainsi que commença la mésintelligence entre le colonel russe et le colonel turc, qui eussent dû être l'un pour l'autre des compagnons affectueux pour adoucir les rigueurs d'une aussi longue et aussi périlleuse exploration.

Pendant ce temps, le soleil fit comme les hommes, il calma la chaleur de ses rayons en nous les envoyant sous un angle amoindri; le bateau battait impassiblement de l'aile et continuait à nous emporter. Bientôt, quelques masses sombres commencèrent à poindre devant nous dans la plaine, à droite, à gauche. C'étaient les ruines de Thèbes! A cette approche, d'autres idées s'emparèrent de notre esprit; nous nous sentîmes comme enveloppés dans le linceul des générations éteintes et arrachés aux petites misères de la vie présente.

CHAPITRE III

THÈBES

Palais de Luxor. — Le ciel qu'il faut à l'obélisque. — Les hiéroglyphes. État actuel de Luxor. — Karnak; ses avenues de sphinx; Aspect colossal de Karnak. — Origine de l'ordre architectural. — Étendue de Karnak. — Statue parlante de Memnon. Réflexions sur Karnak. — Barbarie de l'islamisme. — L'histoire révélée par les monuments. — Transport des monolithes. — L'art est né sur les bords du Nil. — Antiquités offertes par les fellahs.

Nous avançions silencieusement entre ces deux rives où dorment d'imposantes ruines. Après avoir marché quelque temps en amont d'un contour bien prononcé du fleuve, le bateau ralentit son mouvement et s'approcha de la rive orientale. L'édifice qui le premier présenta ses restes à nos regards était celui dont l'obélisque qui décore aujourd'hui la place de la Concorde à Paris a popularisé le nom en France, c'était Luxor, dont on voyait principalement les pylônes, le portique de la première cour et quelques massifs de constructions. Nous mîmes pied à terre pour visiter ces ruines.

En approchant du pylône de ce monument, nous examinâmes d'abord l'obélisque qui faisait pendant à celui de la place de la Concorde, et que Londres jalouse s'était fait donner par Méhémet-Aly; mais il attend encore le bâtiment qui doit le transporter dans la brumeuse Angleterre. L'impassible Arabe, en apprenant les projets d'enlèvement de ces obélisques, s'est borné à dire *ma-fiche* (cela ne sera pas). Si ce *ma-fiche* a été démenti par la France, il paraît devoir être vrai pour l'Angleterre. Quelle que soit la cause de l'indifférence britannique à cet égard, ce magnifique monolithe paraît devoir dormir longtemps encore dans cette position.

Si quelque chose vivait dans cette masse inerte, combien cet obélisque devrait se réjouir de l'oubli du gouvernement anglais, combien il déplorerait le sort de son compagnon exilé, qui, après quelques années seulement, voit déjà ses flancs se fendre et céder sous l'influence des intempéries du nord! Il faut à l'obélisque le Nil bleu et non la Seine, pas plus que la Tamise; il lui faut le ciel ardent et les chaudes caresses des vents du désert, et, à ses pieds, un sol chargé de ruines qui attestent la longue série de siècles qui ont passé sur ses angles sans les user. Là, le voyageur promène son regard avec une respectueuse attention sur les ibis et les signes mystérieux incrustés dans ses quatre faces. Ces **caractères énigmatiques** pour ses yeux parlent à son imagination, et font passer devant son esprit les images de l'antique splendeur des Pharaons. Cherchez ces impressions profondes devant l'obélisque remis à neuf de la place de la Concorde, emprisonné dans sa grille dorée. Le bon bourgeois qui en passant y jette un coup d'œil se contente de trouver assez bizarre l'idée qu'ont eue ces Égyptiens d'autrefois de graver l'image de canards sur ce monolithe.

Ces deux obélisques jadis dressés de chaque côté de la porte du palais de Luxor, et à peu de distance en avant des pylônes, étaient comme les tables d'inscriptions hiéroglyphiques placées au frontispice du monument.

Chez les Égyptiens, qui n'avaient pas comme nous les ressources de l'imprimerie pour transmettre l'histoire et les principes de la religion aux générations futures, les obélisques spécialement et les faces des monuments subsidiairement remplissaient autant que possible ce but. Aussi les édifices publics ont-ils eu dans l'ancienne civilisation égyptienne une bien autre importance que de nos jours. Chacune des faces de ces obélisques est couverte d'inscriptions. Toutes les faces des pylônes qui donnent entrée au palais sont chargées de grands sujets et d'hiéroglyphes. Les parois de l'intérieur du monument, et souvent même de l'extérieur, sont de véritables musées où sont gravés dans la pierre des tableaux et des inscriptions de toutes sortes.

On voit encore trois des statues en granit qui décoraient l'entrée de ce palais; celle de droite est enterrée sous les sables jusqu'à la tête. La porte, en partie démolie, a été remplie de maçonnerie, sauf une étroite ouverture par laquelle on entre. Un misérable village arabe, bâti en terre sèche, est logé contre les parois et dans les cavités de ces ruines. Il semble placé là pour faire ressortir, de la manière la plus frappante, tout le grandiose et la majesté de l'édifice antique, sur l'extrême décadence des chétives constructions de la génération déchue. Par leur exiguïté relative, on peut comparer ces habitations aux cellules en terre des nids d'abeilles incrustés dans les cavités d'une sculpture monumentale. La seule saillie d'un chapiteau dont le fût est enterré dans le sable jusqu'à une grande élévation, abrite quelquefois plus d'une demeure. Ce n'est qu'en pénétrant dans plusieurs cours, cabanes et autres constructions arabes que l'on parvient à visiter ces ruines. Un grand nombre de colonnes de l'intérieur et une partie des entablements sont encore debout. On reconnaît assez bien les traces des anciennes peintures qui décoraient les bas-reliefs des murs et les sculptures des colonnes.

D'après ces bas-reliefs et les inscriptions hiéroglyphiques, ce palais paraît avoir été bâti par Aménophis-Memnon au dix-septième siècle avant notre ère, et agrandi au nord par Rhamsès le Grand, ou Sésostris, qui se donna le titre de dominateur de la terre. Ce dernier fit élever la première cour entourée de son double péristyle, dont l'axe dévie de celui de la partie plus ancienne. Au huitième siècle de la même ère, le conquérant Éthiopien Sabacon restaura la porte de cet édifice, et substitua sa propre image et ses propres actions sur plusieurs points, à celles de Sésostris.

Après avoir visité les différentes cours et pièces que comprenait ce monument, nous nous dirigeâmes vers les ruines de Karnak, en cheminant d'abord sur un terrain ondulé formé par des débris de l'ancienne Thèbes, souvent recouverts de sable. Nous arrivâmes à l'extrémité d'une avenue de deux cents pas de longueur, décorée de sphinx en granit; un certain nombre n'ont plus de tête ou sont en partie enfouis sous le sable. Néanmoins le milieu de cette avenue reste encore assez bien dégagé dans sa longueur, comme si l'ouragan sablonneux l'avait respecté. L'autre extrémité aboutit à une belle porte qui faisait partie d'une vaste enceinte; en face, on aperçoit un temple à moitié conservé; à notre droite, nous vîmes dans l'enceinte quatre pylônes successifs et quelques autres débris qui formaient une sorte de propylées, précédés d'une autre avenue de sphinx et aboutissant dans le flanc du grand temple. En obliquant à gauche, nous arrivâmes devant le premier pylône du plus colossal des temples du monde. Après avoir franchi ce pylône presque entièrement conservé, et qui a cent quinze mètres de largeur, quatorze d'épaisseur et quarante-quatre de hauteur, nous pénétrâmes dans une magnifique cour.

Douze colonnes colossales formaient un portique isolé au milieu de cette cour, une seule de ces colonnes est encore debout; les autres sont renversées; la plupart d'entre elles étendent au loin les tambours de leurs assises, encore rangées dans leur ordre primitif. Quelle commotion a pu ébranler ces masses et les coucher ainsi sur le sol? Elles ont près de dix mètres de circonférence et une hauteur proportionnelle.

Les colonnes des portiques latéraux, petites comparativement à ces dernières, sont presque entièrement debout. Le portique de droite est interrompu par un temple qui, placé ailleurs, serait un assez beau monument, mais qui dans ce lieu n'est qu'un pygmée, une faible annexe du grand temple. Le second pylône qui se présente au fond de la cour est non moins colossal, et non moins bien conservé que le premier. Une fois qu'on a franchi le vestibule qui le précède et la porte qu'il forme, on pénètre dans la grande salle hypostyle du temple. Là, on est saisi d'un effet si imposant, si grandiose, que l'homme se trouve subjugué; sa voix reste muette, il n'a plus qu'un sens; la vue: plus qu'un sentiment, l'admiration extatique. C'est une forêt de cent trente-quatre colonnes colossales disposées en quinconce, dont les chapiteaux supportent des blocs gigantesques qui forment le plafond. La grandeur de ces colonnes est telle, que sur le chapiteau de chacune on a calculé que cent hommes pourraient trouver place. Les douze du milieu sont de la même dimension que celles de la cour qui précède; elles sont chargées de sculptures et d'hiéroglyphes, ainsi que les sophites, les plafonds et les murs du pourtour. Quelques pans de murs et quelques parties du plafond sont tombés et ont formé des débris qui ajoutent le pittoresque au sublime. Il n'était pas jusqu'aux jets de lumière que laissaient pénétrer les brèches actuelles qui, en scintillant à travers ces ruines, ne vinssent apporter du prestige à cet ensemble merveilleux. L'effet était tel, que je ne pense pas qu'à l'époque même de sa première splendeur cet intérieur ait pu produire une plus puissante impression car à l'effet imposant se joint le caractère quarante fois séculaire dont le temps a revêtu ces ruines. Et l'origine reculée de leur édification est un bien puissant attrait ajouté à leur beauté réelle.

Cette multitude de colonnes, entre lesquelles des allées passent en tous sens, me rappela involontairement sous une forme grandiose, un effet qui m'avait mainte fois frappé en me promenant sous les nombreux bosquets de palmiers des bords du Nil. Leurs troncs élancés qui s'élèvent de toutes parts à des distances à peu près égales nécessaires au développement des palmes, le sol nu et horizontal sur lequel on circule librement entre ces colonnes naturelles, l'épais feuillage qui forme le toit, et jusqu'à l'épanouissement du tronc dans sa partie supérieure qui reproduit le chapiteau; tout cela me fut si bien représenté par l'aspect de ce quinconce de colonnes, que je m'écriai : Voilà la source, l'idée, l'origine de l'art égyptien. Oui, la civilisation qui créa ces monuments, cet art, ne vient ni de l'Inde, ni des bords du Gange, ni de l'Éthiopie. Elle est née sur le sol d'Égypte, la patrie par excellence du palmier.

En effet, sous ce ciel clément, la forêt de palmiers avec sa voûte éternellement verte a dû être l'abri naturel des premiers habitants de l'Égypte, et dans la suite elle a dû servir de modèle à la construction des temples, d'abord par l'emploi du tronc du palmier lui-même et ensuite pour celui de la pierre qu'on dut lui substituer. Telle fut tout d'abord pour moi l'impression qui l'emporta spontanément sur toutes les savantes dissertations dont les souvenirs se heurtaient dans ma mémoire. Mais la forme trop absolue peut-être de l'idée formulée par mon exclamation ne m'empêchera pas d'étudier les autres données qui pourront éclairer ce sujet; au contraire, j'apporterai tous mes soins à les examiner sans préjugés. Quand la tradition et l'histoire se taisent, quand l'étude du cabinet ne peut faire que des dissertations auxquelles il manque le principal, la vue et l'étude des monuments; il faut bien apporter la plus sérieuse attention à tous les détails, à toutes les traces des peuples dont il s'agit et d'où peuvent jaillir des rayons de lumière, des enseignements inattendus.

En sortant de cette salle par la porte qui fait face à

celle par laquelle nous étions entrés, on rencontre deux petites cours avec deux obélisques, dont l'un a été renversé. Un peu plus loin, on trouve à droite et à gauche deux pièces entourées de portiques soutenus par des cariatides et au milieu desquelles s'élevaient encore par des ciels ouverts deux obélisques dont un seul est debout. Mais ces pièces sont beaucoup plus ruinées que la première, dont les blocs énormes semblent avoir défié les hommes et le temps. Le sanctuaire et ses dépendances, que l'on trouve ensuite, sont presque entièrement ruinés. A une centaine de mètres de là on rencontre d'assez grandes ruines qui formaient un palais dans la partie postérieure des édifices. Au delà de ce monument, dans le prolongement de son axe, on voit à cent et quelques mètres encore un autre petit édifice, dont le plafond est entièrement tombé. Il était soutenu par quelques colonnes plus ou moins renversées aujourd'hui, et deux grandes cariatides en forme de colonnes qui sont encore debout.

A quelque distance encore et toujours dans le même axe, on voit une grande porte qui appartenait à une vaste enceinte, comprenant tous les monuments dont nous venons de parler. Au nord de cette enceinte on trouve aussi les ruines d'un édifice considérable. Les restes les plus anciens du grand temple près du sanctuaire appartiennent au règne d'Osortasen, contemporain de Joseph, et datent du vingtième siècle avant notre ère. Ce temple fut successivement bâti et agrandi par Aménophis I, Touthmosis I, II et III, Ménephtha I, Sésostris et Rhamsès II, qui le terminèrent au seizième siècle de la même ère. Parmi les autres monuments de Karnak on en trouve de non moins anciens.

Sur la rive occidentale du fleuve, on voit aussi en grand nombre les ruines de temples d'une disposition analogue, de palais et autres monuments; entre autres celles des fameuses statues *parlantes* de Memnon et de Sésostris. La fable de ces statues parlantes paraît reposer d'après les recherches de la science, ennemie du merveilleux, sur un son que rendaient ces statues au soleil levant, par suite de la dilatation que le retour de la chaleur opérait sur leur masse; à moins qu'on admette une pieuse fraude des prêtres égyptiens, qui auraient établi un conduit allant des bâtiments voisins sous les statues, pour y transmettre les sons qu'on entendait.

A chaque pas surgissent de nouvelles ruines, mais les plus intéressantes sont celles de Karnak, que je voulus revoir encore avant de quitter Thèbes. Lorsque j'y rentrai, le soleil à son déclin jetait obliquement ses derniers rayons à travers les brèches des murs et les crevasses du plafond; leur jeu sur les teintes sombres des portiques et sur les fûts des colonnes couvertes de bizarres figures produisait le plus merveilleux, le plus fantastique effet au sein de cette gigantesque création de l'homme. Je n'en fus pas moins saisi que la première fois. Le Colisée de Rome, le non moins grandiose amphithéâtre d'El-Djem en Afrique, et les vastes stades et théâtres de l'Asie Mineure, furent loin de produire sur moi une aussi puissante impression ; les proportions de ces derniers édifices sont grandes sans doute, mais les détails de l'architecture et les petits matériaux qui les composent laissent voir le travail de l'homme. A Karnak au contraire, en voyant les dimensions prodigieuses de l'ensemble ainsi que des matériaux, on serait tenté de croire que l'on est en présence de l'œuvre d'un peuple de géants, tels qu'on en voit taillés dans plusieurs monuments égyptiens, et l'on ne serait point étonné de voir se promener à travers ces portiques les colosses d'Ibsemboul et de Memnon.

Tandis que mon imagination se perdait en conjectures, mes yeux se portèrent sur les collines de l'ouest, où reposent maintenant les nombreuses générations antiques qui édifièrent de tels monuments. Là, pourtant, des milliers d'hommes, conservés sous forme de momies dans d'immenses catacombes, attestent par les dimensions de leurs corps et de leurs membres qu'ils n'étaient pas d'une taille différente de la nôtre.

L'histoire de l'origine de ces monuments, de même que celle du peuple qui les éleva, est encore bien nébuleuse pour nous. L'islam, pour fonder son dogme à l'ombre de l'ignorance, a jeté dans le néant et l'oubli les œuvres de la science et de l'esprit qu'il rencontrait sur son chemin. Les précieuses lumières que renfermait la bibliothèque d'Alexandrie sur l'histoire de l'Égypte furent de ce nombre. Le kalife Omar, le sectateur de Mahomet, dit à ses coreligionnaires: « Ou cette bibliothèque contient ce qui est conforme au Coran, ou elle contient ce qui lui est contraire : dans le premier cas, elle est superflue ; dans le second, elle est détestable ; donc elle sera brûlée. » Et tout ce que la science et l'histoire ancienne avaient réuni de documents dans cet établissement célèbre fut livré aux flammes et détruit pour jamais.

En parlant de cet outrage à la science humaine par les disciples de Mahomet, Ebn-Kaldoun s'écriait au huitième siècle de l'hégire : « Que sont devenus les ouvrages scientifiques des Perses qu'Omar ordonna d'anéantir lors de la conquête de leur pays? Où sont ceux des Chaldéens, des Syriens, des Babyloniens? Où sont ceux des Égyptiens qui les ont précédés? Les travaux d'un seul peuple sont venus jusqu'à nous ; je veux parler des Grecs. »

Il ne nous reste donc sur l'antique Égypte et ses dynasties que quelques données de seconde main, contenues dans les historiens grecs et les tables de Manéthon. Aujourd'hui que la clef des hiéroglyphes a été retrouvée par notre savant Champollion, on a déchiffré le nom d'une série de souverains égyptiens et quelques faits décousus. Les nombreuses sculptures des temples et des tombeaux en ont dévoilé quelques autres. Par exemple, parmi les peintures que nous ont conservées les tombeaux égyptiens on trouve une série de types, de couleurs et de races diverses qui paraissent être la personnification des différentes races connues à cette époque. Ce tableau qui nous donne les grandes divisions ethnographiques de ces temps reculés, et qui, bien certainement, est le document le plus ancien dans son genre, nous est ainsi expliqué par Champollion : Les hommes dit-il, guidés par le pasteur des peuples Horus, sont figurés au nombre de douze, mais appartenant à quatre familles bien distinctes. Les trois premiers sont de couleur rouge sombre; taille bien proportionnée, physionomie douce, nez légèrement aquilin, longue chevelure nattée, costume blanc ; leur légende les désigne sous le nom de BOT-EN-NE-ROME, *la race des hommes*, les hommes par excellence, c'est-à-dire les Égyptiens.

« Les trois suivants présentent un aspect bien différent: peau couleur de chair tirant sur le jaune ou teint basané, nez fortement aquilin, barbe noire, abondante et terminée en pointe; court vêtement de couleurs variées ; ceux-ci portent le nom de NAMOU.

« Il ne peut y avoir aucune incertitude sur les trois hommes qui viennent après; ce sont des nègres, ils sont désignés sous le nom de NAHASI.

« Et les trois derniers ont la teinte de peau que nous nommons couleur de chair ou peau blanche, de la couleur la plus délicate; le nez droit ou légèrement voussé, les yeux bleus, la barbe blonde ou rousse; taille haute et très-élancée ; ils sont vêtus de peaux de bœuf encore garnies de leur poil; véritables sauvages tatoués sur diverses parties du corps. On les nomme : TAMHOU. »

Parmi ces derniers il est facile de reconnaître nos bons ancêtres les Gaulois, qui figurent au dernier rang de l'échelle de la civilisation. Pour les Égyptiens, dont le teint brun rouge laissait peu ressortir les parties velues, la différence tranchée de ces mêmes parties sur des figures blanches a dû les frapper vivement; aussi ont-ils fortement exagéré les cils, les sourcils et planté çà et là sur la figure de nos aïeux de gros poils beaucoup trop visibles. D'autres peintures nous font connaître des scènes de mœurs, d'agriculture et d'arts divers. Enfin, dans une salle de Karnak, où le gouvernement égyptien fait faire des fouilles, M. Mariette, qui les dirige, vient de découvrir (en 1861) une inscription hiéroglyphique de Touthmès III, remontant à seize cents ans avant notre ère. Ce précieux document fait connaître année par année les expéditions de ce souverain dans l'Éthiopie, dans l'Arabie méridionale, dans la Syrie, etc.; malheureusement cette inscription est incomplète. Néanmoins M. de Rougé selon un rapport récemment lu à l'Académie des inscriptions et belles-lettres, essaye d'en tirer un aperçu de la géographie à cette époque reculée.

Malgré ces précieuses données, de là à une histoire complète et suivie de ce peuple, de son origine, de ses différentes phases, de ses monuments, de sa science, etc., il y a encore bien loin.

On nous dit bien que les grandioses ruines que nous venions de voir sont l'œuvre d'Aménophis Ier et de ses successeurs. Mais qu'est-ce qu'Aménophis Ier? Ce n'est guère qu'un nom et un chiffre, quand on en connaît si peu la vie, les œuvres et les rapports avec l'histoire générale. On se demande aussi quels furent les moyens employés par ce peuple pour manier et élever tant de monolithes, et ces énormes blocs de pierre qu'on entassait alors, comme aujourd'hui les moellons. Et pourtant ils ne possédaient pas les inventions modernes.

Pline nous apprend comment on transporta par eau l'obélisque taillé sous le roi Necthébis. On pratiqua en travers, sous l'obélisque, un canal que l'on ouvrit aux eaux du Nil; des barques, lestées par une quantité de petits moellons d'un poids plus fort que celui de l'obélisque, furent introduites sous ses flancs. — Puis il se trouva soulevé à mesure qu'on enleva les moellons.

C'est sans doute par une série de moyens analogues et tout aussi ingénieux que les Égyptiens firent tant de prodiges. Ne pourrait-on pas ajouter que les crues du Nil furent un moyen puissant non-seulement pour aller chercher au lieu d'extraction et transporter sur place mais aussi pour élever par des combinaisons simples, tant de blocs grandioses et de monolithes? En présence des chefs-d'œuvre de l'antiquité égyptienne, il est impossible, malgré les réticences des Grecs, qui se considéraient comme les civilisateurs du monde, de douter de la large part qu'ils ont due à leurs devanciers. Les ordres d'architecture dits grecs, les temples mêmes, ne sont, ainsi que nous le verrons ailleurs, qu'une imitation de l'art égyptien.

Divers faits attestent aussi que l'astronomie, la géométrie et les sciences en général, ont pris naissance chez les Égyptiens.

« Les Thébains, dit Diodore, se regardent comme le plus ancien peuple de la terre, et soutiennent que c'est chez eux que la philosophie et l'astronomie ont pris naissance. Il est vrai que leur position est extrêmement favorable aux observations astronomiques, et que leur manière de diviser le temps en mois et en années est beaucoup plus exacte que celle d'aucune autre nation. »

Il en est dit presque autant des Éthiopiens, et par suite, si les ruines des monuments de ces deux peuples ne venaient éclairer cette question, l'on ne saurait trop encore si ce sont les Égyptiens qui étendirent leurs colonies jusqu'en Éthiopie ou les Éthiopiens qui portèrent leur civilisation en Égypte, en la perfectionnant.

Pendant que je réfléchissais à ces prodiges humains, le soleil avait disparu derrière l'horizon du désert, et un de ces magnifiques crépuscules comme nous en voyions à peu près chaque soir sur le Nil avait succédé au jour et jeté ses mystérieuses lueurs sur les ruines que je contemplais. Dans cette demi-obscurité, mon esprit, préoccupé de toutes ces pensées, commençait à ne plus voir que des fantômes se substituer aux bizarres sculptures de ces monuments, et je quittai Karnak pour regagner les bords du Nil.

Lorsqu'on est dans la nécessité de faire de telles descriptions, on court risque de passer pour enthousiaste, aussi j'éprouve le besoin de citer d'autres jugements sur le même sujet. Voici comment s'exprime Champollion : « J'allai enfin, dit-il, au palais, ou plutôt à la ville de monuments, à Karnak. Là m'apparut toute la puissance pharaonienne, tout ce que les hommes ont imaginé et exécuté de plus grand. Tout ce que j'avais vu à Thèbes, tout ce que j'avais admiré avec enthousiasme sur la rive gauche, me parut misérable en comparaison des conceptions gigantesques dont j'étais entouré. Je me garderai bien de vouloir rien décrire ; car, ou mes expressions ne vaudraient que la millième partie de ce qu'on doit dire en parlant de tels objets, ou bien, si j'en traçais une faible esquisse, même fort décolorée, on me prendrait pour un enthousiaste, peut-être même pour un fou. Il suffira d'ajouter qu'aucun peuple ancien et moderne n'a conçu l'art de l'architecture d'une manière aussi sublime, aussi large, aussi grandiose que le firent les vieux Égyptiens ; ils concevaient en hommes de cent pieds de haut, et l'imagination, qui en Europe s'élance bien au-dessus de nos portiques, s'arrête et tombe impuissante au pied des colonnes de la salle hypostyle de Karnak. »

Denon dit de son côté que l'armée de Bonaparte, à l'aspect de ces ruines, de ce fantôme gigantesque, s'arrêta d'elle-même, et, par un mouvement spontané, battit des mains, comme si l'occupation de ces ruines eût été le but de ses glorieux travaux.

Le lendemain, avant notre départ, quelques fellahs, vêtus seulement d'une sorte de chemise bleue sale, ou de quelques lambeaux de toile de coton, vinrent nous offrir différents fragments antiques et quelques-unes de ces petites statuettes en terre cuite qui ont été si prodiguées aux voyageurs, que la mine en paraît inépuisable. Elles semblent avoir été pour les anciens peuples de l'Égypte ce que les images religieuses sont aujourd'hui pour nous, mais d'un usage beaucoup plus répandu. Les tombeaux en conservent de grands nombres. Parmi tous les objets apportés pour nous tenter, ceux qui me parurent préférables furent une main récemment détachée d'une momie, et dont les nerfs saillants, dans la coupure du bras, conservaient encore une grande souplesse après quatre mille ans d'existence, puis le collier que paraissait avoir affectionné cette personne durant sa vie et qu'elle avait conservé à son cou pendant une longue suite de siècles; cette main effilée et délicate accuse le sexe féminin. Bien qu'elle ait appartenu à un peuple d'origine blanche et seulement bruni par le soleil tropical, elle est aujourd'hui d'un noir un peu roux et mat ainsi que le sont tous les corps des momies, même à l'intérieur des chairs. Après dix ans, cette main, conservée en France dans une vitrine de ma collection, n'a presque pas changé; cependant les nerfs, exposés au contact de l'air, ont perdu une partie de leur élasticité.

CHAPITRE IV

DE THÈBES A SYÈNE

Esneh; son temple. — Les Almées d'autrefois. — Immutabilité en Égypte. — Costumes des Almées. — Danses lascives. — Imitation des saturnales antiques. — La bastonnade appliquée. — Effet divers de la bastonnade. — Edfou; type de temple. — La triade égyptienne. — Assouan. — Forme et nature de l'Égypte. — Produits de l'Égypte.

Bientôt nous reprîmes notre route, favorisés par une belle transparence de nuit. Le 24 janvier au matin, nous relâchâmes à Esneh pour renouveler différentes provisions. Notre première visite fut pour le temple de l'ancienne Latopolis. Le niveau du sol s'est élevé à cet endroit presque jusqu'à la hauteur des chapiteaux; aussi, ce n'est que grâce à un déblaiement récent que nous pûmes voir dans leur entier les douze colonnes du pronaos ou salle principale de ce temple; ces travaux ont mis à découvert de nombreux hiéroglyphes et des bas-reliefs d'une époque de décadence. Si le monument est plus ancien, ce qui est probable, il paraît avoir été restauré et recouvert de nouveaux bas-reliefs qui datent d'une époque récente par rapport à l'art égyptien et correspondent à l'époque intermédiaire de Caracalla à Claude.

Au sortir de ces ruines, nous songeâmes à nous donner un spectacle plus animé, nous voulûmes voir aussi les almées, ces danseuses courtisanes que Méhémet-Aly a exilées à Esneh pour préserver les mœurs de la basse Égypte et particulièrement de sa capitale, où le goût de ce spectacle se répandait dans toutes les classes de la société. Pourtant, dans l'origine, les almées avaient un rang plus relevé, elles étaient les véritables artistes de l'Orient, ainsi que le rappelle Savari. On les nomma *Almées*, mot qui veut dire *savantes*. Elles formaient autrefois une société célèbre. Pour y être reçue, il fallait bien posséder sa langue, en connaître les règles, et pouvoir sur-le-champ composer et chanter des couplets adaptés aux circonstances. Les almées savaient par cœur toutes les chansons nouvelles, et leur mémoire était meublée des plus jolis contes. Il n'était point de fêtes sans elles, point de festins dont elles ne fissent l'ornement. Après avoir chanté pendant le repas, elles descendaient d'une tribune où on les avait placées et formaient dans le salon des danses dont les nôtres ne sauraient donner une idée. C'étaient des ballets pantomimes, par lesquels elles représentaient des actions de la vie commune. Les almées étaient appelées dans tous les harems : elles apprenaient aux femmes les airs nouveaux; elles leur racontaient des histoires et déclamaient en leur présence des poëmes d'autant plus intéressants, qu'ils offraient le tableau de leurs mœurs. Elles les initiaient aux mystères de leur art, et les instruisaient à former des danses lascives. Ces filles avaient une conversation agréable, elles parlaient avec pureté, l'habitude de se livrer à la poésie leur rendait familières les expressions les plus douces, les plus sonores; elles récitaient avec beaucoup de grâce. Dans le chant, la nature était leur seul guide; mais c'était dans le pathétique que se déployait leur talent. Ces improvisatrices assistaient aux cérémonies de mariage et marchaient devant l'épouse en jouant des instruments. Elles figuraient aussi dans les enterrements, et accompagnaient le convoi en chantant des airs funèbres; elles poussaient des gémissements et offraient tous les signes de la douleur et du désespoir. Elles se faisaient payer fort cher, et n'allaient que chez les grands et chez les riches.

D'après ce qu'étaient autrefois ces femmes, il faut convenir qu'aujourd'hui les almées sont grandement déchues de leur ancienne position. Nous étions dix Européens, et nous fîmes réunir ce qu'il y avait de plus en renom pour nous donner une représentation aussi complète que possible de ce curieux détail de la vie orientale. Nous avions parmi ces danseuses les deux plus renommées que leurs longs services ont fait surnommer par dérision Luxor et Karnak.

La scène dont nous fûmes témoins était en tout semblable à celles observées avant nous par d'autres visiteurs, tant la représentation d'un jour ressemble à celle de l'autre. Il semble vraiment que l'Égypte soit devenue un pays de stabilité, immuable par excellence; tout s'y répète et s'y suit invariablement. Les mœurs et le costume patriarcals n'ont presque pas changé depuis de longs siècles; l'homme, sa vie, ses travaux, restent les mêmes. Aux yeux du voyageur, le village succède au village toujours semblable, dominé de son invariable bouquet de palmiers. Les champs, la culture, tout se ressemble. Il ne faut chercher en Égypte ni forêts, ni prairies, ni ces sites pittoresques qui donnent de la variété dans les autres régions du globe. Il n'est pas jusqu'au soleil qui ne se montre chaque jour sous le même aspect, toujours on voit le même effet du matin, toujours l'éternelle sérénité du ciel, toujours l'invariable effet du soir. Nous ne devons donc pas nous étonner de voir les almées reproduire indéfiniment deux ou trois danses différant fort peu les unes des autres. Pourtant, bien que cette représentation fût la même que celle décrite récemment par quelques voyageurs, l'impression pour moi en fut différente, soit que, dans leur pensée, ces voyageurs n'aient vu que les almées anciennes, véritables artistes, honorées et accueillies dans la société, soit qu'ils aient fait abstraction de l'idée que ces femmes ne sont maintenant que des courtisanes corrompues et réprouvées même par les Égyptiens, pourtant peu scrupuleux.

La réunion des touristes qui nous accompagnaient jusqu'à la première cataracte, et d'autres voyageurs européens que nous avions rencontrés à Esneh, formaient une société tout exceptionnelle pour une telle localité; aussi rien ne fut négligé pour les préparatifs de la soirée. Arrivés au lieu de réunion, nous prîmes place sur des coussins autour d'une grande salle, l'orchestre était déjà installé dans un angle de la pièce; il se composait d'un tarabouka, d'une sorte de violon grossier à deux cordes, et de quelque chose qui ressemblait à une guitare montée sur une calebasse. Les musiciens mêlaient en outre leurs voix nasillardes au son de leurs instruments. Nous fûmes d'abord gratifiés d'une ouverture qui nous faisait désirer l'arrivée des almées ou tout autre intermède. Celles-ci parurent bientôt toutes resplendissantes dans leurs brillants costumes chamarrés des couleurs les plus vives. Saphia, surnommée Luxor, et son amie Karnak, en leur qualité de danseuses les plus en renom, promenaient autour d'elles un regard qui semblait dire : Nous voici, admirez-nous! Leurs yeux vifs, bordés de cohul, se dessinaient fortement sur leur peau mate plutôt que blanche; un diadème de pièces d'or ceignait leurs fronts, et de nombreuses pièces du même métal scintillaient dans leurs cheveux en retombant sur leurs épaules; un pantalon flottant, orné de paillettes brillantes, venait se réunir sous la ceinture à une veste ouverte sur la poitrine et brodée d'or sur un fond de damas vert; une large ceinture de cachemire enveloppait négligemment la taille et mêlait ensuite ses amples franges au plis des pantalons. Un flot de gaze s'agitait autour d'elles et atténuait un peu ce que leur costume avait de trop vif. En voyant entrer les héroïnes de cette fête, l'orchestre reprit ses accents langoureux, qui finirent par s'animer progressivement. Les danseuses, avant de se profaner par un entretien vulgaire avec leur auditoire, débutèrent par quelques pas lents et mesurés en tournant autour de la salle et en donnant à leurs bras des mouvements et des contours gracieux; quelquefois la musique devenait plus douce et laissait ressortir le cliquetis des castagnettes et le bruissement des pièces d'or semées dans la chevelure des almées; celles-ci, les pieds nus et les jambes ornées de larges anneaux, glissaient ou frappaient alternativement sur le tapis.

Peu à peu, leur danse devint plus vive, les figures s'animèrent, les deux danseuses s'approchaient l'une de l'autre, se retiraient, se croisaient et revenaient sur elles-mêmes comme pour se provoquer à des combats amoureux, elles se complaisaient dans les poses les plus lascives. Sans discontinuer la danse, une première pièce de leur vêtement fut enlevée et jetée sur le tapis après qu'elles lui eurent fait faire plusieurs circonvolutions autour d'elles; c'était la danse dite de l'Abeille, et la danseuse semblait chercher cet insecte sous son vêtement. Une seconde pièce du costume suivit la première, et laissa voir jusqu'à la ceinture, sous une simple gaze, le buste des actrices. Souples comme le roseau, elles tournoyaient et venaient prendre en face l'une de l'autre des poses impudiques, leurs hanches frémissaient sans cesse d'un mouvement accéléré et voluptueux; puis, sans discontinuer ces mouvements qui devinrent de plus en plus lubriques, les dernières pièces du vêtement suivirent les premières. Alors, ne gardant que leur longue écharpe de gaz qui continua seule à voltiger autour de chacune des danseuses, on eût dit des bacchantes antiques célébrant leurs saturnales. Les puissantes formes de Saphia devinrent d'une souplesse sans pareille et frémissantes comme la feuille. Il est impossible d'imaginer une pantomime plus animée, des attitudes plus voluptueuses, plus entraînantes, que celles que prenaient ces femmes; leur frémissement de hanches, en s'abaissant et s'élevant tour à tour avec une précipitation inimaginable, avait quelque chose d'une frénésie amoureuse indescriptible. Après un certain temps de cet exercice, elles reprirent peu à peu leurs vêtements sans interrompre leur danse, qui ne cessa que lorsqu'elles eurent revêtu entièrement leur costume.

Ces danses semblent rappeler les scènes du paganisme, alors qu'on célébrait des saturnales et qu'on élevait des autels à Vénus et à Priape, ou plutôt, chez les Égyptiens, à Athors et à Harpocrate. C'était là le côté véritablement intéressant de cette scène, qu'on ne saurait se procurer que par les almées; ni leurs poses, ni leurs mouvements frénétiques ne pourraient être rendus par d'autres. Lorsque ces bacchantes modernes furent descendues de leur autel, c'est-à-dire quand leur représentation fut terminée, elles vinrent familièrement s'asseoir à nos côtés pour fumer le chibouk, prendre le café, puis les liqueurs qu'elles dégustèrent parfaitement, malgré la défense de la loi musulmane.

Ces mêmes almées, qui fussent restées dans notre mémoire comme un souvenir des bacchantes antiques si elles se fussent retirées ou tout au moins si elles eussent gardé quelque réserve après leur représentation, tombèrent complétement du haut de leur piédestal lorsqu'elles nous eurent montré impudiquement le côté dégradé et avili de leur position.

A part un *décolleté* par trop grand, qui, au lieu d'ajouter de l'attrait, ôtait une grande partie du charme qu'eût laissé à cette danse un grain de décence, à part la position par trop dégradée des artistes, cette scène avait quelque chose de bien senti dans son genre. Quant à la musique, dire qu'elle était sans charme n'est pas assez; elle était parfois fatigante.

En consultant, du reste, les mœurs toutes sensuelles, toutes matérielles des Orientaux, on doit s'attendre à ce résultat. Leurs danses, parlent au sens matériel, le seul qu'ils comprennent. La musique parle principalement à l'âme, et c'est leur côté faible. Aussi je ne fus pas étonné d'entendre un des voyageurs dont j'ai parlé[1] dire qu'à la suite d'une scène comme celle-ci un Français, ayant pris son violon et joué des airs européens, Saphia s'était mise à danser toujours en mesure, mêlant ses danses brûlantes à cette musique si douce au cœur; alors, non-seulement elle conserva la même grâce qu'auparavant, mais de plus fit éprouver aux spectateurs « d'ineffables saisissements, tout le monde semblait émerveillé. »

Aussitôt que nous fûmes remontés à bord, notre bateau poursuivit sa route vers la première cataracte. Je remarquai qu'un de nos hommes, celui dont les fonctions spéciales devaient être de dresser et de soigner les tentes lorsque nous serions en caravane, pleurait et se livrait à de certaines contorsions. Il appuyait ses mains avec précaution sur la partie de son individu comprise entre les reins et les cuisses. Cette pantomime et ces gémissements ne laissaient pas que d'avoir un côté assez comique, et ses camarades montraient de temps à autre une envie de rire mal comprimée; mais la douleur, la honte et l'indignation, qui tour à tour se peignaient sur la figure de ce pauvre

---

[1] M. Combe.

diable me firent envisager la chose d'une autre manière. J'appris bientôt que ce malheureux portait la peine de son bon vouloir pour nous, en même temps qu'il nous fournissait l'un des tristes exemples malheureusement trop fréquents de la brutale façon dont la justice est rendue dans les États de Sa Hautesse le pacha d'Égypte.

Une querelle s'était élevée entre un habitant d'Esneh et cet homme à propos de la cuisson du pain qui nous était destiné et que celui-ci, vu le cas d'urgence, prétendait obtenir avant l'habitant du pays. La dispute avait dégénéré en rixe, et les deux combattants, arrêtés, avaient été conduits devant le cheik, gouverneur et juge absolu de la province. La justice de ces messieurs est sommaire; mais, si elle entraîne moins de frais et moins de délais que la justice d'Europe, elle n'est pas non plus sans offrir certains désavantages. Les comparants avaient eu à peine le temps de prononcer quelques mots, que le cheik, jugeant la cause entendue, sans plus ample informé, ordonna qu'il fût appliqué à notre pauvre diable *deux cents coups de bâton*. Séance tenante, il fut saisi, garrotté, et la sentence reçut son exécution. Le délit, le procès, le jugement, la peine et la remise en liberté du patient, tout cela avait été l'affaire de quelques quarts d'heure. Ce système-là aurait son bon côté si l'équité y trouvait place et que la peine ne fût pas contraire aux principes d'humanité et de civilisation.

En fait, cet incident nous fut préjudiciable; car le zèle et la bonne volonté que cet homme nous avait témoignés jusqu'à ce jour s'évanouirent. Il ne semblait plus viser à mériter notre estime qu'il croyait perdue sans retour. Exposé aux railleries de ses compagnons, il se montra haineux vis-à-vis des uns, flatteur vis-à-vis d'autres, parmi lesquels il espérait reconquérir des camarades bienveillants. La baguette d'une fée n'eût pas mieux métamorphosé cet homme que ne l'avait fait le bâton du cheik. Chaque jour, chaque heure, voit se renouveler des faits analogues.

Tel fut l'effet de cette correction brutale, sur un homme qui paraissait doué de quelque sensibilité morale. Pourtant, il faut bien le dire, sur d'autres, l'effet n'est pas le même. MM. Hamont, Megnein et Combes, citent d'autres cas où le résultat fut tout contraire. Un reis, par exemple, et ses mariniers se montraient indociles et inactifs en présence des remontrances des Européens qui les avaient à leur service, et plus ceux-ci les encourageaient par la persuasion et les bons procédés, plus ceux-là se montraient récalcitrants : on les menaçait de se plaindre à un gouverneur, ils n'en tenaient aucun compte, et avaient toujours quelques raisons spécieuses à donner.

Enfin, désespérant de réussir par d'autres moyens, on porta plainte; le reis fut appelé et parut bientôt accompagné de *kawas*, sbires du pays; à peine daigna-t-on l'interroger, et sans attendre ses réponses, il fut condamné à recevoir une vigoureuse bastonnade qui lui fut administrée immédiatement. Eh bien! il faut le dire à la honte de l'équipage, semblable du reste à la plupart des équipages égyptiens, les bontés avaient été vaines, cette rude leçon rendit le reis et les autres mariniers méconnaissables. Depuis ce jour, ils ne prenaient aucune détermination sans avoir consulté les voyageurs pour lesquels ils devinrent des serviteurs attentifs. Plus loin, M. Combes cite l'exemple d'un homme qui reçut *très-bravement* une rude bastonnade; puis qui tomba dans un violent accès de désespoir lorsqu'on lui apprit qu'il allait passer quelques mois en prison. A voir son air abattu, on aurait pu croire qu'il était condamné à mort. Ce serait donc là une punition morale plus efficace et moins abrutissante.

Pendant que je réfléchissais à l'énorme part de responsabilité qui revient aux gouvernants, dans les vices des gouvernés, la vapeur continuait à nous emporter, et bientôt nous aperçûmes au loin d'altières ruines qui se dessinaient dans la plaine. Nous arrivions en face d'Edfou. Cette localité offre deux temples bien connus par plusieurs publications. Ils sont en partie enfouis sous le sable. L'un deux est bien conservé dans tout son ensemble; il offre un véritable type des temples égyptiens; en voici en deux mots les principales dispositions : A la suite d'un vaste pylône qui domine la plaine et que nous apercevions depuis longtemps, il présente une grande cour entourée de portiques sur trois côtés et d'une salle hypostyle ou pronaos qui se présente en avant. A partir de cette cour, les salles se succèdent en décroissant de grandeur depuis le pronaos jusqu'au sanctuaire, qui est enveloppé d'une triple enceinte compensant successivement la différence de largeur des salles.

Le petit temple d'Edfou était un mammisi, ou lieu d'accouchement. Cet édifice entouré d'un portique, était composé d'un vestibule et de la salle d'accouchement. Les chapiteaux des colonnes étaient surmontés de Typhon, dieu du mal, toujours représenté par un personnage barbu, court, trapu et difforme. Chez les Égyptiens comme chez beaucoup de peuples, l'homme dans sa faiblesse a presque toujours rendu un culte au génie du mal, pour se délivrer de son influence maligne; de même qu'il adore les autres dieux, pour solliciter leurs bienfaits.

Les bas-reliefs qui ornent l'intérieur de la salle d'accouchement, représentent l'allaitement, l'enfance et l'éducation du fils complétant la triade du grand temple. Le mammisi que l'on retrouve partout où la triade Osiris, Isis et Horus (c'est-à-dire le père, la mère et l'enfant) fut adorée, était l'image de la demeure céleste dans laquelle la déesse de la triade était supposée avoir enfanté le troisième personnage qui la complète. Les reines venaient y donner le jour aux Pharaons, que l'on considérait comme demi-dieux.

La triade égyptienne était toute symbolique. Le

dieu Osiris représentait le soleil et le Nil, en d'autres termes, l'eau et la chaleur, qui sont les deux principes fécondants sans lesquels la terre est improductive. Osiris était donc le père.

La déesse Isis représentait la terre qui ne peut être fécondée que par Osiris.

Le troisième personnage de la triade, Horus, était le fils, ou le résultat, et par conséquent les produits de la terre fécondée par le soleil et le Nil.

Enfin Typhon était le dieu du mal ; il personnifiait le désert, les sables stériles et envahissants qu'il met en mouvement, et les flots de la mer où va se perdre le Nil (Osiris).

Plusieurs fables se rapportant à différentes localités des bords du Nil semblent avoir trait au mythe, personnifié par ces dieux. Diodore en cite une qui se rapporte à Antée, ville antique de l'Égypte.

« Typhon, dit-il, homme cruel et impie, avait égorgé Osiris son frère, qui régnait avec sagesse ; et il avait divisé son corps en plusieurs fragments : Isis aidée du secours d'Horus voulut venger la mort de son époux. Elle attaqua Typhon ; et c'est dans ce lieu (à Antée), que se livra le combat, où il périt avec tous ses partisans. »

Dans cette aventure mythologique, on a vu les sables (Typhon), envahissant pendant de faibles inondations cette partie de l'Égypte où coulait le fleuve (Osiris), qui fut obstrué et forcé de changer son cours en le divisant ; puis survint un fort débordement qui recouvrit le sable de limon et de terre végétale (Isis), où reparurent ensuite de belles récoltes, (Horus).

Cette fable, qui avec quelques variantes s'appliqua à différents lieux du cours du Nil, semble dire que ce phénomène s'est reproduit sur plusieurs points, ce qui a dû arriver en effet.

Autour de ces principaux dieux, s'en groupaient nombre d'autres moins importants, comme cela est arrivé chez les Grecs, qui n'ont fait que copier la mythologie égyptienne, en la modifiant et en changeant quelque noms.

Nous arrivâmes de bonne heure le 25 janvier, au bas de la première cataracte, en face de la ville d'Assouan. C'est sur ce point que nous quittâmes le bateau à vapeur qui ne pouvait remonter davantage.

Nous fûmes reçus par le gouverneur d'Assouan qui nous fit les honneurs de sa maison, en nous offrant, selon l'usage oriental, le café et le chibouk. Son habitation est la mieux située de la ville, il est probable qu'elle est aussi la plus belle; cependant elle ne se compose que de trois ou quatre pièces mal recrépies. Un divan de terre sèche qui entoure la moitié d'une de ces pièces; un vieux coffre et trois chaises de paille, en forment à peu près tout l'ameublement; encore ces dernières sont un luxe à l'européenne, destiné aux étrangers de distinction qui viennent visiter les cataractes.

Avant de quitter cette ville nous visitâmes les ruines

de l'île de Rhouda, située en face. Les débris qu'on y trouve actuellement, méritent à peine d'être vus. Comme tous les restes d'antiques cités placés à proximité de villes modernes, ils ont sans doute servi de carrière pour les nouvelles constructions ; néanmoins si ces ruines eussent présenté une certaine importance, et des matériaux de grande dimension comme ceux de Karnak et d'autres ruines, on pourrait être certain de les trouver encore en place en présence du peuple moderne.

Pendant cette visite, le gouverneur nous fit préparer des montures et des chameaux pour nous transporter avec nos bagages au-dessus de la cataracte où nous attendaient des dahabiè, qui devaient nous conduire jusqu'à Korosko, à l'entrée du grand désert.

Les anciens, dit-on, croyaient Assouan ou plutôt l'antique ville de Syène, placée précisément sous le tropique du Cancer. C'est là qu'existait un puits dans le fond duquel, selon quelques récits, les rayons du soleil venaient tomber d'aplomb à midi, le jour du solstice d'été. On sait que le tropique se trouve à quelque distance au-dessus de la cataracte, si l'angle terrestre compris dans une distance d'une soixantaine de kilomètres mesurée à la surface du globe est petit; néanmoins, il n'est guère possible d'admettre cette erreur chez les anciens Égyptiens, erreur qu'un simple plomb pouvait facilement vérifier; aussi on ne saurait guère accepter cette donnée que comme une indication approximative.

Assouan termine l'Égypte à son extrémité la plus méridionale. En général, on se figure mal la forme de cette contrée; on lui suppose, comme cela a lieu ordinairement, une certaine longueur et une largeur plus proportionnée. Il n'en est rien, l'Égypte se compose d'une part : d'un ruban de cent quatre-vingts lieues de long, sur deux ou trois de large, formé par un sol d'une grande fertilité, et rigoureusement encaissé entre des déserts d'une aridité absolue; d'autre part : du Delta qui a la forme d'un quart de disque de trente-huit à quarante lieues de rayons, dont l'angle central est au Caire et les deux extrémités de l'arc à Alexandrie et à Péluse. C'est cette lisière de terrain qui serpente en suivant les contours du Nil, depuis Assouan jusqu'au Caire, ou en d'autres termes depuis le 24ᵉ degré jusqu'au 30ᵉ degré de latitude nord, qui, avec le Delta et quelques oasis, compose toute la surface cultivable de l'Égypte. Les limites tracées sur les cartes, ne sont en réalité que des lignes fictives passant au milieu de déserts où rien ne peut vivre ni végéter.

Une particularité de ce pays, c'est que la vallée du Nil, au lieu d'être concave et de présenter comme toutes les autres vallées ses parties les plus basses sur les bords du fleuve, a au contraire une forme légèrement convexe dans sa section transversale. Le sol de cette vallée est plus élevé sur les rives mêmes du fleuve qu'en s'éloignant vers les chaînes de montagnes qui forment ses limites. Cette particularité est due aux dépôts de limon que chaque année, pendant l'inondation, le fleuve apporte de la Nigritie. Ces limons qui forment le sol d'alluvion de l'Égypte, se déposent plus abondamment sur les bords du fleuve. D'après cela on comprend parfaitement que ce dépôt est également la cause de la division du cours du Nil en plusieurs branches, dans le voisinage de la mer, de même qu'il est la cause de la formation et de l'agrandissement du Delta. En effet, admettez le Nil coulant par un seul lit à travers le Delta, du moment où la surface du sol tend à s'élever plus rapidement sur ses bords que sur les autres parties ; il est évident qu'à un moment donné pendant une inondation, l'eau doit se jeter sur les parties les plus basses, et y maintenir une partie de son cours. C'est en effet ce qui est arrivé à partir du Caire, où le cours du Nil n'est plus étroitement limité par deux chaînes de montagnes. Le fleuve s'est divisé en plusieurs branches divergentes dans le Delta, pour arriver à la mer. Ainsi l'Égypte est donc formée exclusivement d'un sol d'alluvion mêlé aux sables apportés par les vents du désert. Bien qu'il soit de la plus grande fertilité, on comprend que ce pays n'offre aucune variété d'aspect. On n'y voit ni forêts, ni prairies, ni sites variés ; depuis les bords de la mer jusqu'au tropique, c'est toujours la même culture, le même village de boue sèche avec ses ruelles tortueuses et sales, toujours le même bouquet de palmiers qui finirait par devenir monotone et ennuyeux si l'élégance de sa forme ne lui donnait une éternelle beauté, si une lumière resplendissante ne venait dorer tout ce qu'elle touche; si enfin un crépuscule d'un effet sans pareil et dont on ne saurait se lasser, ne venait chaque soir terminer la journée par un jeu de lumière d'une magnificence impossible à décrire.

Pourtant si le palmier forme la dominante de la végétation arborifère, on trouve aussi en Égypte, quoiqu'en moindre quantité, le gommier, l'oranger, le jujubier, le bananier, de grands sycomores, et beaucoup d'autres arbres que Méhémet-Aly a multipliés, principalement dans la basse Égypte.

Quant à sa fertilité proverbiale, elle ne laisse rien à désirer : le blé, le doura, le maïs, l'orge, le millet, le coton, le lin, le chanvre, l'indigo, la canne à sucre, le mûrier et une foule d'autres plantes y croissent à l'envi. Enfin, sous ce climat où la glace, la neige et la grêle sont inconnues, il n'est pas de mois qui n'ait ses fleurs et ses fruits.

Si la nature est peu variée en Égypte, nulle part on ne trouve une plus grande variété de costumes, de types de figures, de races diverses; toutes les nuances de peau, depuis le blanc jusqu'au noir, semblent s'être donné rendez-vous dans ce pays. Le cours du Nil qui réunit les eaux d'un grand nombre de régions du continent africain, semble réunir également sur ses rives des individus de toutes les contrées d'où lui viennent ses tributaires.

CHAPITRE V

ILE DE PHILŒ

Première cataracte.— Sites remarquables.— Monuments de l'île de Philœ. —
Légende orientale. — Seul dans l'île sacrée.—Apparition fantastique.

L'importance de la première cataracte dont les anciens ont parlé, avec tant d'exagération, a été décrite plus exactement par les voyageurs modernes. Au lieu de présenter une seule et grande cascade, elle se décompose en une série de petites chutes, assez éloignées les unes des autres et disposées sans régularité. Elles ne forment que de nombreux rapides à travers une grande quantité de rochers de granit dont les crêtes sortent çà et là de la surface de l'eau. Comme en voyant toute chose trop vantée, j'éprouvai une sorte de déception devant la réalité. Néanmoins, ce fleuve majestueux précipitant sa course à travers une multitude de rochers, sur lesquels il se brise et bouillonne, ne laisse pas que d'offrir un aspect imposant qu'augmente encore le puissant et vaste murmure de ses eaux.

C'est dans cette zone granitique qui fait obstacle au cours du fleuve que l'on trouve les carrières exploitées par les anciens pour l'extraction des nombreux obélisques, sarcophages, statues, etc., en granit rose ou syénite, qui ornaient leurs monuments. On voit encore dans ces carrières un grand obélisque non achevé et d'autres préparatifs de travaux abandonnés.

Au sud d'Assouan, l'on rencontre différentes ruines appartenant à l'antique ville de Syène.

Après avoir parcouru quelques kilomètres qui, depuis Assouan, nous firent longer les faibles restes de Syène et la cataracte, nous arrivâmes sur les bords du fleuve, à quelque distance au-dessus. Nous aperçûmes nos tentes dressées et nos ballots étendus sur une plage de sable, au bord du Nil, dans un endroit délicieux. Cette plage s'étend en avant d'un petit village gracieusement ombragé de doums et de palmiers et adossé à des rochers élevés. Le Nil, en cet endroit, subdivise son cours et serpente autour de plusieurs îles pyramidales, formées par des entassements de rochers de granit, tous plus pittoresques les uns que les autres; ils dessinent sur le ciel et reflètent dans l'eau des formes vraiment fantastiques. Le fleuve dans ce lieu présente une petite baie qui étend ses bras tortueux, dans plusieurs directions, entre les îles; sur le premier plan, nos barques mollement bercées, balançaient dans l'air leurs longues vergues.

La tente qui nous était destinée et qui devait bientôt devenir notre unique habitation, était de forme polygonale, presque circulaire; elle était faite en étoffe de couleur vert tendre, ses parois étaient verticales jusqu'à hauteur d'homme; à partir de ce point, la couverture était soutenue en forme conique par un poteau central; elle était bordée au pourtour de fragments dentelés et flottants de diverses nuances. A partir de chacun des angles de cette bordure polygonale, cette tente était maintenue par des cordages divergents en tous sens, comme les fils d'un nid d'araignée, et fixés à terre avec des piquets. A l'intérieur, la couverture était doublée de bandes d'étoffes rayonnant en éventail, elles divisaient le plafond en triangles de couleurs différentes, correspondant à des divisions analogues dans le pourtour vertical. Une des facettes de ce pourtour se soulevait comme un store, pour servir de porte. La tente des gens de service, quoique plus petite, plus simple et en toile bise, avait la même forme. Les chameaux de notre future caravane, reposaient çà et là, sur le sable, au bord de l'eau.

Pendant que l'on installait nos effets dans les barques qui devaient nous transporter à Korosko, nous nous fîmes conduire à l'île de Philœ. Je n'étais pas fâché de profiter de cette occasion pour faire une promenade sur la surface liquide qui allonge si gracieusement ses bras entre les îles pittoresques que nous avions devant notre premier campement.

Nous arrivâmes à l'île de Philœ après une navigation sinueuse d'une demi-heure à peu près, entre ces rochers. Il est difficile d'imaginer une position, un ensemble, et des détails d'un effet aussi merveilleux. Par sa position, ses monuments, ses antiques et solitaires palais, cette île semble être le séjour des fées et des génies. D'un côté, se présente un temple bien conservé dont les pylônes se dessinent sur le ciel bleu; alentour, sont diverses salles et des cours entourées de portiques; plusieurs faces de cet ensemble sont exhaussées sur des murs de soubassement dont les eaux du fleuve baignent les assises. D'un autre côté, l'île offre un édifice égyptien du plus charmant effet. Ses portiques à jour, sur piliers et colonnes détachées, élèvent et projettent sur l'azur du ciel des chapiteaux et des plates-bandes fines et élégantes dont la perspective joue dans tous les sens, accompagnée des plus gracieux bouquets de palmiers. Nous abordâmes cette île en escaladant des rochers.

En parcourant sa surface, nous vîmes qu'elle offre encore d'autres ruines de divers styles et de diverses époques. En outre des monuments égyptiens qu'elle renferme, on y voit les débris d'un monument d'ordre dorique et une porte ou arc de triomphe romain non terminé; le couronnement de celui-ci est resté inachevé et les pilastres d'angle, les impostes et les archivoltes de ses arcs attendent encore le ciseau qui devait les modeler.

L'île de Philœ paraît avoir été consacrée au culte dès une très-haute antiquité; mais les dévastations auxquelles elle fut soumise de la part des Ethiopiens et particulièrement des Perses, y laissèrent fort peu de choses debout; aussi n'y voit-on maintenant que quelques restes du dernier Pharaon, Nectanèbe, et des restaurations des Ptolémée et des Romains. Les noms hiéroglyphiques qu'on y lit à côté des décorations murales, sont ceux : de Nectanèbe, Philadelphe, Auguste, Tibère et Claude; et comme les monuments élevés par ces derniers sont purement de style grec ou romain, il est probable que là, où leurs noms existent sur les monuments de style égyptien, il ne s'agit pour eux que de restaurations, ou peut-être même de simples substitutions de dédicace, comme ils l'ont fait ailleurs, ce qui est très-facile dans le style égyptien.

Le plus grand des temples était consacré à Isis qui représente la femme ou le principe féminin, et un autre plus petit, à Athor, la Vénus égyptienne.

L'entrée de cette île sacrée, paraît avoir été interdite à toute personne non initiée au culte. Ceux-là seuls, dont la vie était consacrée à la religion, pouvaient y aborder et venir célébrer le culte des déesses qu'on y adorait. Encore on serait tenté de croire que ces initiés étaient de deux classes; car, autour de ces sanctuaires sacrés, les ruines laissent voir des passages secrets dans l'épaisseur des murs, des escaliers dérobés qui entrent en terre ou s'élèvent, des niches, des pièces sombres, en un mot tout un ensemble de constructions mystérieuses, qui révèlent des pratiques mystiques du sacerdoce Ces dispositions semblent indiquer que les véritables initiés employaient différents moyens occultes pour frapper l'imagination des prêtres, qui devaient répandre avec ferveur et une véritable foi les principes de leur religion.

Sur une île voisine, on voit un reste de temple plus ruiné, qui date d'Aménophis II, et qui fut consacré au dieu Knouphis et à la déesse Athor. Enfin, sur divers rochers voisins, on voit des inscriptions votives, entre autres aux deux divinités de la cataracte, à Knouphis et à la Minerve égyptienne, Até.

En parlant du temple de Knouphis situé dans l'île voisine, notre guide le nomma le *Palais de l'Amant*. A ce nom, dans le voisinage d'une île, dont les temples sont consacrés à des déesses, mon attention fut éveillée, et je demandai à notre cicerone égyptien pour quelles raisons il nommait ainsi ces ruines. Il ne fut pas long à me satisfaire, et nous raconta une légende qui semble appartenir aux *Mille et une nuits*, si elle n'est la tradition d'un mythe relatif aux divinités de cette île enchantée.

Un grand prince, nous dit-il, avait une fille belle comme le jour; aussi, de nombreux prétendants aspiraient à sa main. Celui qu'elle préféra fut Ouled-el-Nar (le fils du feu), mais il ne convenait pas à son père qui s'opposa à son choix. La princesse, de son côté, refusait tout autre parti.

Quand une fille aime, elle est faible; quand un jeune homme est aimé c'est le contraire, il est fort. Cette situation constituait un danger que le père voulait conjurer, tous les moyens qu'il avait tentés jusqu'alors avaient été inefficaces. La persistance du prétendant favorisée par la bonne volonté de la jeune princesse avait surmonté tous les obstacles; mais elle n'avait point vaincu la résistance du père. Il amena donc sa fille dans cette île de granit que protégent les eaux du Nil. Là, il fit bâtir un palais qui devint la demeure et la prison de la belle, sous une surveillance vigilante. Cela fait, le prince s'endormit tranquillement sur ses deux oreilles, pensant avoir mis son trésor suffisamment à l'abri derrière le double rempart de ces rochers de granit et des eaux du fleuve. Précautions vaines! l'amour partagé se rit des obstacles, il y puise de nouvelles ardeurs, de nouvelles forces, il suit partout l'objet affectionné, il le voit même à travers les murailles.

Ouled-el-Nar vint s'installer dans une île voisine, et y fit construire, lui aussi, un palais. Cependant, la surveillance était active autour de la jeune princesse, il eût tenté en vain de franchir le bras du fleuve qui le séparait de l'objet aimé; aussi, n'y songea-t-il pas, et rien n'indiquait qu'il cherchât à se rapprocher davantage de son amante. Les gardes du prince ne virent jamais glisser dans l'ombre une barque mystérieuse, jamais le jeune homme n'essaya de gagner à la nage la rive qui gardait la maîtresse de son cœur, et pourtant ils se rejoignirent un jour, pourtant l'île inabordable fut témoin de leurs épanchements : un souterrain creusé avec mystère et à grand'peine sous le lit du fleuve, avait réuni les deux îles et les deux cœurs.

Ouled-el-Nar et la princesse vécurent ainsi dans un bonheur que rien ne pourrait dépeindre, jamais la jeune fille ne se plaignait des rigueurs de sa prison, jamais elle ne murmurait contre la sévérité de son père, et pourtant elle refusait constamment les propositions que lui faisait le prince. Celui-ci, touché enfin de la persévérance de cet amour, finit par céder aux désirs de sa fille bien-aimée; il renonça pour elle aux grandeurs qu'il avait rêvées, et l'union tant désirée fut enfin célébrée. L'île fut laissée aux heureux époux, ils en devinrent les génies bienfaisants. De nos jours, ajouta encore notre cicerone, on voit leur ombre apparaître dans ces lieux; souvent, pendant la nuit, ce bizarre rocher que vous voyez là-haut se dessiner sur le ciel, prend les formes de l'amant et retrace les signes mystérieux qu'il faisait à son amante. Dans l'autre île, sur le sommet de ce monument, apparaît l'ombre de la princesse, elle vient regarder en silence ces ruines de l'autre île qui conservent le souvenir des beaux jours qu'Allah leur donna dans ce monde. Allah-Kérim (Dieu est grand), dit notre narrateur, et que toutes ses volontés soient faites!

Le fantastique, le merveilleux, l'impossible des récits orientaux, des contes de fées et des nuits de Chéradzade n'étonnent plus, pour ainsi dire, en présence des sensations inouïes que font éprouver certains spectacles de la nature et de la vie orientale. On a besoin d'y songer à deux fois pour se bien persuader que ces étranges îlots du Nil ne sont pas le séjour d'êtres aériens ainsi que le disent les légendes. Une fée sortirait soudain de ces ruines, qu'on en serait à peine surpris.

Une seule barque nous avait amenés à l'île de Philœ. Lorsque nous l'eûmes visitée, les voyageurs qui avaient profité de notre bateau pour venir voir la haute Égypte se disposèrent à rejoindre ce bateau à vapeur qui devait les ramener au Caire, et dont le départ était fixé; je ne pus me résigner à quitter cette île sans avoir esquissé sur mon album ses principaux monuments. Je déclarai donc que mon intention était d'y passer le reste du jour, et même la nuit, si, comme cela était probable, on ne pouvait venir me chercher. Dans ce cas, nos barques devaient me recueillir le lendemain en remontant. Je fis donc mes adieux à mes compagnons de voyage de diverses nations, entre autres à M. Pointeau, ancien officier, habitant Rennes, avec lequel je voyageais depuis Tunis, et au prince Demidof dont les rapports d'âge et de goûts m'avaient fait un compagnon aimable depuis Malte. Je perdais en M. Pointeau la dernière personnification vivante de mon pays; je fus d'autant plus sensible à cette séparation, qu'elle me laissait seul avec de nouveaux compagnons de route dont la plupart ne me semblaient pas exempts d'usages assez barbares ou tout au moins fort étranges pour moi. L'éloignement de la patrie n'est pas complet tant qu'on est entouré de compatriotes; avec la perte du dernier de ceux-ci, il semble qu'on s'aperçoive soudain de toute la distance qui vous sépare du sol natal.

Pendant le reste du jour, je restai donc seul dans cette île merveilleuse, seul avec mes crayons, et Dieu sait qu'ils ne furent pas inactifs, nonobstant les distractions sans nombre causées par tout ce qui m'entourait, et qui entraînaient mon esprit dans le monde des rêveries.

La journée me sembla bien courte. Quand le soleil disparut derrière les fantastiques rochers des îles voisines, j'oubliai définitivement mes crayons. A ce moment, le ciel et l'eau du fleuve semblaient en feu, les ruines et les rochers découpaient mon horizon de la manière la plus étrange, en haut sur le ciel empourpré, en bas sur la nappe liquide où le firmament projetait ses profondeurs; il me semblait être au milieu de rochers aériens détachés dans l'espace.

Insensiblement le rouge éclatant du ciel s'assombrit, l'obscurité fondit dans sa teinte uniforme tout ce qui m'environnait et je ne distinguais plus que les noires silhouettes des points culminants qui se dessinaient sur les profondeurs encore éclairées du ciel.

Impressionné plus que je ne saurais l'exprimer du spectacle de cette merveilleuse nature, je songeais à me choisir un gîte pour la nuit, lorsqu'en jetant un dernier regard autour de moi, j'aperçus soudain un objet qui détourna le cours de mes idées en excitant vivement ma curiosité mélangée, je dois l'avouer, de quelque appréhension. Sur le sommet d'un pylône du grand temple se dressait une silhouette étrange, pareille à l'ombre d'une statue. J'étais moi-même monté sur ce pylône dans la journée; j'étais donc bien certain de n'y avoir rien vu de semblable; je ne craignais certainement pas les fées et les génies, dont les légendes orientales peuplent ces îles, encore moins l'ombre de la belle princesse. De fait, mon imagination fut pendant un moment complétement déroutée; car dans un tel pays, seul dans cette île si bien faite pour émouvoir, je pouvais craindre les *génies indigènes*. Un simple mortel égyptien, doué de peu de délicatesse, pouvait avoir conçu l'idée de jouer à mon détriment le rôle d'un être surnaturel en me tendan quelque piége dans ce lieu désert, pour exploiter la peur qu'il chercherait à m'inspirer, ainsi que cela se pratique assez en Orient, et surtout dans la Syrie.

Cette pensée seule me causait quelque inquiétude.

L'ombre restait immobile; en la fixant avec plus d'attention, il me sembla que sa partie supérieure dessinait un chapeau aux ailes relevées, et surmonté de deux plumes placées obliquement. Cette forme, bien que pittoresque, était en réalité peu en harmonie avec les idées que l'aspect du lieu pouvait présenter. Rien de commun, en effet, entre les souvenirs de l'âge des Pharaons et cette image de brigand d'opéra comique. Bref, il fallut bien prendre un parti, et je me décidai à marcher droit à l'ombre mystérieuse, toujours immobile. J'avançai, elle ne fit aucun mouvement, je m'approchai du pylône quand, mon pied, heurtant les débris épars sur le sol, je trébuchai et faillis tomber. Au bruit, je vis l'ombre grandir et s'agiter subitement, puis, j'entendis balbutier ces mots :

Sâlam aleïcoum ! — Que la paix soit entre nous.

Je répondis aussitôt par le salut d'usage.

Aleïcoum sâlam ! — Entre nous soit la paix.

Le ton peu rassuré de la voix, m'avait aussitôt rassuré moi-même; de plus, j'avais remarqué l'accent étranger à l'Égypte de l'homme au chapeau à plumes.

Qui êtes-vous ? lui dis-je en français.

— Ah bien !... Je suis un voyageur aussi, me répondit-il avec une expression de satisfaction très-prononcée et un accent britannique non moins prononcé.

Mon spectre était un Anglais, j'aurais dû m'en douter. Prenez la sphère terrestre, choisissez-y n'importe quel point, le plus reculé, le plus inaccessible, vous êtes à peu près certain d'y rencontrer un fils d'Albion.

Mon Anglais descendit de son piédestal, et vint à moi. Cette rencontre inattendue nous fit plaisir à tous deux. Je ne lui cachai pas l'effet pittoresque de sa silhouette sur le haut du pylône et l'émotion qu'elle m'avait causée. Il m'expliqua aussitôt les circonstances qui l'avaient amené. Il revenait de voir la deuxième cataracte; le courant du Nil ayant été le seul moteur de sa barque, il n'avait pu choisir un autre moment pour aborder encore une fois cette île.

Sa première visite en ces lieux lui avait procuré des sensations si imprévues qu'il avait voulu, malgré l'heure avancée, les goûter encore une fois en redescendant. Enfin, sa barque ayant abordé à la partie supérieure de l'île, il avait préféré que ses gens restassent là, pour parcourir seul ces merveilleux sites et leurs antiques débris, et mieux en apprécier les charmes. Je lui appris alors que pour en jouir plus solitairement encore, j'avais voulu être abandonné dans l'île, sauf à y passer la nuit.

L'Anglais m'offrit aussitôt de me ramener dans sa barque; j'acceptai, et nous reprîmes la route qui serpente entre les îles de rochers; l'effet pendant la nuit pour n'être pas le même que pendant le jour, n'en est pas moins d'un pittoresque des plus saisissants. Peu après, je me fis déposer sur la plage, en face du lieu où nos tentes étaient dressées.

CHAPITRE VI

BASSE NUBIE

Procédé turc. — Lenteur de la navigation. — Le tropique. — Vallée du Nil en Nubie. — Nombreux temples. — Maisons nubiennes. — Intérieur nubien. — Usages divers. — La bestialité. — Korosko. — Mosquée primitive. — Préparatifs de la caravane.

Le lendemain matin 26 janvier, une scène assez tumultueuse précéda notre départ. Les officiers de notre escorte avaient jugé à propos de requérir, au nom du pacha, tous les mariniers présents dans l'endroit pour le service des barques de notre expédition. Ils mirent la main non seulement sur les hommes disponibles mais encore sur ceux qui étaient au service de divers voyageurs qu'ils avaient amenés et qu'ils devaient conduire ailleurs.

Les voyageurs protestèrent contre l'arbitraire d'une

pareille mesure, mais ce fut peine perdue ; il fallut se résigner à attendre le retour des mariniers chargés de nous conduire à Korosko, c'est-à-dire passer au moins sept ou huit jours dans l'inaction. Cette circonstance me fournit l'occasion de rendre à mon Anglais de l'île de Philœ, le service que j'en avais reçu la veille. Grâce à mon intervention, les officiers voulurent bien lui laisser les mariniers nécessaires pour le service de son bateau.

Nous partîmes; un léger vent enflait nos voiles et nous poussait doucement entre les îles pittoresques dont j'ai parlé. Souvent la brise avait peine à vaincre le courant du fleuve; parfois même, on ne savait trop lequel des deux l'emporterait. Tantôt on avançait, tantôt on reculait : alors un certain nombre de mariniers mettaient pied à terre et s'attelaient à une corde pour remonter ainsi la barque, quand la rive était propice à cette manœuvre ; autrement il fallait attendre es caprices du vent. Cette navigation serait vraiment désespérante, si Dieu, dans sa profonde sagesse, n'avait établi certaines compensations à tous les maux.

Pour nous ces compensations étaient variées; d'a-ord, les rives du fleuve sont plus accidentées qu'en Égypte; ensuite, un autre palliatif à cette désespérante navigation, c'est qu'elle s'accommode jusqu'à un certain point à l'humeur de chaque voyageur. Le nonchalant y trouve son compte en se laissant doucement remorquer sans être exposé à aucune des agitations que comportent presque tous les genres de locomotion. L'homme actif descend chaque matin sur l'une ou l'autre rive, s'engage dans le pays, va, vient, s'arrête où il veut, toujours certain de retrouver son gîte de la nuit sur le bateau, en calculant le degré de vitesse de sa marche, d'après la direction et la force du vent.

J'étais de cette dernière catégorie de voyageurs; mais elle n'était pas nombreuse, ce qu'on comprendra facilement en réfléchissant à l'écrasante chaleur du soleil tropical qui plonge dans cette étroite vallée au milieu des déserts. Pourtant j'avais quelquefois pour compagnon dans ces excursions, un jeune botaniste polonais, M. Cinkoweski, qui avait été adjoint au colonel russe pour faire partie de cette mission. L'attachement de ce jeune voyageur pour tout ce qui touchait à la France, le vif désir qu'il nourrissait de la voir plus tard, son aménité, en firent bientôt pour moi un camarade qui remplissait en partie le vide laissé par mes compatriotes.

A Assouan, nous avions quitté la haute Égypte pour entrer dans la basse Nubie. Le pays change d'aspect comme de nom. Une zone granitique qui comprend la première cataracte et les îles qui s'étendent à environ une lieue plus haut, sépare les deux régions. Dans la basse Nubie, le Nil coule étroitement encaissé entre les flancs découpés des plateaux rocheux qui le bordent de chaque côté. Ce sont des grès à croûte ferrugineuse, complétement dépourvus de végétation.

Le 27 janvier nous fîmes notre entrée sous la zone torride, nous atteignîmes le village de Kalabché qui se trouve placé sous la ligne du tropique du Cancer. L'espace que nous avions parcouru entre Syène et ce lieu, représente, dit-on, la différence d'évaluation des astronomes modernes, avec ceux de l'antique Égypte. Cette différence est d'environ un demi-degré, d'où il suit que le puits des anciens au fond duquel les rayons du soleil devaient tomber d'aplomb à midi le jour du solstice d'été, présenterait actuellement un écart avec la ligne verticale, d'environ neuf centimètres par chaque décamètre de profondeur. Il faudrait donc admettre que l'axe de rotation de la terre a dévié depuis cette époque, ou que cette donnée n'était qu'une approximation, car la différence dont nous venons de parler était d'une appréciation facile par les moyens les plus simples.

De la première cataracte au tropique, la partie cultivable aux bords du fleuve se réduit à une bande de terrain à peine égale à la moitié de celle du Nil. Plus au sud, cette bande de terrain se restreint encore, la culture n'occupe plus que les talus mêmes du fleuve, et quelques rares encoignures entre les bases arrondies des montagnes. Les saki continuent à faire entendre leur grincement strident partout ou un coin de terre peut motiver leur existence. Le palmier seul domine sur les autres végétaux dans les campagnes de l'Égypte; dans la basse Nubie apparaissent en outre les doums, autre sorte de palmier, dont le tronc se bifurque à plusieurs reprises sans presque aucune différence de grosseur entre le tronc principal et les branches bifurquées. Il porte ordinairement quatre têtes distinctes dont chacune offre à peu près l'aspect de la tête du palmier ordinaire, si ce n'est que les feuilles de celui-là ressemblent à une sorte d'éventail, au lieu d'être palmées en longueur. Le palmier doum commence aussi à se montrer sous la même latitude dans le Fezzan. Son fruit ressemble à une pomme formant plusieurs lobes divisés par des sinus accentués et dont la croûte est dure comme une noix de coco. Cet arbre ne sert guère que par son bois et par sa seconde écorce ligneuse qui est employée à faire des cordages.

Les têtes élevées du palmier doum, ainsi que celles du palmier ordinaire, dominent les autres végétaux parmi lesquels les acacias se montrent plus nombreux.

Dans la basse Nubie on rencontre un grand nombre de temples de style égyptien; ils sont en général mieux conservés que ceux de l'Égypte, sans être construits sur une aussi grande échelle; plusieurs ont cependant beaucoup d'importance. On est surtout étonné de rencontrer tous ces temples sur des espaces de terrain aussi restreints. En comparant leur nombre relativement à la surface du sol cultivable, j'ai calculé qu'il y avait environ un temple par soixante à quatre-vingts hectares; tandis que, dans les contrées les plus fertiles de la France, il n'y a qu'une église pour un espace de terrain dix fois plus considérable. Malgré la fertilité du sol en Nubie et la sobriété des habitants, la multiplicité relative de ces temples est un témoignage de plus du rôle important de la religion dans les sociétés antiques et particulièrement dans ces contrées. Elle montre surtout un peuple ayant atteint déjà une grande puissance créatrice et industrielle, et qui n'ayant pas encore, comme aujourd'hui, trouvé ces mille besoins de superfluité et de confortable, dépensait son activité et ses ressources en édifiant des temples.

Les constructions modernes se réduisent aux habitations; l'art est oublié dans ce pays, les maisons, c'est-à-dire les cabanes, ont presque toutes la même forme; on n'y travaille que pour la satisfaction des besoins matériels les plus nécessaires à la vie. Nul ne cherche par un effort d'imagination ou de labeur à surpasser son voisin, les maisons sont d'une simplicité ou plutôt d'une grossièreté toute primitive. Les murs se font en terre broyée, leurs faces sont inégalement dressées et les angles mal arrondis. Une couche de roseaux appuyée sur des traverses horizontales forme la couverture, les jours qui résultent de l'imperfection de celle-ci sont les seules ouvertures par lesquelles la lumière puisse pénétrer. Du côté de l'entrée, un grand vase de terre est placé dans l'épaisseur du mur ou à côté de la porte, il contient de l'eau pour le double usage des habitants du logis qui peuvent y puiser de l'intérieur, et du passant qui peut s'y désaltérer en puisant de l'extérieur sans rien demander ni rien voir à l'intérieur.

Cette disposition satisfait à deux prescriptions du Coran, l'une qui fait une loi rigoureuse de l'hospitalité, l'autre qui défend aux femmes de se laisser voir par tout autre que par leur mari et leurs proches. De plus, elle résulte aussi d'une nécessité de la contrée : l'air sec et chaud des déserts fait de la soif un besoin impérieux et pressant qu'il importe de satisfaire plus souvent qu'on ne pourrait le penser en Europe.

L'extérieur de ces maisons est chose facile à inspecter ; mais il n'en est pas tout à fait de même de l'intérieur, quand les femmes s'y trouvent ; cependant ces maisons sont d'un libre accès, car nulle porte n'en ferme l'entrée. Les usages du pays qu'il ne serait pas prudent d'enfreindre, la loi du Coran (ce grand mot du musulman), sont les seules barrières ; mais elles suffisent.

Pourtant je ne pouvais me dispenser de connaître l'intérieur comme l'extérieur de ces maisons. Je m'adressai donc à un homme qui était sur le seuil de son habitation, pour lui demander à en visiter l'intérieur ; une petite moue et un signe négatif furent la seule réponse qu'il me fit en rentrant chez lui ; un second me fit comprendre d'un geste plus énergique que c'était impossible, un troisième me tourna le dos en me disant que cela ne se pouvait en ce moment ; pourtant cela était possible quelquefois, je ne me décourageai donc pas. Un quatrième m'invita à le suivre, je pensais que les femmes étaient absentes, il n'en n'était rien. La porte, c'est-à-dire l'ouverture par laquelle on pénètre, était sur le côté gauche de la face de la maison, on avançait entre deux murs de boue sèche jusqu'au fond de la première pièce qui se trouvait par conséquent à droite; là, une interruption du mur intérieur laissait pénétrer dans la pièce, en se retournant à angle droit.

Cette disposition a pour but d'empêcher le passant de voir dans la pièce par la porte sans clôture, et de permettre à ceux qui sont dans l'intérieur de prendre la position ou le maintien qu'ils veulent quand ils entendent parcourir ce corridor par un arrivant; si c'est une femme qui se trouve dans cette pièce, elle a le temps de se voiler ou de passer dans la chambre du fond pour se dérober à la vue.

Cette première pièce contenait, pour tout meuble, une masse de terre sèche pétrie en forme de divan adossé au mur de façade avec une mauvaise natte étendue dessus; une coupe grossière était posée sur le divan à proximité du vase incrusté dans le mur de face. Une pipe, quelques bâtons et quelques grossiers ustensiles, appendus aux murs, en complétaient l'ameublement.

Pour pénétrer dans la seconde chambre, à partir du corridor qui nous avait donné entrée, il fallait traverser la largeur de la première pièce et se retourner à gauche où une ouverture était ménagée; mon hôte, en entrant, s'était empressé de rajuster la natte sur le massif de terre pour m'inviter à y prendre place. Mon intention n'était pas de faire une visite de cérémonie; mais bien de voir et d'observer autant que possible. Je m'avançai donc sans façon vers la seconde pièce pour satisfaire ma curiosité. En voyant cela, mon hôte fit un mouvement de surprise causé par mon indiscrétion; mais il était trop tard. J'avais déjà vu femme et enfants accroupis sur le sol; il se résigna donc, quoique d'assez mauvaise grâce, à me laisser achever mon inspection. Pour le tranquilliser, je feignis de m'attacher particulièrement aux détails de son ameublement, mais rien ne m'échappait. La femme était agenouillée devant son ouvrage et à peine vêtue. Un lambeau de linge sale tourné autour de ses hanches descendait un peu sur les cuisses, tout le reste du corps était nu; elle ne semblait nullement s'attendre à l'indiscrétion du visiteur. En me voyant debout à cette entrée avec son mari regardant par-dessus mon épaule, elle leva un angle de son linge devant son visage, et, sans cesser de me regarder, elle s'efforça de soustraire à ma vue ses gros traits presque noirs et ruisselants de sueur; ils étaient si laids, qu'ils n'offraient qu'un spectacle peu agréable. Sur un signe de son mari elle se remit à son ouvrage. Deux enfants complétement nus, dont l'un de quelques mois seulement, se roulaient dans la poussière en jouant avec une colombe qui cherchait à atteindre quelques miettes de leur nourriture.

Devant les genoux de la femme on voyait une pierre plate, légèrement inclinée en avant et déjà concave par l'usure. Elle y mettait de temps à autre une poignée de graine qu'elle écrasait avec une autre pierre plus petite. Il résultait de ce travail une farine grossière qui tombait en avant sur une dalle destinée à la recevoir; cette farine était de nouveau repassée entre les mêmes pierres jusqu'à ce qu'elle fût suffisamment fine. Pendant ce temps, un feu placé entre deux moellons, dans un angle de la pièce, chauffait une autre dalle mince posée sur ces deux moellons formant chenets; sur cette dalle chaude on fait cuire la pâte par légères couches à mesure qu'elle est pétrie par la ménagère. Ainsi se fait le pain, sorte de galette non levée que l'on fabrique pour chaque repas. Moulin, boulangerie et four, tout est remplacé par ces quelques pierres brutes.

Le reste de l'ameublement était en harmonie avec tout ce qui précède. Quelques grands pots de terre, grossièrement façonnés et rangés contre un mur, servaient à contenir les différentes provisions du ménage; d'autres vases en terre et en bois, quelques ustensiles, quelques nattes, quelques peaux étendues sur le sol pour s'accroupir le jour et dormir la nuit, voilà tout ce qui composait l'ameublement de cette seconde pièce.

Quand le maître de la maison vit que mon attention se portait principalement sur les détails d'intérieur que j'examinais l'un après l'autre avec soin, ses appréhensions se calmèrent; il s'empressa même de me les faire considérer dans tout leur ensemble, comme pour détourner mon esprit d'un sujet qui, à la vérité, paraissait toucher encore plus à ses propres sentiments qu'à la loi du Coran.

Tout en examinant aussi bien les personnes que l'ameublement, ma réserve fut telle, ou du moins lui parut telle à l'égard de celles-là, qu'il se chargea de m'introduire dans d'autres demeures; il est vrai que le plus souvent je n'y trouvai personne ou seulement les enfants, ce qui me permettait de satisfaire plus facilement ma curiosité. Toutes ces habitations ont, à peu d'exceptions près, la même disposition et le même ameublement; quand elles appartiennent à des familles plus aisées, on y voit en outre quelques armes suspendues à un piquet; ces armes sont des lances, des poignards et des fusils à mèche : ces derniers sont très-rares.

Chaque maison est en même temps un pigeonnier. Les pigeons, fort nombreux dans ce pays, sont aussi très-familiers et viennent se loger dans l'intérieur. Ils nichent dans des pots reposant sur la terre même et se promènent autour des personnes, quêtant les débris de nourriture qu'on leur abandonne.

C'est dans ces contrées que l'on rencontre souvent

des Rébecca modernes drapées avec l'antique simplicité biblique et portant la bure sur la tête. Leur air dégagé et réservé en même temps, leurs yeux noirs et modestes rappellent ces images de l'histoire sainte que chacun a vues : seulement, au lieu d'une étoffe vivement coloriée, imaginez une pièce de toile de coton bis sale et souvent déchirée, et vous aurez le portrait de la femme nubienne; cette étoffe est d'ailleurs si naturellement drapée et si fièrement portée, qu'elle ne le cède en rien aux modèles antiques.

La principale occupation des femmes est d'aller chercher la provision d'eau; à chaque repas, d'écraser le grain et faire le pain pour la nourriture des gens de la maison; elles s'occupent aussi de la culture. Les hommes travaillent la terre, ou bien, à l'aide des diverses machines employées à cet effet, élèvent les eaux du Nil pour l'arrosement des champs; c'est là le point capital dans l'agriculture de ce climat brûlant. L'industrie, très-peu développée, n'emploie qu'un petit nombre de bras.

Pendant mes excursions en tous sens, les barques, halées à la corde, remontaient péniblement le Nil. Leur lenteur et les détours du fleuve me donnaient toujours sur elles de l'avance, souvent elle était considérable; chaque fois je retournais à bord la mémoire pleine de souvenirs, mon carton augmenté de quelques dessins, et mes poches aussi, remplies d'autant de tourterelles qu'elles en pouvaient contenir. Cet oiseau abonde dans la basse Nubie et se laisse facilement approcher; seulement les gens du pays les voyaient tomber avec peine devant les plombs de mon fusil. Leurs impressions et leurs regrets étaient tels que j'avais pris le parti de ne faire ma chasse que quand je me trouvais seul. On rencontre aussi quelques ibis blancs et des crocodiles sur les bords du fleuve; mais, quand il me prenait fantaisie d'envoyer mon plomb de chasse à ces derniers, leur mouvement de retraite dans l'eau ne semblait pas même s'accélérer sous cette légère flagellation que renvoyaient leurs écailles.

Un jour, j'entendis sous les palmiers, près d'un village, un bruit de voix nombreuses qui me parut extraordinaire pour les habitudes calmes de ces populations; je m'approchai. Un certain nombre d'hommes réunis faisaient entendre des cris, des rires et de bruyantes exclamations : l'un d'eux était le sujet de tous ces sarcasmes; de temps à autre cet homme cherchait à vaincre son air confus en voulant prendre, comme les autres, une expression gaie; mais il n'y réussissait guère. De toutes parts il lui arrivait des quolibets auxquels il ne pouvait faire que des réponses embarrassées. Mon approche avait très-peu modifié cette scène; cependant l'un de ces hommes, voyant que je ne pouvais participer à leur hilarité, faute d'en comprendre le sens, se chargea de me l'expliquer. D'un geste expressif et d'un *kii kaaa* assez bien accentué qu'il poussa en me montrant celui qui était le sujet de leurs plaisanteries, il me fit bien vite comprendre qu'il s'agissait d'un acte de bestialité de celui-ci. Oui, cet homme avait fait l'âne, la bête, et on se moquait de lui. La morale de ceci, c'est qu'en tout pays, en Nubie comme ailleurs, il faut toujours suivre les voies de la nature que Dieu, dans sa sagesse, a tracées à chacun des êtres qu'il créa.

D'abord, je pus apprécier comme les autres les motifs de la confusion de cet homme. Toujours par la même pantomime dont savent se servir si habilement les Orientaux, ils me firent participer à leur conversation. L'un me disait que cela lui arrivait à chaque tour de soleil, l'autre, qu'il recevait de temps à autre le coup de pied de l'âne ou plutôt de l'ânesse, etc., etc. Chacun s'efforçait de trouver un mot qui pût contribuer à entretenir l'hilarité générale.

De divers faits de ce genre il faut conclure que la polygamie, qui donne le superflu aux uns, expose les autres à manquer du nécessaire, car ce cas n'est pas encore l'un des plus réprouvés que l'on puisse reprocher à l'Orient.

En approchant de Korosko, les flancs des plateaux rocheux affectent de plus en plus des formes coniques, ils sont profondément découpés, principalement à l'occident, où le plateau ainsi accidenté ne semble pas s'étendre loin dans le désert. Les gorges et certains versants abrités de la rive gauche retiennent les sables apportés par les vents des grands déserts de l'occident. Ils sont déposés sous formes de nappes inclinées et s'étalent çà et là à partir des cols ou gorges des montagnes qui les abritent; ils viennent quelquefois se déverser jusque dans le Nil.

Les montagnes détachent d'une saisissante façon leurs croupes brunes entre l'azur du ciel et ces sables dorés qui enveloppent leurs bases ainsi que leurs flancs.

Le 31 janvier, nous arrivâmes à Korosko, village où nous devions quitter les barques pour prendre la route du désert; ce village est situé dans une petite plaine d'alluvion qui longe la rive droite du Nil. Cette plaine, comprise entre les montagnes du désert et le fleuve, est d'une largeur très-restreinte; néanmoins elle est divisée en trois zones longitudinales bien distinctes; la première est formée d'un rideau de palmiers qui borde le Nil; la seconde est une zone de champs cultivés, divisée en rectangles de diverses couleurs par ses différentes natures de culture, et la troisième est une plage poudreuse, sur l'arrière de laquelle est bâti le village de Korosko; il se trouve ainsi adossé aux montagnes du désert.

Sur l'autre rive du Nil, en face, on voit les montagnes coniques, accidentées et brunes qui bordent le désert de Libye; sur le versant de ces montagnes ruissellent les sables dorés que déposent les vents d'ouest.

Le soir, nos tentes furent dressées sur les rives du fleuve, dans un intervalle laissé libre par la lisière de palmiers et les champs cultivés. Le lendemain, pendant que l'on préparait notre caravane, je fis des excursions sur les hauteurs et dans le village. Tous les sommets de ces montagnes ont une même élévation et forment en s'éloignant, du côté de la mer Rouge, un plateau qui s'étend à perte de vue à l'horizon, mais profondément découpé par des ravins et autres accidents. Du haut de ces crêtes, le village de Korosko est vu comme à vol d'oiseau, les différentes zones de culture et le Nil qui se trouvent en avant, les montagnes qui entourent cet ensemble et les sables étincelants qui les découpent, offrent un panorama d'un aspect fort intéressant.

Entre le village et la zone cultivée, on distingue parfaitement l'intérieur de la mosquée; les croyants y faisaient leurs prières et leurs contorsions, sans se douter qu'un *djaour* les observait du haut de la montagne. Cette mosquée est fort simple, elle se compose d'une enceinte rectangulaire, sur l'un des côtés (celui qui regarde la Mecque, à l'est), on a fait un portique au moyen de troncs de palmiers, disposés comme des colonnes supportant une terrasse en terre et roseaux; au milieu de cette partie couverte, dans le mur d'enceinte, on a pratiqué un petit hémicycle en forme de niche dont le vide représente Dieu ou plutôt la place de Dieu invisible; des nattes recouvrent une partie du sol, tout le reste de l'enceinte est à découvert. Dans l'un des angles, du côté sud opposé à la partie couverte, il existe un minaret ayant la forme d'un pain de sucre, élevé sur un socle carré, de la hauteur de l'enceinte; la porte d'entrée se trouve près de ce minaret, dans le mur sud qui le relie au portique.

Comme on le voit, cette mosquée primitive offre un rudiment des anciennes mosquées en portiques du Caire. On voyait dans cet enceinte des hommes dans les diverses attitudes de la prière musulmane; les uns, debout, tenaient les mains élevées de chaque côté de la tête, les autres faisaient de grands saluts ou baisaient la terre à plusieurs reprises.

De ce point de vue, les maisons du village, avec leurs murs peu élevés et leurs couvertures en terrasses, ressemblent à une agglomération de dés méplats jetés au hasard sur la surface du sol.

Les crêtes des montagnes ne sont pas très-élevées sur la plaine du Nil; mais leurs formes dénudées et abruptes, leurs rochers amoncelés, sans mélange de végétation, leur donnent beaucoup de relief. Avant de redescendre de ces hauteurs, je jetai encore un coup d'œil sur les croûtes de grès bruns qui forment, en nappes à peu près horizontales, tous les sommets de ces plateaux.

La chaleur développait, dans ce moment, de puissantes vibrations dans la couche d'air inférieure. Par suite, ces rochers durs semblaient tous s'animer et se mouvoir en légers soubresauts à travers les frémissements de l'air.

Pendant ce temps je voyais, de diverses directions, arriver des chameaux que l'on faisait s'accroupir vers nos tentes, puis les ballots et les caisses étaient aussi enlevés de nos barques et rangés aux côtés de chacun d'eux pour être fixés à leurs selles au moment du départ.

Je redescendis aussi de mon observatoire pour faire mes préparatifs; il fallait songer qu'à partir de Korosko, huit à dix jours, au moins, allaient s'écouler sans que nous puissions rencontrer la moindre végétation, la moindre ressource. Tant par bonds que par glissades, je franchis rapidement les degrés et les pentes de la montagne, et je rejoignis notre caravane.

Là, tout était également nouveau pour moi. Les chameaux, tous accroupis, levaient de temps à autre leur cou à la hauteur d'un homme, jetaient des regards inquiets autour d'eux. On venait de les arracher à leurs pâturages, et ils voyaient à leurs côtés un mouvement extraordinaire et de nombreux colis qui leur faisaient pressentir qu'ils allaient prendre la route du désert; à chaque mouvement que l'on faisait près d'eux ou sur leurs selles rustiques, ils jetaient de longs cris rauques et gutturaux qui formaient un concert de plaintes presque continuelles.

Ma curiosité m'ayant attiré plus près de ces animaux, le premier que j'abordai tourna son grand cou de mon côté en passant sa gueule béante tout près de ma figure et en faisant entendre à mon oreille un cri véritablement effrayant; pourtant je réfléchis que j'étais à sa portée, et qu'il ne m'avait pas touché. Je remarquai aussi que d'autres faisaient de même à l'égard des personnes qui les approchaient, ce qui me rassura un peu sur la suite de mon voyage, appelé que j'étais pour longtemps à avoir ces vilains animaux pour compagnons de route.

Leurs conducteurs, à demi nus, courbés sur les ballots, disposaient des liens pour les accoupler et les suspendre aux selles. Pour contraindre les chameaux à s'accroupir ou pour les maintenir dans cette position, ils faisaient entendre une sorte de râlement qui imitait beaucoup le cri du chameau; c'était à peu près un de ces râlements gutturaux que l'on fait lorsque l'on veut cracher, avec cette différence qu'il était poussé avec toute la force et la prolongation que permettent les poumons et l'habitude de le faire entendre.

Quatre-vingts grandes outres furent échelonnées sur le rivage et subirent l'épreuve, non pas de leur imperméabilité, car ces outres suintent sans cesse; il s'agissait seulement de savoir si elles pourraient conserver suffisamment d'eau pour la traversée du désert. L'eau étant de la plus pressante nécessité sous l'atmosphère brûlante des déserts, c'était de la qualité de ces outres que dépendait le succès de notre traversée. Elles étaient, comme on le voit, un sujet digne d'attention. Manquer d'eau dans le désert, c'est la mort.

Vers la fin de cette journée, soixante-dix chameaux, trois baudets, quarante conducteurs et une multitude de ballots et d'autres objets étaient réunis autour de nos tentes pour composer notre caravane. Il en résultait un mouvement, un bruit et un aspect tout nouveau pour moi et bien fait pour attirer mon attention.

Le lendemain, au point du jour, chacun était à l'œuvre : un premier jour de marche, l'équipement est toujours plus long que les suivants; néanmoins, tout fut prêt en quelques heures.

Nos chameliers et autres gens de service firent leurs ablutions et leurs prières, demandant au Prophète d'appeler sur eux la protection d'Allah et du bienheureux cheik Abou-Hamed, patron du désert, pendant ce périlleux voyage jusqu'à Berber, dont quatorze journées de marche nous séparaient.

Enfin nous nous mîmes en route, comptant arriver heureusement à notre but. *Inchahallah!* s'il plaît à Dieu, dirent nos chameliers.

CHAPITRE VII

MONTAGNES DU DÉSERT

Défilés inextricables. — Sinistres rencontres. — Contrastes de la nature. — Le trou du buffle. — Notre monde. — Installation au désert. — Carcasses d'animaux solidifiées.

La caravane commença à défiler dans une gorge que présente la chaîne des montagnes de la rive droite du Nil. Bientôt nous nous trouvâmes engagés dans une suite de défilés tortueux, à travers des montagnes de grès brun disposé par couches horizontales, où nuls végétaux, nuls insectes ne se montrent. Plus on avance, plus les circuits se multiplient. De nombreux défilés se présentent dans toutes les directions et découpent tellement les montagnes, qu'elles ressemblent à une agglomération de formes coniques sortant de la terre. Les gorges qui les séparent présentent un fond nivelé par les sables que les vents du désert y déposent.

A chaque passage difficile on rencontre des carcasses d'animaux qui, partis de l'autre extrémité du désert, n'ont pu atteindre leur but. Quelques petits cailloux et quelques pierres plantés dans le sable, selon un certain ordre, indiquent aussi que des hommes ont subi le même sort et qu'ils reposent sous le sable.

Tout le jour nous continuâmes à marcher dans ce dédale. Toutes les gorges, toutes les montagnes se ressemblent, et mon imagination effrayée songeait au sort des malheureux que leur mauvaise étoile égare dans cet inextricable réseau de ravins ensablés.

L'aspect sinistre de ces lieux ramenait involontairement à ma pensée des malheurs dont j'avais récemment lu des récits relatifs à ce désert toujours qualifié de redoutable. « Une terrible catastrophe vient de s'accomplir dans le désert de Korosko, » était une des phrases qui me revenaient sans cesse à la mémoire, en voyant tant d'ossements.

Après avoir ainsi défilé de gorge en gorge toute la journée, le soir nous nous installâmes sur le sable au pied d'un rocher saillant qui avançait une aile sur nos têtes, comme pour nous protéger contre la tempête; s'il prenait fantaisie au simoun de nous menacer, pendant notre repos, des sables qu'il transporte dans sa furie. Ce lieu se trouve en dehors de la direction suivie par les caravanes; nous nous y étions établis, d'une part, pour ne pas obstruer par notre étalage de chameaux et de ballots la voie très-étroite dans ces défilés ; et, d'autre part, pour n'être pas aussi exposés à rencontrer des rôdeurs qui pourraient tenter de nous dérober des animaux et des marchandises.

Mon premier soin fut de gravir la montagne qui me parut la plus élevée pour étudier notre route. Je m'orientai au moyen de la boussole, mais je ne fus pas plus heureux sur sa crête que dans les gorges. Tous les sommets, de quelque côté que je tournasse mes regards, étaient d'une désespérante égalité ; pas un ne dépassait l'autre, pas un ne se distinguait de son voisin par une surélévation quelconque, et la vue se perdait à l'horizon, sans rien rencontrer qui pût servir de jalon pour la route du voyageur.

Si cette vue est navrante pour l'œil du touriste égaré, en retour elle est charmante et d'une rare originalité pour celui dont la pensée est libre de toute préoccupation. De longues coulées de sable ruissellent sur tous les versants opposés à la direction des tempêtes du sud-ouest qui les déposent. Ces sables présentent eux-mêmes des sortes de vallons ou ondulations arrondies, et leur base vient se marier par des courbures gracieuses aux sables qui nivellent le fond des vallons, dont le réseau se croise dans tous les sens entre les montagnes.

Les sommets des crêtes et des cônes se distinguent entre eux par des teintes légèrement différentes les unes des autres ; les uns se nuancent en rose, en bleu, d'autres en vert, en gris, etc., et se mêlent aux pointes de sable doré qui semblent se dresser vers le ciel. Ces accidents se perdent plus ou moins dans les teintes vaporeuses du firmament, et produisent le plus charmant effet. Tout cela était couronné par la voûte resplendissante du ciel, au sein de laquelle glissaient les dernières lueurs du jour.

Je restai quelque temps sur ce sommet, pour jouir de toutes les transitions que subit cette nature exceptionnelle, et je fus témoin d'un des plus magnifiques effets de soleil couchant qu'il soit possible d'imaginer. L'astre dont nous avions tant maudit les ardeurs couronna toutes les crêtes désolées de teintes si douces, si suaves, que je ne pouvais me lasser de les admirer, et je me reprochais presque ma première appréciation d'un pays où les charmes du soir sont une si douce compensation des fatigues du jour.

Si la nature moins avare eût voulu répandre ce genre de beauté sur nos verdoyantes campagnes, elle en eût fait de véritables édens; mais pour produire, fondre et harmoniser ces inimitables teintes, il faut, sous les dernières lueurs du soleil, les émanations des sables échauffés et celles que les rayons du jour ont fait éclore des surfaces brûlantes des rochers dénudés. C'est à côté des grandes horreurs que la nature a placé les grandes beautés.

Pour redescendre de la crête que j'avais gravie à grand'peine, l'opération ne fut ni longue ni difficile.

Sur le côté opposé à celui par lequel j'étais monté, une pointe de sable s'élevant presque jusqu'à moi, je n'eus qu'à m'y engager et remuer légèrement les pieds, tant pour diriger ma glissade que pour me tenir en équilibre, et je me trouvai lestement transporté au pied de la montagne, que je contournai ensuite pour rejoindre notre campement.

La montagne, ou, pour mieux dire, le trou qui nous prêtait son abri, est désigné par les chameliers sous le nom de *Djebel-el-gab-el-Djamous* (la montagne du trou du buffle). En avant, sur le sable, étaient installés chameaux et marchandises : ces animaux s'étaient accroupis, et tandis qu'ils avaient les jambes repliées sur elles-mêmes, on en avait lié une à chacun d'eux, de manière qu'elle demeurât forcément dans cette position; de sorte que si le chameau tentait de se lever pendant la nuit, il se trouverait privé de l'usage d'une de ses jambes et dans l'impossibilité de fuir.

Les colis étaient aussi disposés de manière à rendre une soustraction aussi difficile que possible, tant de la part des maraudeurs du désert que de la part des hommes de notre caravane, qui auraient pu cacher certains objets à leur convenance en des lieux connus d'eux, pour les retrouver plus tard.

Un maigre feu, entretenu au moyen de fientes sèches de chameaux, avait été allumé par les chameliers, pour faire cuire leur non moins maigre dîner, qui se composait pour la plupart de graines de doura grillées sans autre préparation ou assaisonnement. Quant à nous, c'est-à-dire le colonel Yousouf-Effendi, le colonel Kovalewski, M. Cinkovski, le docteur et moi, c'était différent. Le pacha d'Égypte avait voulu, comme l'on dit, nous dorer la pilule; il nous avait munis d'une jolie table qui se dressait à l'européenne, de beaux verres en cristal avec service en argent, couteaux ciselés, serviettes brodées en or, etc.; joignez à cela un chef de cuisine, un cuisinier en second et un aide de cuisine; rien n'y manquait, si ce n'est le principal. Nous arrivions tous à notre premier campement du désert, le cœur serré par l'aspect navrant de ces désolantes solitudes et sans aucun moyen de faire la cuisine, faute des éléments les plus simples, tels que le bois; aussi tous ces brillants ustensiles restèrent-ils renfermés dans leurs caisses, et un reste de gigot cuit ou plutôt calciné à Korosko, c'est-à-dire un véritable os à ronger, fit les frais de notre repas.

Un troisième groupe faisait aussi un dîner de même genre. Ce groupe était composé de Mahomet-*Effendi*, notre interprète, c'est-à-dire Mahomet le *savant*, Aly Effendi notre cuisinier, probablement savant aussi dans son art, mais dont la science n'était guère mise à profit dans ce moment; et des deux auxiliaires du colonel russe, pour les lavages de l'or.

Enfin, un quatrième groupe se composait des domestiques de toutes classes. Parmi eux on distinguait encore les principaux personnages.

Favorisé par un magnifique clair de lune, j'observai leurs attitudes et leurs rapports. Notre dresseur de tentes se tenait sur la réserve, il était un peu revenu de sa mésaventure d'Esneh. A mesure que les traces du bâton s'étaient cicatrisées, le physique avait repris son allure première; néanmoins le moral restait affecté et il sentait le besoin de cette réserve pour ne pas perdre davantage aux yeux de ses compagnons. Le cuisinier en second était l'un des notables de ce groupe; il affectait volontiers d'étendre la suprématie que lui donnait sa position sur l'aide de cuisine à plusieurs autres personnes de sa société. Parmi ces domestiques, ceux du colonel turc étaient véritablement trop jeunes pour jouer un rôle de quelque importance; ils étaient même souvent exposés aux railleries de leurs voisins, sur un sujet très-délicat à aborder. Je ne pouvais croire encore que ces plaisanteries fussent fondées, bien que je ne m'expliquasse pas l'utilité de ces deux frêles jeunes gens dans notre suite. Aussi Yousouf-Effendi venait-il de temps à autre soutenir de sa présence ces jeunes serviteurs, près desquels il laissait parfois percer une douceur de langage qui n'était nullement dans ses habitudes avec les autres domestiques.

Quant à Chibouk,—tel est le nom que nous donnâmes par allusion à ses fonctions, à l'esclave nègre que nous avons déjà observé sur le bateau à vapeur; — Chibouk, dis-je, faisait toujours un être à part dans la bande; il semblait à peine prendre part aux jeux et aux distractions qui, de temps à autre, occupaient ses compagnons. En retour, il s'intéressait particulièrement à tout ce qui arrivait du Sud; j'avais surtout remarqué son émotion la veille, en voyant arriver à Korosko, pendant que nous y étions, une caravane apportant quelques esclaves nègres du Soudan. On comprend parfaitement le désir qu'il pouvait avoir de rencontrer des compatriotes et de converser avec eux; seulement il semblait toujours préoccupé des regards de son maître, et comprimait évidemment ses désirs pour n'éveiller aucun soupçon sur son compte, car c'était une faveur et une marque de confiance de ce maître de le conduire dans un tel voyage, c'est-à-dire au-delà de la barrière qui sépare l'esclave de sa patrie.

Ce nègre ou cette négresse (car je suis toujours dans le doute), par ses manières à part, par les craintes et les aspirations que je croyais lire sur sa figure, m'intéressait réellement. J'étais d'ailleurs dans de bonnes conditions pour l'observer, étant étranger aussi bien à son pays qu'à celui de son maître; il ne se défiait nullement de moi, sachant du reste que les *Frangui* (Français ou Européens) ne sont pas partisans de l'esclavage, et que tout esclave chez nous devient libre. De tout ceci il résultait pour moi que Chibouk, puisque Chibouk il y a, pourrait bien ne pas voir notre retour en deçà des déserts avec la même satisfaction qu'il voyait notre départ; mais, si c'était une femme déguisée, comme cela me paraissait probable, Yousouf-Effendi comptait probablement sur la faiblesse de son sexe ou sur son attachement à sa personne pour la retenir près de lui.

Pendant que j'observais ces gens, ces mœurs, ces habitudes du désert, sujets tous nouveaux pour moi, chacun avait terminé son maigre repas et faisait ses préparatifs pour passer la nuit le plus commodément possible, et à peu de frais toutefois. Les uns s'adossaient aux ballots avec quelques objets sous la tête, et s'enroulaient dans leurs vêtements, d'autres se jetaient simplement sur le sable. Le colonel Yousouf et quelques autres dont je faisais partie firent étendre des tapis sur le sable; l'oreiller était un coussin, un sac de nuit ou n'importe quoi. Le colonel russe, plus soigneux de sa personne, avait apporté une sorte de lit de sangle pliant, sur lequel il s'étendit.

Pour mon compte, je m'étais fait faire une espèce de grand sac pour me servir de draps et me garantir des moustiques et autres insectes; seulement, au lieu d'être ouvert par le haut, ce sac était cousu de toute part, sauf une fente à l'extrémité de l'un de ses côtés, qui servait à s'y introduire et qui se rejoignait ensuite devant la figure; mais ici le sol et l'air étaient trop bien privés de tout insecte, pour recourir à ce linceul; il fut donc mis de côté, et la voûte du ciel fut ma seule couverture.

Chacun avait reconnu les inconvénients de la tente

qui renferme dans un espace resserré les émanations chaudes du sol, et elle n'avait pas été dressée; c'est donc ainsi pêle-mêle qu'hommes, animaux et ballots passèrent la nuit.

Le lendemain, dès le point du jour, le cri des chameaux nous fit connaître le mouvement qui se faisait autour d'eux pour préparer leur charge et le départ; peu après, la caravane reprenait sa route, en suivant comme la veille les défilés entre les montagnes de même nature. Comme la veille aussi nous continuâmes de rencontrer des carcasses d'animaux et des tombes, qui nous rappelèrent que celui qui entreprend la traversée du désert n'est pas certain d'en atteindre l'extrémité. La plupart de ces carcasses n'offrent pas, comme on pourrait s'y attendre, des débris osseux ou des charpentes d'épines dorsales, supportant deux rangées de côtes blanchies; ce sont des corps entiers recouverts de leur peau et ayant conservé presque entièrement leurs formes naturelles.

En examinant de près ces tristes débris, qui semblaient pétrifiés d'une seule pièce, je m'aperçus que ces animaux étaient desséchés sous l'influence de l'atmosphère embrasée, et qu'au lieu de se décomposer, comme cela arrive dans d'autres contrées, les peaux conservent leurs formes primitives; aussi reconnaissait-on parfaitement des chameaux, des bœufs, des vaches, des ânes et d'autres animaux.

Ces restes ne répandent aucune odeur, l'intérieur

du corps, réduit en poussière, est emporté par le vent à travers les ouvertures des deux extrémités du corps, demeurées béantes. Il ne reste plus dans l'intérieur de ces peaux qu'une partie de la charpente osseuse maintenue par elles.

Ces cuirs avaient pris une telle consistance, un tel degré de solidité, que tous mes efforts pour en crever un furent sans résultat. Les plus grosses pierres qu'il m'était possible de soulever rebondissaient avec un bruit sonore sur ces carcasses, sans les entamer; mais en revanche, mes jambes étaient plus sensibles aux ricochets, et je renonçai à mon entreprise.

Quand un homme meurt pendant la marche d'une caravane, on l'enterre dans le sable. Je n'ai pas été à même de vérifier si la chaleur du désert produit le même effet sur son corps que sur celui des animaux dont je viens de parler; mais cela ne doit pas être, la peau n'ayant pas la même consistance.

Nos chameaux avançaient péniblement sur ce sol de sable, cependant nous avions hâte de sortir de ces sites mornes et arides. Que de bien nous eût fait un coin de verdure et le moindre ruisseau !

C'est dans ces sables brûlants que l'on songe avec regret et reconnaissance au Nil, dont la navigation, naguère encore, nous paraissait si pénible et si décourageante; au Nil, ce symbole tout particulier de la générosité divine pour le sol qu'arrose son cours. Comment l'antique Égypte n'eût-elle pas adoré la main de Dieu dans les eaux du grand fleuve, dans le lotus qui orne ses rives, dans l'ibis qui les anime, quand de toutes parts l'homme qui quitte ses bords tombe dans des déserts arides et brûlants qui font si bien apprécier la générosité de ce fleuve?

CHAPITRE VIII

DÉSERT DE KOROSKO

Le désert change d'aspect. — Fleuve sans eau. — Formation du désert. — Mer de sable. — Caravane d'esclaves. — Les géodes. — Autre formation — Remarquable effet de mirage.

Le lendemain nous atteignîmes la fin des montagnes, et le désert changea complétement d'aspect. Au moment où nous débouchions dans la plaine, le soleil s'élevait insensiblement au-dessus de l'horizon de sable. A mesure que son disque grandissait ou se complétait, il jetait de toutes parts sur le sol sablonneux et sur le ciel, un faisceau de rayons étincelants comme des lames d'or et d'argent entremêlées. Du point où nous étions, les derniers monticules ou rochers épars sur le sable encadraient ce tableau de leurs teintes sombres et lui donnaient une transparence extraordinaire.

En voyant ces scènes magiques, ces éblouissants soleils du matin, les ravissants effets du soir, l'étincelante lumière du jour, chacun reconnaîtra que le surnom de pays du soleil, donné à ces contrées, est parfaitement mérité.

Nous nous engageâmes dans une immense plaine de sable, où rien absolument ne semblait pouvoir servir de jalon à nos guides; nous nous trouvâmes donc encore plus au dépourvu que dans le labyrinthe de monticules d'où nous sortions.

La boussole, qui m'avait déjà servi à constater nos circuits dans ces montagnes, dut me servir encore à reconnaître notre parcours sur ces interminables plages.

Derrière nous, les montagnes se terminaient nettement selon une ligne qui s'étend de l'orient à l'occident, en obliquant un peu vers l'ouest-sud-ouest, et nous continuâmes à cheminer perpendiculairement à cette ligne.

La plaine basse que nous venions d'atteindre nous fut désignée par les djellabs sous le nom de *fleuve sans eau*, mais on n'apercevait rien qui pût ressembler à des berges; la plaine se continue indéfiniment, et c'est fleuve de feu qu'on aurait dû dire. A mesure que le soleil s'élève, la chaleur devient plus fatigante; une atmosphère lourde pèse sur vous comme le plomb, auquel elle ressemble. Le chameau marche péniblement sur le sable, qui cède sous ses pas; il sent autour de lui le vide, à l'horizon un espace interminable qui le décourage; son œil est terne, à demi fermé, sa tête est basse, l'écume sort de sa bouche; mais nul cri, nulle plainte ne se fait entendre : hommes et animaux cheminent silencieusement. Le vague bruissement du sable qui se froisse sous les pieds est le seul son qui frappe l'oreille. La pensée comme le corps s'alourdit; il semble qu'un long cauchemar s'empare de vous. Pour vaincre cet engourdissement, j'essayai de prendre mon carnet pour y consigner quelques notes. Quoique hissé sur le dos d'un chameau, sa marche amortie par le sable me permettait de m'en tirer passablement, et pour me sortir de la stupeur qui m'accablait et distraire ma pensée du vide qui se faisait autour de nous, je me mis à tracer une description des montagnes que nous venions de parcourir, description d'autant plus intéressante que ces montagnes me paraissent avoir fourni l'élément constitutif des vastes plages de sable des déserts.

Ces montagnes ne sont pas le résultat des soulèvements ou des convulsions de la croûte du globe, bien que les dislocations de tremblements terrestres aient pu tracer les vallons aux érosions. Elles sont formées par couches horizontales irrégulières, de grès quartzeux, de densité différente, et dont l'agrégation est moins forte à mesure qu'on avance vers le sud.

Certaines couches sont faiblement liées; d'autres le sont davantage par un ciment argilo-ferrugineux, celles-ci résistent beaucoup mieux à l'action destructive des agents atmosphériques; les autres, au contraire, se transforment en sable et constituent les plages du désert.

Les couches supérieures paraissent les plus dures; mais toutes sont peu homogènes. De cette constitution géologique résultent des effets très-pittoresques; les sommets ne se décident à tomber que quand leur base est fortement minée. D'autres couches produisent des saillies, des accidents sur les pentes abruptes, ou même laissent fendre ou perforer la montagne.

Les sables mouvants que les vents déposent sur les versants opposés à leurs cours et qui sont susceptibles d'être déplacés selon la direction de chaque tempête, sont en partie entraînés dans le fond des vallons. Ils les remplissent horizontalement jusqu'à une certaine hauteur, et ne laissent paraître à nu les montagnes qu'à partir de ce niveau.

Les gorges sablées qui, dans la basse Nubie, entrecoupent les plateaux de cette même formation, s'agrandissent et se multiplient progressivement à mesure qu'on avance vers le sud. Elles finissent par ne laisser hors du sable que les montagnes plus ou moins coniques, de soixante et quelques mètres d'élévation, qui venaient de disparaître derrière nous. Cependant ce terrain ne se termine pas là; je venais d'en apercevoir quelques affleurements sous les sables que nous foulions.

Cette plaine monotone ne se parcourt pourtant pas sans intérêt; de temps à autre on voit des effets de mirage, quelquefois même de plusieurs côtés, et plusieurs à la fois. Ils semblent mettre sans cesse des flaques d'eau en avant du voyageur, comme pour aiguiser la soif ardente qu'il ressent toujours au désert; mais, à mesure que l'on approche, ces apparences trompeuses fuient ou disparaissent.

L'œil s'exerce bien vite à reconnaître la différence qui existe entre ces apparences et l'eau véritable. Quand une plus longue expérience me les aura fait étudier, et qu'un plus grand nombre d'exemples et de détails m'auront été fournis par ces effets de mirage, je reviendrai sur ce sujet.

La première partie de la plaine que nous avons parcourue en quittant les montagnes est, comme je l'ai dit, désignée par nos chameliers sous le nom remarquable de fleuve sans eau; puis après avoir marché plusieurs heures dans cette partie basse où l'on ne rencontre absolument que du sable, cette plaine s'élève légèrement en forme de plateau très-bas; c'est dans cette seconde partie que l'on voit de loin en loin au-dessus des sables, quelques affleurements de grès comme celui des montagnes coniques, et entre autres un petit monticule appelé El-Magdouda (montagne percée); on voit effectivement le jour à travers les flancs de ce monticule par les vides laissés dans certaines couches plus friables que d'autres, qui se sont mieux maintenues.

Un peu après le milieu du jour, la plaine se rabaissa de nouveau; cette troisième partie est appelée mer de sable.

De vaines tentatives furent faites par le pacha d'Égypte, soit dans les montagnes que nous venions de parcourir, soit dans cette mer de sable, pour creuser des puits et découvrir de l'eau; ou bien pour faire des citernes qui pussent conserver celle bien rare provenant des pluies; toutes ces tentatives demeurèrent infructueuses, et l'eau puisée au Nil reste encore la seule ressource du voyageur. Pourtant cette découverte eût été d'une grande importance, tant pour les nombreux troupeaux de bœufs que le gouvernement égyptien tire du Soudan que pour les caravanes qui parcourent ces contrées; hommes et animaux périssent fréquemment dans ce désert, faute d'eau.

Dans cette plaine, nous vîmes poindre à l'horizon, devant nous, quelque chose qui paraissait animé: l'objet sembla grandir et changer de forme : c'était probablement une autre caravane qui venait à nous. Après quelques heures de marche nous reconnûmes en effet un convoi d'esclaves, qu'une caravane conduisait au Caire. J'arrêtai mon chameau pour mieux observer ce triste convoi; nos chameliers échangèrent sans s'arrêter quelques paroles avec les djellabs.

qui conduisaient ces nouvelles recrues récemment soumises à l'esclavage. Ces malheureux cheminaient péniblement sur le sable, sous la surveillance de leurs conducteurs, qui, à coups de courbache, ranimaient ceux dont l'épuisement ralentissait la marche. Il y en avait là de tout âge, de tout sexe; les jeunes filles seules ne marchaient pas, elles étaient groupées quatre par quatre sur des chameaux, ainsi que quelques-uns des plus jeunes garçons.

Je remarquai particulièrement un homme d'un certain âge, dont la barbe courte et déjà grisonnante se dessinait en blanc sur sa figure noire. Ce pauvre diable ruisselait de sueur et marchait en avant de la courbache du djellab, qui avait déjà laissé de nombreuses traces de poussière blanche sur ces épaules noires et nues. Ses genoux fléchissaient sous lui, et de moment à autre il prenait un petit trot chancelant pour suivre le simple pas de ses compagnons. Je fis signe au djellab d'échanger la position de ce vieillard avec celle d'une des vigoureuses jeunes filles qui était sur un chameau : un balancement négatif de la tête fut sa seule réponse. Pourtant ailleurs, un enfant épuisé criait en se laissant traîner par la main d'un nègre plus vigoureux que lui : un djellab le prit et le jeta sur un chameau. Pourquoi le vieillard épuisé était-il sacrifié plutôt que la jeune fille? Hélas! il s'agissait de conserver plus fraîche cette partie de la marchandise, tandis que le malheureux vieillard, lui, ne valait guère plus que la peine que l'on se donnait pour lui faire traverser le désert.

Pendant que je faisais ces observations, les derniers chameaux de notre caravane étaient arrivés près de moi. Je vis Chibouk interroger des yeux et par des paroles que je ne comprenais pas quelques-uns de ces confrères nègres; il lui fut répondu par des mots qu'il ne parut pas saisir : ces nègres étaient selon toute apparence, d'une contrée différente de la sienne.

Un des djellabs, voyant ce dialogue, s'approcha de Chibouk et, s'adressant à lui en arabe : *Di é di*, (qu'est-ce que c'est)? lui dit-il. Le pauvre Chibouk regarda si on ne l'observait pas, et, voyant son maître loin en avant, reprit avec un peu plus de courage : *Fen el beled oa* (quel est le pays de celui-ci)? en montrant un nègre auquel il se disposait à parler. — *Dar Gouroum* (pays de Gouroum), dit le djellab avec négligence et en lui tournant les talons. Le Gouroum est l'un des pays de la Nigritie que nous devions voir.

Je regardai tant que je pus les distinguer ces malheureux esclaves qui m'offraient le premier spécimen du plus inique commerce qu'ait inventé l'espèce humaine.

A partir de ce moment, la comparaison que je fus à même de faire de ma position avec celle de ces malheureux me fit paraître moins pénibles, les souffrances de la traversée du désert. La chaleur était forte en effet, mais je n'avais point d'infirmités et n'étais chargé d'aucun fardeau; un chameau me portait moi-même, j'avais de l'eau à volonté pour étancher ma soif; si quelque chose me gênait, je ralentissais ou accélérais à mon gré la marche; si quelque objet m'intéressait, je m'arrêtais et je le regardais selon mon désir : en un mot, j'avais ma liberté. Ne possédais-je pas tout ce que ces malheureux eussent désiré comme un rêve de félicité?

Voyez un malade, il vous dira qu'avec la santé on jouit de tout; un prisonnier vous répétera qu'avec la liberté on est heureux; voyez enfin ces pauvres diables et vous aurez, vous, par la comparaison, toutes les félicités désirables : tant il est vrai que dans ce monde le bonheur n'est que relatif, et qu'il suffit de savoir borner ses désirs pour être satisfait, pour être heureux, même selon le véritable sens de ce mot.

Le soir la plaine s'éleva de nouveau insensiblement en forme de plateau très-bas sur lequel paraissaient encore quelques reliefs de grès. Nous fixâmes notre campement près de l'un d'eux, formant une petite éminence au-dessus de la plaine de sable; les chameliers nomment cet endroit *Anhatik el baguar* (fiente de vache).

Le grès qui formait ce monticule était plus friable encore que celui des dernières montagnes; il suffisait d'une faible action mécanique pour le désagréger et le réduire en sable semblable à celui du désert.

Au pied de ce monticule, le sol était jonché de

pierres sphéroïdales ressemblant, selon leur dimension, les unes à des boulets, d'autres à des biscaïens ou même à de grosses balles de fonte grumeleuse. Quelques-unes de ces pierres étaient accouplées deux par deux, d'autres groupées en plus grand nombre. Leur conformation intérieure est encore plus curieuse. Elle consiste en couches concentriques de sable de diverses couleurs, fortement tassées et revêtues extérieurement d'une croûte ferrugineuse excessivement dure. Ces géodes sont très-nombreuses et roulantes sur le sol.

Le lendemain jusqu'à midi nous eûmes même aspect, même terrain; toujours la plaine de sable où nous découvrions de loin en loin quelques affleurements de grès. Depuis le matin, cependant, nous avions en vue une montagne noire qui nous semblait à peine à deux heures de nous, tant l'atmosphère était pure, mais nous marchâmes six heures sans l'atteindre. Cette montagne est nommée *Tallat el guindé* (montée de l'officier); sa teinte sombre saille à l'œil d'une saisissante façon entre les sables jaunes et le ciel bleu. Elle est formée d'un porphyre à pâte pétro-siliceuse très-dure, d'un rouge foncé nuancé de verdâtre; mais néanmoins l'ensemble général de la masse est noir. Elle n'offre aucune végétation, la poussière même ne s'est pas attachée à ses surfaces luisantes, si ce n'est dans des cavités invisibles; cependant, dans la plaine graveleuse et sablonneuse qui est au pied, on voit sur un sol de graviers quelques végétaux souffreteux.

Depuis Korosko nous n'avions aperçu, dans la région des grès et des sables, ni une feuille, ni un brin d'herbe; aussi revîmes-nous avec bonheur ce peu de verdure. Nous choisîmes un gommier, le plus gros de ces végétaux, pour faire sous son ombrage notre maigre repas; ses feuilles menues étaient si clairsemées, qu'elles constituaient un bien faible palliatif contre les rayons du soleil tropical; malgré cela, cet arbrisseau fut préféré à l'ombrage plus complet des rochers abrupts de la montagne, tant nous étions satisfaits de retrouver quelque verdure.

Au pied de cette montagne de porphyre, se terminent les terrains de grès et de sable de même formation que ceux que nous parcourions depuis la basse Nubie.

A partir de là nous marchâmes entre des montagnes dont les rochers paraissent être de diverses natures.

Pendant cette seconde partie de la journée, nous rencontrâmes à trois reprises quelques palmiers-doums isolés le long des lignes les plus basses des lieux que nous avions traversés. En avant des premiers de ces doums, nous fûmes témoins d'un effet de mirage très-remarquable. Ces arbres étaient situés devant nous sur une ligne transversale. Lorsque nous n'en fûmes qu'à deux kilomètres, ce rang de palmiers, que nous avions vu seul et isolé de tout autre végétation, parut se multiplier en plusieurs rangs d'un même nombre d'arbres chacun. Dans certains moments, et à mesure que nous avancions, on en remarquait jusqu'à sept ou huit rangs les uns devant les autres, ce qui, à nos yeux, produisait à peu près l'effet d'un quinconce. En même temps, on voyait aussi entre ces arbres quelques mirages du ciel qui représentaient de l'eau.

Quand nous fûmes à environ un kilomètre de ce lieu, l'eau et chaque rang d'arbres disparurent successivement pour ne plus laisser apparaître que le rang unique et réel que nous avions remarqué d'abord.

Comme je m'attachais à faire un examen particulier de tout ce qui pouvait m'éclairer sur ces admirables effets, j'observai, entre autre chose, que le terrain qui nous séparait de cette rangée d'arbres, présentait une suite de légères ondulations qui formaient des lignes transversales, alternativement concaves et convexes. Je reviendrai sur ce détail lorsque je me serai assuré, par de plus nombreuses observations, des circonstances dans lesquelles se produisent plus particulièrement ces différents effets de mirage. C'est dans cette prévision que je néglige de parler de la plupart des effets qui ne cessaient de se produire devant nous pendant les plus fortes chaleurs.

Le soir notre campement fut établi à droite de notre route, dans un vallon enclavé entre des montagnes; le fond de ce vallon forme une petite plaine de gravier et de sable, au milieu de laquelle végète péniblement la troisième série de doums que nous avions rencontrés; ce sont ces arbres qui ont donné leur nom à ce lieu, que les chameliers appellent *El Dellack* (les doums).

La montagne à laquelle nous étions adossés, présente un gisement tout particulier et très-remarquable. Les calcaires argileux, feuilletés en couches très-minces, qui la composent, ressemblent à d'immenses monceaux d'ardoises ou de plomb laminé, entassés de champ ou inclinés par groupes irréguliers; ayant depuis quelques décimètres jusqu'à plusieurs mètres de côté. Ces blocs sont à peu près unis sur les faces qui formaient les lits primitifs et feuilletés de champ. On voit que ces couches ont été rudement disloquées avant d'être ainsi brisées et laissées pêle-mêle en monceaux.

CHAPITRE IX

EL MOURATH OU LES PUITS AMERS

Les eaux saumâtres. — Perspective illusoire. — Abandon d'un chameau épuisé. — Apparences trompeuses. — L'intérieur d'une montagne.

Le 6 février, cinquième jour de notre marche depuis Korosko, nous rencontrâmes quelques affleurements de granit brun, ensuite quelques calcaires argileux, en roches, puis des rochers de diorite. Un de nos hommes ramassa un grenat noir.

Les mineurs russes crurent aussi reconnaître des sables aurifères. Enfin, après trois heures et demie de marche, nous rencontrâmes de l'eau pour la première fois depuis que nous avions quitté le Nil; mais quelle eau!... Le nom de l'endroit en indique suffisamment la qualité : *Mourath* (saumâtre ou amère).

Il y a douze puits dans ce lieu : trois d'entre eux ont une eau un peu moins amère que les autres. L'endroit où l'on trouve cette eau, est une très-petite plaine encadrée de toute part, entre les montagnes ; non loin des puits, on voit des sels blancs qui viennent par infiltration se déposer à la surface du sol.

Nous demeurâmes dans ce lieu. Le reste du jour fut employé à remplir les outres et à faire reposer les chameaux. Pendant ce temps, je voulus franchir l'enceinte de montagnes qui nous environnaient. En gravissant leurs flancs, je reconnus qu'elles sont formées de schiste argileux et ferrugineux. Une fois arrivé au sommet, la vue est de plus en plus triste ; de toute part, on ne voit que crêtes de rochers dénudés, entrecoupés de gorges au fond desquelles on trouve un mélange de gravier et de sable ; mais nulle part n'apparaît la moindre trace de vie ni de végétation. La morne tristesse de cette vue n'étant pas moins amère dans son genre, que les eaux de ce lieu, je revins vers notre campement goûter aussi quelque repos. Là, du moins, les chameliers remplissant leurs outres, les chameaux goûtant l'eau et l'abandonnant à cause de son amertume, puis, recommençant encore, poussés par la soif qui les aiguillonnait, tout cela causait quelque animation et récréait la vue.

J'ai désigné, sous le nom de petite plaine, le fond des principaux vallons qui entrecoupent ces montagnes, le nom de vallon eût présenté, à l'idée, l'image d'un fond concave, relié par des pentes arrondies aux montagnes voisines : ici, il n'en est pas de même, le fond de ces vallons est rempli, à peu près horizontalement, par des débris graveleux des montagnes auxquels viennent se mêler les sables apportés par les vents du désert. La limite de ces parties horizontales se dessine assez nettement contre les flancs très-abrupts des montagnes de roches nues; l'écoulement des eaux pluviales se fait sur de faibles pentes ou même par infiltration, et l'on ne voit pas de ravins creusés par le torrent au milieu de ces vallons.

Le 7 février au matin, en quittant les puits d'El-Mourath, nous traversâmes des gorges, entre plusieurs montagnes de schiste argileux et ferrugineux; ensuite nous parcourûmes des plaines où l'on rencontre, sous les sables, quelques restes de schiste, des affleurements de granit, de porphyre et de quartz blanc comme du marbre.

Depuis, et même avant midi, nous avions devant nous une montagne dont on voyait si distinctement la teinte sombre entre les sables brillants et le ciel, qu'elle nous parut être à peine à une heure ou deux de marche; cependant, après avoir cheminé pendant quatre heures, nous étions encore loin de ce but; plus nous avancions et plus ce point nous semblait éloigné; la montagne parut grandir à nos yeux; la perspective de la plaine s'étant développée en avant, nous pûmes nous rendre compte de cet effet. Ce ne fut qu'à grand'-

peine que nous pûmes arriver le soir au pied de cette montagne pour y établir notre campement.

Rien ne décourage comme un but qui semble fuir à mesure qu'on avance ; au désert ces effets sont fréquents. L'extrême sérénité de l'air détruit la perspective aérienne à laquelle on est habitué, et fait paraître l'objet beaucoup plus rapproché. D'autre part, l'absence d'animaux, de végétaux ou autres objets dont la grandeur connue sert d'échelle, fait complétement défaut ; de sorte qu'il est impossible de juger de l'éloignement des points que l'on a en vue, et qui paraissent toujours plus rapprochés à cause de la pureté de l'atmosphère sous laquelle ils se présentent.

Le lendemain matin, nous commençâmes à défiler dans une étroite anfractuosité de cette chaîne de montagnes ; là, nous nous trouvâmes en pleine formation primitive. Le granit brun qui constitue ces montagnes, offre les effets les plus pittoresques. Nous ne cheminâmes plus sur des fonds de sable, mais sur des cailloux et de grosses pierres roulantes entre des rochers entassés de mille façons et qui, parfois, laissaient entre eux des espaces si resserrés qu'il fallait retirer sur les chameaux nos jambes pendantes ou même descendre pour ne pas les exposer à être déchirées contre ces rochers.

Après une heure ou deux de défilé dans ces affreuses gorges, nous débouchâmes encore une fois dans une plaine de sable et de graviers plus ou moins séparés l'un de l'autre. Devant nous se présenta encore une autre chaîne de montagnes brunes qui paraissait très-rapprochée; mais cette fois, je me gardai bien de préjuger de sa distance.

Nous marchâmes, nous marchâmes encore, presque sans paraître nous rapprocher. Quelques parties de granit, de brèches et de schiste argileux se montrèrent à nous dans la plaine; enfin vers midi seulement nous atteignîmes cette chaîne de montagnes dont nous paraissions voisins depuis le matin. Elle est de même nature que la précédente, bien que le défilé qu'elle offre pour la traverser soit beaucoup plus spacieux que celui que nous avions franchi dans la matinée.

Dans une petite plaine comprise entre les flancs des montagnes qui forment ce passage, on voit un arbre solitaire sortir des graviers; son feuillage est si maigre, si clair-semé, qu'il s'harmonise en quelque sorte avec les flancs dénudés des montagnes et la sécheresse du sol pierreux qui lui donne vie.

En sortant de cette chaîne de granit, la vue se perdit de nouveau dans l'immensité de l'espace, qui s'offrit à nos yeux.

Un seul accident se montra, à notre gauche, à l'horizon, c'était une montagne isolée de médiocre étendue; mais dont les flancs sortaient presque à pic de la plaine. Les chameliers la désignent sous le nom de *Nougara* (le tambour) à cause de l'analogie qu'offre son contour avec cet instrument, tel qu'on le fait en Nubie.

A part cet accident, tout était morne devant nous, toujours le vide décourageant à l'horizon, comme sur le sol chauve et brûlant que nous foulions.

Gens et animaux commencèrent à se fatiguer de cette longue et pénible route, car, ce n'est que rarement et pour quelques instants seulement, que les chameliers gravissent au sommet de la charge de leurs chameaux pour s'y reposer sans les arrêter. Les excitations commencèrent à devenir plus nécessaires ; les chameliers répétaient de temps à autre le cri usité : *hot, hot, hot*, pour encourager les chameaux à la marche ; mais ceux-ci chancelaient sous leur charge. L'un d'eux, malgré tous les efforts de son conducteur pour ranimer son ardeur, plia les jambes et se coucha sur le sol. En vain ce dernier l'excita-t-il, le poussa-t-il du geste et de la voix, le reste de sa charge dut être réparti sur les autres ; néanmoins le chameau abattu ne bougea pas. L'homme continua à le harceler vigoureusement ; alors la pauvre bête, si inoffensive, si patiente ordinairement, se défendit en allongeant son grand cou vers son agresseur et chercha à l'atteindre de sa puissante mâchoire. Cette lutte était pénible à voir. L'animal ne demandait qu'à mourir en paix là où il se trouvait, et le conducteur qui, par prudence l'attaquait par derrière, martelait impitoyablement sa croupe amaigrie. La douleur réveilla enfin un reste d'énergie chez l'animal qui, par un effort suprême, se releva et suivit encore la caravane pendant quelques instants ; mais il retomba de nouveau, et ce fut pour toujours, ses forces étaient à bout. Le chamelier vit l'inutilité de ses efforts et abandonna le pauvre animal ; celui-ci laissa tomber sa tête sur le sable avec découragement ; pourtant, comme s'il eût compris que l'abandon, c'était la mort, après avoir vu s'éloigner les derniers chameaux et les derniers hommes, il releva encore une fois la tête et tenta même un effort suprême pour se dresser sur ses jambes, mais ce fut en vain ; il se laissa retomber en poussant un long gémissement qui fut le dernier, et du plus loin que nous pûmes l'apercevoir, nous ne vîmes plus aucun mouvement.

Il arrive quelquefois, disent les chameliers, qu'en se voyant ainsi abandonnés, ces animaux se relèvent, suivent encore la caravane et atteignent leur but ; alors, ils ne sont plus employés qu'à des travaux d'une moindre fatigue.

La traversée du grand désert de Nubie est l'une des plus pénibles pour les caravanes ; l'on n'y rencontre qu'une seule fois de l'eau, celle des puits que nous avons vus, encore a-t-elle un goût abominable, et l'on n'y trouve aucune oasis pour se reposer et faire paître les chameaux.

Cette journée, comme les précédentes, offrit presque continuellement à notre vue des effets de mirage qui se produisirent surtout pendant la plus forte chaleur.

Nous rencontrâmes comme la veille quelques affleurements de granit et de schiste.

Peu d'heures avant la nuit, nous vîmes devant nous un monticule ayant la forme d'une pyramide ; à mesure que nous en approchâmes davantage, on en distingua mieux les détails. Il me parut formé par un entassement de gros cailloux ; mais là, comme ailleurs, le manque de point de comparaison pour en apprécier la véritable grosseur, pouvait, et devait même m'induire en erreur. En effet, à mesure que nous approchions, les proportions de la pyramide augmentaient et les cailloux paraissaient prendre de très-fortes dimensions jusqu'à ce qu'enfin, arrivé au pied, je reconnus que ces cailloux étaient des blocs de granit dont les plus petits étaient de la grosseur de deux ou trois chameaux.

Quelques autres monticules plus petits près desquels on installa notre campement pour la nuit, accompagnaient le principal.

La structure ou la disposition de cette pyramide est des plus remarquables et commune à plusieurs autres montagnes de granit ; de sa base à la cime elle est composée de blocs de toutes formes, entassés sans ordre dans les positions les plus variées ; faces et angles se heurtent de la façon la plus irrégulière, tels qu'ils eussent pu se trouver amoncelés s'ils eussent été précipités des nues, ou si une violente commotion souterraine les eût expulsés du sein de la terre.

Pour mieux me rendre compte de ce gisement bizarre et observer en même temps les environs, j'essayai de gravir cette montagne. Les premiers blocs furent franchis sans trop de peine, puis je m'élevai des uns aux autres en profitant des anfractuosités, des cavités et des pentes plus ou moins praticables que m'offraient les dispositions des roches superposées. Je parvins ainsi, à une assez grande hauteur, sur une sorte de palier qui ne paraissait avoir d'autre issue que la fissure par laquelle j'étais arrivé. L'ascension devenait de plus en plus pénible, certains blocs étaient plus grands, leurs faces plus verticales, néanmoins je voulais atteindre le sommet de la montagne. Je ne pouvais plus suivre les faces extérieures des blocs ; mais une cavité intérieure s'offrit à moi ; cet endroit étant le seul accessible, je m'y aventurai, me cramponnant de droite et de gauche ; je m'élevai ainsi avec une peine infinie dans l'intérieur même de la montagne, d'une fente je passai dans une autre, puis dans une autre encore ; les plus inclinées étaient en général les plus difficiles à gravir. Je ne rencontrais partout que roches entr'ouvertes, gouffres béants. Je vis avec surprise que toute la montagne était ainsi formée de masses distinctes, se supportant, se soutenant, se pressant les unes les autres, mais sans cohésion entre elles. Elles sont séparées par des vides plus ou moins grands, tantôt verticaux, tantôt inclinés et qui constituent la seule voie praticable pour arriver au sommet. Ces vides résultent de la texture solide de ces rochers de granit que les siècles n'ont pu désagréger suffisamment pour remplir les anfractuosités formées par la dislocation.

Après des peines incroyables, et non sans avoir plus d'une fois couru des dangers, j'atteignis le sommet et je promenai mon regard sur un immense horizon. Du pied de la montagne aux limites de cet horizon tout était sable. Quelques lointains sommets rompaient seuls la monotonie du désert. Ce tableau était d'une tristesse profonde. Le soleil venait de disparaître derrière son horizon de feu, des rafales de vent violent me secouaient avec force, et semblaient vouloir me précipiter de mon gigantesque piédestal. Toutes ces sensations, la nuit qui tombait et le souvenir des dangers qui avaient accompagné mon ascension et qui allaient s'aggraver encore par l'obscurité à la descente, me firent abréger mon séjour sur ces rochers. Je m'aventurai de nouveau dans les cavités de la montagne, et il m'était difficile de reconnaître celles par lesquelles j'avais pu atteindre le sommet. Parmi tant d'accidents divers, je ne tardai pas à m'égarer.

La faible clarté qui m'aidait encore décroissait à chaque instant et n'allait pas tarder à me faire complétement défaut, si mon séjour dans les anfractuosités de cette montagne devait se prolonger encore un peu. La perspective d'une nuit passée dans ce lieu n'offrait rien d'attrayant, et je commençais à m'inquiéter lorsque, sans m'y attendre, je sentis sous mes pieds du sable ayant une déclivité entre les rochers comme celui que les vents déposent contre les flancs des montagnes du désert que nous venions de traverser.

Dès lors l'espoir me revint, ce sable, disposé selon la direction de la dernière tempête, devait prolonger sa pente jusqu'au pied de la montagne. Je ne me trompais pas. La déclivité, se prolongeant de cavité en cavité, me conduisit d'abord à la surface de la montagne pyramidale, puis, d'une vigoureuse glissade, j'eus bientôt atteint la base du talus de sable fin amoncelé temporairement sur ce point.

Je rejoignis notre campement, et les chameliers m'apprirent que cette montagne se nomme *Goreïbat* (montagne du Corbeau).

L'eau, déjà des plus désagréables les jours précédents, était devenue insupportable, nous essayâmes de modifier sa saveur avec du thé, ce qui la rendit un peu moins repoussante.

CHAPITRE X

LE KRAMSINE

Obligations impérieuses du désert. — Indice de Kramsine. — L'eau devient nauséabonde. — Le soleil scarifie la peau. — La tempête nous menace. — Précautions contre les pluies de sable.— Chaudes rafales du Kramsine. — On ne choisit pas son lit. — Marche pénible. — Un signe d'espoir — La joie renaît. — Chants et danses des chameliers. — Un coin de verdure après le désert.

Le 8 février, de bonne heure, j'entendis comme d'habitude les préparatifs du départ; cependant mes membres engourdis, mon échine rompue par le mouvement de va-et-vient de la marche du chameau, m'eussent fait désirer bien vivement de prolonger plus longtemps mon repos; mais il fallait suivre la consigne du désert : il fallait marcher, marcher sans cesse, et arriver avant que l'air brûlant, d'une part, la soif des hommes, de l'autre, n'eût complétement vidé les outres. Oui, il faut marcher si l'on ne veut laisser blanchir ses os sous le soleil du désert.

Comme d'habitude la caravane se remit en route; mais plus qu'à l'ordinaire hommes et animaux eurent peine à retrouver l'élasticité de leurs membres.

L'horizon se dessinait devant nous sans le moindre accident; la plaine que nous suivions nous parut être plus élevée que les précédentes et le sol alternativement couvert de sable, de gravier ou de débris de quartz.

Tantôt le chameau traînait ses pas sur le sable mouvant, tantôt il oscillait sur le gravier roulant.

Nous faisions ordinairement deux marches par jour, et nous nous reposions de onze heures à deux et demie ou trois; mais ce jour-là le temps était incertain. Devant nous, à notre droite, la teinte rousse du ciel était de sinistre augure; elle nous faisait craindre le kramsine, plus vulgairement nommé simoune, vent dont on connaît les désastreux effets.

Nous résolûmes donc de continuer notre marche pour nous rapprocher le plus possible du lieu où l'on devait trouver de l'eau. On décida en outre que le plus habile chameau serait envoyé en avant pour atteindre ce but (*Abou-Hamed*), annoncer notre approche et rapporter de l'eau fraîche s'il était possible.

Vers midi, sans discontinuer notre marche, nous prîmes quelques aliments pour nous soutenir en cas d'événements plus graves. L'eau était de plus en plus détestable; il est impossible d'imaginer quelque chose de plus nauséabond. Qu'on se figure ce que doit être l'eau saumâtre et amère des puits d'El-Mourath, mise dans des outres mal tannées qui lui communiquent un goût de putréfaction. Ce manque de préparation leur donne l'avantage d'être plus imperméables et de mieux résister à l'évaporation que cause l'air brûlant du désert. Il faut ajouter que cette eau, battue pendant plusieurs jours sur les flancs des chameaux, sous une température de plus de quarante degrés, devient des plus repoussantes sous cette triple action; elle se décompose, se trouble et prend une couleur olivâtre. Enfin son aspect, son goût et son odeur sont si détestables qu'il est impossible d'imaginer rien de pis. Cependant on boit cette eau, et on est même forcé d'en boire plusieurs fois dans le jour. Qu'on juge d'après cela de quelle ardeur, de quelle nécessité impérieuse est la soif dans le désert! Mais ce n'est qu'à la dernière extrémité qu'on se décide à boire. Pour mon compte, quand la coupe était prête, je respirais d'abord vivement à plusieurs reprises, ensuite, j'avalais d'un trait la coupe amère et nauséabonde, puis, fermant immédiatement la bouche, je demeurais le plus longtemps possible sans respirer afin que ce goût si détestable pût se calmer un peu.

La Providence, qui en toute chose a ses vues, donne encore là un exemple de sa prévoyance. Si, au désert, l'eau était aussi agréable et aussi facile à se procurer que dans les contrées du Nord, l'homme, en satisfaisant sans cesse la soif qui le presse, s'épuiserait bientôt en sueurs plus abondantes encore que celles que nous éprouvions, et consommerait plus vite ses provisions.

La chaleur était si vive, que mon nez (dont la peau délicate était peu habituée à ce genre de température) s'était déjà scarifié plusieurs fois; il se pela de nouveau avec des cuissons encore plus vives et je fus obligé de le garantir, tantôt par un moyen, tantôt par un autre, contre l'action du soleil et de l'air brûlant. Je n'étais pas seul à ressentir de la sorte les effets de cette température ardente; les chameliers et les chameaux eux-mêmes en subissaient les conséquences. Nous marchions silencieusement. Pas un souffle de vent ne venait tempérer la chaleur étouffante. La plaine étincelante de lumière fatiguait nos yeux et nous obligeait à les tenir presque complétement fermés.

Au sud-ouest l'horizon devenait encore plus menaçant; sa teinte plombée avait, en s'étendant, fait place à une teinte rousse au milieu, puis, celle-ci, s'étendant à son tour, avait découvert une teinte rougeâtre, terne, du plus sinistre augure. Quelques bouffées d'un vent chaud, comme s'il sortait d'une fournaise, venaient nous frapper au visage.

Les chameliers qui interrogeaient sans cesse ce point de l'horizon d'où l'enfer semblait vouloir vomir sur nous ses rafales brûlantes, crurent le moment fatal venu, et commencèrent à nous donner leurs instructions.

Aussitôt, me dit l'un d'eux, que la tempête viendra obscurcir l'air en nous entourant d'un nuage de sable roux et brûlant, il faudra nous jeter ventre à terre et nous envelopper la tête de nos étoffes les plus fines pour garantir notre respiration de ces sables qui brûlent la gorge. Il sera inutile de s'inquiéter des chameaux, ils se coucheront d'eux-mêmes, plieront leur tête contre leur charge ou contre les ballots, et ne bougeront pas tant que durera la tempête. Si le sable s'amoncelait à nos côtés, il faudrait se mouvoir de manière à ne pas se laisser couvrir, en le faisant couler sous soi, mais sans découvrir sa tête. « Retenez bien ceci, et que la volonté de Dieu soit faite, » dit-il en finissant.

Toutes ces recommandations étaient peu rassurantes et me firent trouver la teinte fauve du ciel plus sinistre encore.

« Ce n'est pas tout, ajoutait un autre chamelier, quand les outres ont leurs flancs en partie dégarnis, comme le sont les nôtres, en ce moment, et que le kramsine souffle pendant quelque temps, il finit par les dessécher complétement. »

Ce vent est nommé kramsine, qui veut dire cinquante, parce qu'il régne en moyenne cinquante jours, pendant chaque année. Il produit souvent des tempêtes désastreuses comme celle qui avait lieu près de nous et dont l'action se faisait déjà sentir. En effet, des bouffées de ce vent venaient imprimer sur ma figure une sensation chaude et moite comme celle d'un calorifère vivement chauffé.

La tempête approchait de plus en plus de notre droite; par moment, nous étions vigoureusement secoués par les rafales de ce vent brûlant. Les chameliers levaient les mains vers le ciel et marmottaient sans cesse des prières. Pourtant l'air n'était pas encore chargé de sable, si ce n'est de celui qu'il ramassait sous les pas de la caravane et qu'il emportait au loin.

La lassitude était extrême, la chaleur suffocante; malgré cela, hommes et animaux marchaient résolûment. Ces derniers mêmes semblaient comprendre que chaque pas de plus vers la limite du désert était autant de gagné sur le but, qu'il faudrait atteindre ensuite, avec plus de privations et de fatigues, si le kramsine nous enlevait l'eau qui nous restait.

Au bout de deux heures de cette anxiété, l'orage était si près de nous, que sa teinte sombre nous dérobait presque la moitié de l'horizon. Quelques chameliers proposèrent de nous arrêter et de prendre position pour en supporter aussi bien que possible les terribles effets; d'autres firent remarquer que le plus gros de la tempête semblait glisser sur notre droite, et qu'en continuant à marcher nous contribuerions à l'éviter. Ce dernier avis fut suivi, et bientôt nous reconnûmes, avec satisfaction, que la teinte du ciel commençait à s'éclaircir devant nous, tandis qu'elle devenait de plus en plus sombre sur notre droite. L'espoir commençait à renaître.

Ce n'est pas que nous fussions mieux à notre aise, le kramsine continuant à souffler avec force et à nous envoyer ses brûlantes rafales; mais cette disposition du ciel nous donnait l'espoir d'échapper au gros de la tempête qui se déchaînait non loin à notre droite. On voyait, çà et là, tournoyer dans cette nue rousse, des courants contrariés, des sortes de trombes dont les effets eussent été désastreux pour notre caravane, si elle eût eu à en supporter toute la violence. Il devint bientôt certain que nous échapperions à cet affreux orage, et, au bout d'une heure de marche encore, nous fûmes complétement rassurés.

Dès lors, nous nous aperçûmes que gens et animaux étaient rendus de fatigue, et bien que l'endroit nous semblât peu propice, nous y établîmes, néanmoins, notre campement. Partout ce n'étaient que pierrailles et graviers anguleux de quartz hyalin. Chacun s'installa le mieux qu'il put sur ce lit rocailleux. Certes, en temps ordinaire, une nuit ainsi passée eût été une nuit blanche. Cette fois, chacun dormit d'abord comme sur de la plume, après s'être ajusté le mieux possible; pourtant, quand un demi-réveil amenait des mouvements irréfléchis, on ne tardait pas à se réveiller meurtri par les angles des graviers. Alors chacun dégageait péniblement ses membres engourdis, gaufrés par ces mêmes graviers, se rajustait de nouveau et se rendormait aussitôt.

D'après cela, on peut bien dire que la fatigue corporelle est au sommeil ce que l'appétit est au repas, elle fait trouver toute couche bonne, comme celui-ci fait trouver toute nourriture agréable.

Le lendemain matin, néanmoins, nous nous éveillâmes plus tôt que de coutume; chacun se retournait de droite et de gauche, dans tous les sens, pour faire reprendre, à ses membres, leur souplesse naturelle. De toute part on n'entendait que plaintes et soupirs. Puis, l'heure venue, on fit les préparatifs de départ.

Plus que jamais la marche fut difficile, les chameaux chancelaient sur les débris pierreux et faisaient entendre de longs cris plaintifs sous les excitations de leurs conducteurs. Quelques heures après, le sol devint plus sableux, la marche se régularisa un peu. On regardait en avant pour découvrir le chameau qui devait nous rapporter de l'eau fraîche; rien ne se montrait sur cet horizon de mort.

Vers midi, rien n'avait paru encore. L'heure de notre halte était passée sans que personne songeât à en donner le signal, tant était triste la perspective d'un maigre repas assaisonné de l'eau détestable que nous avions dans nos outres. Chacun sentait, dans une marche prolongée, l'espoir de rencontrer plus tôt un breuvage supportable, et l'on continuait à parcourir péniblement une plaine jonchée de nouveaux débris de quartz.

Depuis quelque temps, la soif ardente qui nous aiguillonnait, était la note dominante de nos souffrances; pourtant on attendait encore. Le ciel avait repris une lourdeur d'atmosphère dépassant encore celle des jours précédents; il semblait que le kramsine avait laissé l'impression suffocante de son haleine de feu sur tout ce qui nous entourait. Pas un nuage au ciel, pas un souffle dans l'air. Le soleil nous inondait de sa lumière étincelante, ses rayonnements sur le sol nous étaient renvoyés par les paillettes brillantes de mica et les facettes blanches du quartz, avec une telle vigueur, que l'on pouvait à peine entr'ouvrir les yeux pour se guider.

Nous marchions presque mécaniquement et plongés dans une sorte de lourde somnolence. Soudain, un bruit nouveau, inattendu, se fit entendre, bruit sec, strident, qui nous secoua, nous réveilla et se perdit bientôt en un bourdonnement lointain. Tous les yeux s'ouvrirent, les têtes se redressèrent, quelques exclamations retentirent. C'était une compagnie de perdrix qui était venue chercher sa nourriture sur la route des caravanes; le Nil, l'eau, l'ombrage étaient donc près de nous. Ce bruit du vol lourd de ces oiseaux était une délicieuse musique pour l'oreille de chacun de nous, il disait : Courage! Le Nil est proche, le Nil divin, le Nil aux eaux bleues, fraîches et limpides qui appellent les lèvres altérées. Les animaux eux-mêmes semblaient comprendre la signification de cet événement; car c'en était un au désert. Ils paraissaient humer dans l'air les émanations du fleuve béni, leurs naseaux se dilataient, ils redressaient le cou, leur allure devenait plus dégagée et leur pas plus assuré. *Allah kerim!...* (Dieu est grand! louange à Dieu!) furent les exclamations que l'on entendit de tous côtés.

Presque au même moment, le chameau messager, si ardemment attendu, montra sa bosse par-dessus un pli de terrain à quelque distance en avant de nous. Alors, la joie n'eut plus de bornes, l'aspect de la caravane fut changé comme par enchantement. Les chameliers se mirent à chanter et à battre des mains en cadence; ceux qui, un instant auparavant, cheminaient péniblement en se tenant accrochés aux flancs des chameaux, agitaient les bras, sautaient, dansaient et faisaient des gambades. Ceux qui, plus heureux, avaient comme moi les reins rompus par le mouvement de va-et-vient de la bosse du chameau qui les portait, se redressaient, passaient la main sur leur échine endolorie; chacun se déridait et se préparait à savourer le breuvage olympique qui approchait. Bientôt on courut aux outres, il fallait voir quelle fête, quelle gaieté, quelle animation et pourtant cette eau était déjà chaude et avait de plus acquis une partie du mauvais goût des outres; mais en comparaison de celle que nous avions provenant des puits du désert, c'était encore du nectar.

Bientôt on se remit en route, et à partir de ce moment l'animation, la gaieté, n'abandonnèrent plus la caravane. Le voisinage du Nil et le plaisir que l'on se promettait de se reposer sous l'ombrage étaient autant d'avantages dont chacun jouissait d'avance intérieurement; puis nous venions de nous désaltérer; tout contribuait donc à nous procurer ce bien-être.

Les pauvres chameaux n'avaient pas eu le même avantage, mais l'approche du fleuve semblait les animer aussi, ils marchaient sans presque se faire prier. Nous foulions dans ce moment des débris de calcaires primitifs durs et nuancés de zones bleues; malgré cela le courage nous revenait à mesure que nous avancions.

Une nouvelle compagnie de perdrix se leva sous le nez des chameaux, en même temps, un charmant quadrupède blotti derrière une grosse pierre se dressa et nous regarda curieusement. Il s'éloigna un peu, s'arrêta, puis nous regarda de nouveau; c'était une gazelle. La voyant si peu effarouchée, je m'avançai vers elle, elle bondit avec une légèreté et une grâce charmantes et plus loin parut m'attendre encore. Je continuai à la suivre; à son air tranquille, il me semblait qu'elle allait attendre quelque nourriture de ma main; mais, à mon approche, elle prit décidément la fuite dans une direction qui devait être, et qui était effectivement celle du Nil.

La joie continua à régner parmi nos chameliers; entre autres danses et gambades, ils nous exécutèrent une danse ou pantomime assez caractéristique. Le sujet de cette danse mimique ne tirait pas son inspiration de bien loin, il était tout simplement la reproduction embellie, arrangée, de la marche et de l'allure du chameau. Dans l'ensemble des mouvements, et surtout dans celui de la tête, on reconnaissait de l'analogie avec le mouvement que produit cet animal dans sa marche en balançant la tête par un mouvement inverse à celui du corps.

Les chameliers danseurs, ainsi que les spectateurs indigènes, battaient dans leurs mains et sur le tarabouka une mesure ou cadence que l'on peut représenter par ces deux mesures répétées alternativement et indéfiniment :

Après les danses, ils improvisaient des chants pour nous féliciter de notre heureuse traversée du désert : « Allah ! soit loué. Vous touchez le rivage de la mer de sable, en vain la tempête vous a environnés de ses tourbillons roux et suffoqués de sa brûlante haleine, en vain le soleil a fait pleuvoir sur vous ses étincelles ardentes, en vain l'horrible soif a séché votre gorge, en vain la lassitude a lié vos jambes et plié vos reins, vous êtes arrivés vainqueurs de tous ces ennemis, et l'avide désert n'a eu de vous que l'empreinte de vos pas sur les sables. Allah soit béni! Voici l'eau, la bonne eau, l'entendez-vous murmurer? Voici l'ombrage, le frais ombrage, l'entendez-vous frémir? Voici le repos et toutes choses qui réjouissent l'homme. Allah soit loué!... Allah soit béni! »

Danses et chants, tout était cadencé sur le même air, accompagné des mêmes battements de mains. Les chameaux n'étaient pas oubliés non plus et des félicitations analogues leur étaient adressées par des chants, toujours sur le même air; seulement, pour les exciter dans leur marche, chaque couplet était terminé par ces exclamations: *Hot! hot! hot!* et les pauvres bêtes semblaient en effet se ranimer à ces chants.

Enfin un rideau de verdure se développa à nos yeux, et un vaste murmure produit par les eaux du Nil contre les rochers de granit qui accidentent son cours, se fit distinctement entendre à nos oreilles.

Qui dira la beauté de quelques palmiers au sortir de la nudité du désert, qui dira le charme d'un mince tapis de verdure après les âpres et larges espaces de sable et de cailloux brûlés? Ma raison cherche en vain cette beauté dans la nature même, je ne la trouve que dans le contraste.

En effet, au sortir du désert, quel palais serait plus agréable que cet ombrage, quel sofa serait plus doux que ce gazon; et ce verre d'eau que je puisai de ma main, dans le courant du Nil, où trouver son pareil? Non! jamais les profondes forêts et les gras pâturages de ma patrie ne m'émurent autant, ne me causèrent une aussi vive sensation que cette modeste végétation. Où donc est la jouissance, le bonheur en ce monde? Il est là! Il est au delà de la privation!...

Cet endroit des rives du Nil, ce gazon, ces palmiers, ces chaumières : c'était Abou-Hamed.

DEUXIÈME PARTIE
ÉTHIOPIE

CHAPITRE PREMIER

LE PAYS DE ROBATAT

Un Éden.— Un oiseau armé.— Protection du saint Abou-Hamed.— Différence de population. — Cause du teint nègre. — Abadiè et Bicharry. — Type physique et coiffure. — Vêtement. — Coutumes antiques et inductions. — Nature géologique. — Pluie de sable. — Un chef bâtonné. — Un crocodile. — Étude de mœurs. — Métier éthiopien. — Site charmant. — Comme on fait son lit.

En sortant du désert nous vînmes camper sous l'ombrage d'un bosquet de palmiers, agréablement situé au bord du Nil, et qui me parut l'Éden le plus ravissant de la terre. Après avoir savouré quelque temps le bien-être que me procurait ce lieu, je pus examiner avec plus de calme en quoi consistait ce paradis terrestre.

C'était, en somme, un bosquet de palmiers semblable à tous ceux que j'avais rencontrés ailleurs; mais celui-ci empruntait son charme au contraste des sensations qu'il me procurait au sortir des accablements du désert. La voûte épaisse que formait le feuillage répandait une ombre pleine de douceur pour mes yeux fatigués par le reflet de la lumière étincelante; le murmure de l'eau du fleuve succédait si agréablement au froissement des sables brûlants sous les pieds des chameaux! Le repos, la douce quiétude semblaient un apanage réservé à cet Éden. Le sol uni comme les allées d'un jardin serpentait entre les bouquets de palmiers et la surface brillante du fleuve miroitait à travers leurs stipes élancés. On voyait quelques rochers de granit et des îlots de verdure s'élevant çà et là du sein des eaux limpides; des oiseaux aquatiques et autres en grand nombre animaient la rive du fleuve et le feuillage; tout cela avait un charme indicible et que peut seul apprécier, dans toute sa valeur, le voyageur qui vient de faire une longue marche dans un désert brûlant.

Comme j'errais sous ces ombrages d'Abou-Hamed, des cris assez singuliers attirèrent mon attention; je reconnus bientôt qu'ils étaient poussés par deux oiseaux qui se débattaient entre les branchages d'un buisson. L'un d'eux étant plus gros que l'autre, je crus d'abord qu'il était l'agresseur. Je me trompais : le plus petit, qui avait à peine la taille d'un geai, fondait sur son adversaire, le frappait tantôt d'une aile, tantôt de l'autre, et lui prodiguait en même temps les coups de bec avec tant d'ardeur que le plus gros ne savait où se cacher et poussait des cris de détresse

J'eus pitié de ses doléances et d'un coup de fusil je le délivrai de son terrible antagoniste qui tomba sur le flanc en se débattant encore.

En examinant ce dernier, je ne fus pas peu surpris de voir qu'il était armé sur le coude de chaque aile d'une défense consistant en une petite corne dure et noire, placée au point même où l'aile de la chauve-souris se transforme en patte.

La couleur de cet oiseau est d'un gris-violacé sur le dos; il a les grandes plumes des ailes noires, le cou et le ventre blancs avec une raie noire partant du bec et se prolongeant au-dessous de la gorge; une couronne noire sur la tête, avec quelques plumes un peu plus longues retombant sur le cou. Son bec n'a rien de particulier, sa patte est un peu longue et armée de trois ongles.

Les gens du pays auxquels je fis demander quelques renseignements sur les mœurs de cet oiseau, dirent, entre autres détails, qu'il ne dort pas, parce que ses défenses l'empêchent de mettre sa tête sous l'aile; cependant, je remarquai que cette défense qui n'a environ que trois centimètres de longueur, se dirige en avant et non en-dessous de l'aile; elle ne peut donc l'empêcher d'y introduire sa tête. Après un examen attentif de cet oiseau, et en raison de l'arme dont l'a gratifié la nature, je ne fus plus surpris qu'il ait été l'agresseur même contre un oiseau bien plus gros que lui.

Ailleurs, aux abords d'un petit édifice musulman qu'on me dit être le tombeau du cheik Abou-Hamed, je vis épars sur le sol une multitude d'objets divers qui semblaient abandonnés. La plupart étaient couverts de sable et de poussière et paraissaient être demeurés assez longtemps dans ce lieu.

Quand j'eus occasion de demander des explications à ce sujet, j'appris que ces objets appartenaient aux Djellabs ou autres voyageurs qui avaient entrepris la traversée du désert. Avant de se mettre en route, chaque Djellab laisse en ce lieu sous la protection du saint, tous les objets qui lui sont inutiles ou qui pourraient l'embarrasser dans la périlleuse traversée du désert de Korosko. Puis il s'éloigne parfaitement tranquille et bien convaincu qu'à son retour il retrouvera intact tout ce qu'il a laissé sous la sauvegarde d'Abou-Hamed.

Dans cette contrée, la population est la même à peu près que dans la basse Nubie; mais on ne parle pas l'arabe; les figures ont une teinte si foncée, qu'au premier abord, on se croirait chez un peuple nègre. Pourtant, le moindre examen fait bien vite reconnaître que si le teint est presque celui du nègre, les traits appartiennent à un autre type qui est toujours celui dit de la race caucasique.

Dans la basse Égypte, nous avions vu une population au teint blanc plus ou moins hâlé; à mesure que nous avancions dans la haute Égypte et dans la basse Nubie, le teint se montrait de plus en plus foncé et nous remarquions que le vêtement perdait de son ampleur. Il est probable que si nous eussions suivi les pays habités des rives du Nil, nous fussions arrivés en cet endroit sans constater de transition brusque dans la nuance de la peau ; car le teint brun rouge que nous trouvions ici semblait avoir pour cause, non une différence de race, mais l'action climatérique d'une région plus méridionale ou plus rapprochée du centre de l'Afrique qui paraît être le foyer principal de la couleur noire.

En effet, ces mêmes Berbery qui sont presque noirs ici, le sont moins dans d'autres contrées, notamment chez les Abadiè, et sont à peu près blancs dans l'Algérie. Ce teint noir d'une race primitivement blanche rappelle ces créoles, métis portugais, qui, ayant adopté les mœurs et le climat des nègres de la côte de Guinée, furent retrouvés plus tard presque aussi noirs qu'eux ; ce qui paraît indiquer que les Européens vivant dans les régions du Soudan, finiraient par prendre le teint indigène ; de même qu'on voit les nègres qui, dans leur pays, sont d'un noir de jais perdre promptement sous nos climats cette teinte foncée et se rapprocher de plus en plus de la race blanche. On rencontre en effet en Europe, à Paris, comme dans beaucoup d'autres villes, de ces figures mulâtres très-claires dont l'origine nègre, sans croisement, est rappelée par leurs traits et par leurs cheveux, mais dont la couleur de peau disparaît de plus en plus. C'est donc bien certainement au milieu dans lequel l'homme vit, qu'il faut attribuer la couleur de la peau et non à une différence de race.

Ainsi, en examinant ces Éthiopiens au teint noir, on reconnaît facilement leur origine dite caucasique; ils ont le front sans dépression et assez haut; le nez droit et quelquefois un peu aquilin, la physionomie douce et les cheveux non crépus, les membres fins, un peu grêles comme ceux des bas-reliefs d'Ibsemboul. Leur habitude de s'accroupir en appuyant le milieu de la cuisse sur le mollet semble être la cause de la forme légèrement arquée que l'on remarque en avant de la cuisse; renflement si prononcé dans les dessins de femme que nous ont conservés les monuments de l'Égypte.

Le costume si ample, si riche au Caire, avait suivi une progression inverse; ici il ne consistait plus qu'en une simple chemise bleue, le plus souvent remplacée par un morceau de toile bise appelée *ferdah*, roulée autour des hanches. Les individus qui portent ce dernier vêtement en usent jour et nuit, et ne le lavent jamais, aussi est-il d'une saleté repoussante.

Les peuples *Berbery* ou *Barabra* et Troglodytes, habitant les bords du Nil, l'Olaki, l'Etbai, le Bidja, et en général les oasis comprises entre le Nil et la mer Rouge, et les 16° et 26° parallèles se partagent en plusieurs divisions et subdivisions qui sont :

POUR LES ABADIÈ OU ABABDÈ

D'APRÈS NOS RENSEIGNEMENTS.	D'APRÈS D'AUTRES.
Les Achabab.	Achabad.
Les Fougara.	Foucara.
Les Houboudié.	Oboudié.
Les Aouatir.	Chawatir.
Les Mélékab.	. . . . .
Les Kawoali.	Nemrab.

POUR LES BICHARRY

PLUS PARTICULIÈREMENT COMPRIS ENTRE LE NIL ET LA MER ROUGE.

Les Aliab.	. . . . . .
Les Dam-Hatab.	Gam-Attab.
Les Hamed–Orab.	Ahmed-Gourab.
Les Hammaraar.	Hammarrar.
Les Cintérab.	Chintéral.
Les Belgab.	Belgab.
Les Hamed-Ab.	Amerab.
Les Botrane.	Betranne.
Les Nafàab.	Néfidjab.
Les Hannah.	Hamma.
Les Hadendah.	Hadendoa.
Les Haleuka.	Halenka.

D'autres renseignements indiquent aussi : les Erab, les Segolab, les Mecaberab près de Damer ; enfin les Hadarba, habitant les bords de la mer Rouge et qui, eux-mêmes, se subdivisent en plusieurs branches.

En plaçant en regard ces deux séries de noms, je n'ai pas l'intention d'infirmer l'une plutôt que l'autre, mais seulement de montrer les différences qui peuvent exister dans des renseignements recueillis sur des points différents.

Ces peuplades ont leur langue propre et ne parlent qu'accidentellement l'arabe qui est la langue usitée autour d'eux en Égypte et au Sennâr. Elles ont le sentiment de leur supériorité sur les nègres et même sur une partie des habitants de la haute Égypte.

Sauf quelques individus dont les lèvres saillantes et épaisses dénotent le croisement avec la race nègre; ce peuple a, en général, une régularité de traits qui s'allie à une physionomie ouverte et franche : le front est droit et assez développé, l'angle facial peu prononcé. Les Berbery, bien qu'ayant les cheveux assez courts, ne les ont pas laineux; ils les arrangent d'une façon très-remarquable : souvent un toupet élevé et crêpé, en forme de couronne, occupe le sommet de la tête; le reste de la chevelure est divisé en tresses qui juxtaposées et partant du toupet culminant, entourent le derrière de la tête et descendent près des épaules. Les cheveux que l'on ajoute successivement à ces nattes en les tressant, les rendent adhérentes à la tête; l'extrémité de chaque tresse reste libre sur la longueur de quelques centimètres autour du cou.

L'arrangement de cette coiffure exige beaucoup de soins et un temps considérable; aussi a-t-il nécessité l'usage d'un oreiller tout particulier, destiné à garantir la chevelure contre tout dégât pendant le sommeil, afin de ne pas avoir à le renouveler chaque matin. Cet oreiller ou plutôt ce chevalet consiste en une espèce de croissant en bois, supporté par un pied d'environ un décimètre d'élévation. Ce croissant sert à recevoir la tête du dormeur et la soutient de manière à ne permettre aucun froissement qui porterait atteinte à l'harmonie de la coiffure. Les personnes riches font de ce meuble un objet de luxe en le décorant de sculptures.

Pour exécuter ce genre de coiffure, on emploie une espèce d'alène droite avec laquelle l'artiste sépare verticalement la mèche destinée à former une tresse ; cela fait, la mèche est bien graissée, puis saupoudrée d'un sable fin qui lui donne de la roideur ; elle est ensuite divisée en trois parties qui sont tressées ensemble et dont l'extrémité inférieure vient affleurer les épaules. Les femmes ne portent pas de toupets; les tresses occupent toute la tête; une, deux ou trois principales partent du front, passent sur le haut du crâne et viennent tomber par derrière. Les autres prennent naissance contre ces premières et complètent le pourtour de la tête en tombant de toutes parts.

D'après ce que j'ai dit du costume des gens du pays, on voit qu'il est aussi simple que leur coiffure est compliquée. Il ne se compose, en effet, que de la pièce de coton appelée ferdah, qu'ils emploient sans aucune façon, telle qu'elle sort du métier. On enroule d'abord cette toile autour des hanches en la laissant flotter sur les cuisses, ensuite on la fait passer par-dessus l'épaule pour la ramener à la ceinture où elle est fixée par son extrémité sous les plis des premiers enroulements. Quelquefois, le Berbery se borne à s'envelopper les hanches avec cette étoffe, ou bien encore, pendant la fraîcheur du matin, il se drape de manière à se couvrir tout le corps et même la tête. Les Berbery ont donc dans la tenue ordinaire, les bras, les jambes et une partie du buste nus. Ce costume est toujours sale, mais disposé avec grâce et porté avec une certaine fierté. Quelques hommes ont, en outre, par-dessous, un caleçon très-court de même étoffe. Les enfants sont généralement nus. Quelquefois, cependant, ils portent une ceinture à franges ou un petit morceau de toile.

Il est à observer que cette coiffure et ce costume rappellent d'une manière frappante ceux d'une partie des soldats de Sésostris, à Ibsemboul, et d'autres personnages représentés sur les monuments égyptiens. On trouve chez les Berbery divers ustensiles, notamment le chevalet dont nous venons de parler, reproduits également par les sculptures de l'antique Egypte. Ce rapprochement est l'un des motifs qui ont fait penser que c'était une colonie d'Éthiopiens qui avait d'abord peuplé le sol égyptien en y portant la civilisation.

Cette conclusion ne nous paraît pas satisfaisante. D'abord, le peuple dont nous nous occupons, est répandu depuis la haute Égypte jusqu'à l'Atbarah, ce qui le pose en partie sur l'Égypte, en partie sur l'Ethiopie, ayant son centre non loin d'Ibsemboul. Par sa position, il appartiendrait actuellement à l'un et à l'autre de ces pays. Il semblerait donc plus naturel d'admettre que ce peuple, soumis dès la plus haute antiquité par les Pharaons, en avait reçu les mœurs et les usages. Plus tard, à l'époque des envahissements de l'Égypte, il a dû être refoulé dans les maigres oasis où nous le retrouvons, oasis dont l'isolement et la pauvreté ont dû être la cause pour laquelle on l'y a laissé tranquille avec ses antiques mœurs et coutumes.

Tout en effet, chez les Berbery, mœurs, usages, costume, physionomie, corpulence, etc., montre qu'ils sont les descendants des peuples dont les types nous sont conservés sur les bords du Nil, et particulièrement à Ibsemboul. D'ailleurs Hérodote nous dit positivement que les soldats de Sésostris et des autres pharaons qui vainquirent l'Éthiopie y portèrent les arts et les coutumes de l'Égypte, c'est-à-dire la civilisation. A ce titre, la région qui nous occupe serait encore une province égyptienne. Effectivement, l'on voit dans les tableaux d'Ibsemboul des légions qui paraissent appartenir tout à fait au même peuple. Aussi, pour quelqu'un qui voudrait bien connaître les peuples Berbery qui habitent actuellement depuis la haute Egypte jusqu'à l'Atbarah, le meilleur conseil que je puisse lui donner, s'il ne peut faire le voyage, c'est d'ouvrir le grand ouvrage de Champollion jeune. Il y trouvera ce peuple peint d'une façon assez exacte dans beaucoup de planches, et en particulier dans le registre inférieur des planches 27 à 29, qui reproduisent un des grands sujets d'Ibsemboul. On y reconnaît le type, le costume, la chevelure nattée, la corpulence, etc. Le teint seul chez le peuple actuel est plus ou moins foncé, selon qu'on le prend dans une contrée plus ou moins méridionale. Et, comme il est en moyenne un peu plus foncé, on pourrait en inférer que, depuis cette époque, il a gagné en territoire au sud, ce qu'il a perdu au nord.

On nous parle d'invasions arabes qui auraient renouvelé les populations de ces régions; mais quiconque a vu et observé sérieusement leurs habitants, admettra difficilement ces prétendus faits historiques : ou les sectateurs de Mahomet ont exagéré l'importance de ces migrations qui répandaient leurs croyances dans les premiers temps de l'hégire, ou ces migrations ont outrepassé ces contrées; ou bien encore elles n'y ont laissé qu'un faible contingent qui s'est fondu dans la race des Berbery. Car cette race est demeurée sans changement sensible.

Certainement le commerce, le contact, les relations avec les Arabes, ont dû faire connaître plus ou moins la langue de ce peuple aux Berbery. Aujourd'hui ce sont ces derniers qui fournissent les caravanes aux marchands, aux Égyptiens et aux voyageurs. Mais de là à une similitude il y a loin. Je ne comprends donc pas ce qui a pu faire donner par la plupart des géographes le nom d'Arabe aux Bicharry et aux Abadiè. Ces peuples ayant dû être soumis aux Égyptiens, puis aux Éthiopiens, le nom de Berbery qu'ils se donnent semble donc le plus propre à être joint à chacun des noms particuliers que nous venons de citer. De ces données il résulte que l'usage de la coiffure qui vient d'être décrite remonte à une très-haute antiquité.

L'usage consacre chez ce peuple les moyens les plus cruels pour conserver la virginité des filles et assurer la fidélité des femmes pendant les longues absences de leurs maris. Ces moyens barbares étant en quelque sorte le corollaire des mœurs, nous y reviendrons plus tard.

Le 11 février, en partant d'Abou-Hamed, nous traversâmes un pays où l'on rencontre alternativement des granits bleus et rouges. Ces deux couleurs se présentent quelquefois dans le même bloc et y produisent un bel effet. On rencontre aussi des calcaires argileux en roche, rarement feuilletés, et des débris de quartz qui ressemblent à du marbre blanc veiné.

Vers deux heures, nous vîmes sur notre gauche un rocher blanc taillé à pic au-dessus du sol et d'un aspect pittoresque; il semblait avoir été exploité : ce rocher se nomme *Adjar-Meraeh* (Pierre de Méroé). Je suppose que c'est le gisement auquel appartient ce rocher qui a donné lieu à l'opinion émise par un gouverneur de Chendy et par certains voyageurs, qui ont cru que cette contrée renfermait un gisement de marbre blanc; je m'approchai pour examiner ce rocher; mais je ne vis aucune trace d'outils ou d'exploitation et je reconnus qu'il était de même nature que les nombreux débris de quartz hyalin qui jonchent le sol dans le désert, et sur divers points des bords du Nil. Parmi les nombreux débris de cette matière que l'on rencontre en ce lieu, on trouve des cailloux de silex, des galets de jaspe et même des agates. D'autres affleurements de ces roches blanches se montrent en s'éloignant dans le désert, à l'est du fleuve, et accusent une masse assez considérable.

Le Nil n'est pas ici encaissé entre des montagnes, comme dans la basse Nubie; il coule dans un affaissement peu prononcé de la vaste plaine du désert, où l'on ne voit saillir que quelques petites montagnes.

Différents groupes d'arbres et d'arbrisseaux, particulièrement des doums et des mimosas, végètent aux abords du fleuve. Les sables chassés par les vents du désert, s'arrêtent et s'amoncellent particulièrement vers les obstacles que présente cette végétation; ils l'enfouissent quelquefois jusqu'à la cime.

C'est en cet endroit que le 11 au soir nous établîmes notre campement. Le matin nous fûmes réveillés par une tempête qui faillit nous être funeste. Les sables que les vents charriaient avec impétuosité à travers l'espace, venaient s'abattre avec une telle abondance dans le lieu où nous étions installés, qu'ils menaçaient de tout engloutir. Chacun était obligé de se couvrir la tête d'un linge pour se garantir les yeux et se ménager un peu d'air respirable au sein des nuages poudreux qui nous enveloppaient de toute part. Il nous fallait aussi veiller au sauvetage de nos effets, sur lesquels le sable s'amoncelait, et ce n'était qu'en les remuant de temps à autre que nous pouvions, pour ainsi dire, les tenir à flot. Pendant ce temps une grande obscurité régnait autour de nous. Enfin, un ralentissement de l'ouragan nous permit de charger nos chameaux et de nous remettre en route.

Ce jour-là, comme la veille, nous foulâmes un sol de formation primitive où le granit renferme beaucoup de mica blanc-nacré, lamellaire; le quartz blanc veiné en roche y est plus rare.

Senadaoui est un joli village où l'on s'arrêta pour déjeuner; le chef de ce village portait simultanément les deux vêtements usités dans le pays, la chemise bleue et le ferdah. Ce dignitaire marchait ordinairement pieds nus; mais, en raison de la présence de notre caravane, que commandait un lieutenant-colonel du pacha d'Égypte, son souverain, il s'était permis le luxe de deux semelles, maintenues par des bouts de corde, l'un prenant de chaque côté de la semelle et passant derrière le pied au-dessus du talon, l'autre fixant seulement la semelle à l'orteil (c'était encore une réminiscence de l'antique Égypte). De plus, il portait pour insigne de son autorité un vieux bonnet turc, jadis rouge, et pour le moment plus crasseux que rouge.

Ce chef dut se mettre en quatre pour procurer à notre caravane tout ce dont elle pouvait avoir besoin:

mais, son zèle n'ayant pas paru suffisant au colonel turc, celui-ci, sans autre formalité, lui fit administrer cent cinquante coups de bâton sur les fesses en guise de stimulant. Le fonctionnaire eut beau protester de de son bon vouloir, en rejetant la faute sur ses administrés, la sentence reçut son exécution immédiate, sauf le droit du patient de faire ricocher plus tard, sur tel ou tel de ses subordonnés, les coups de bâton dont, pour le moment, il se trouvait personnellement gratifié. Le droit de bastonnade et à la bastonnade existe à tous les degrés de la hiérarchie administrative en Égypte, et c'est sans contredit celui dont chaque fonctionnaire use le plus. Quant à son efficacité, en présence du peu de moralité du personnel de l'administration égyptienne, il est permis de la révoquer en doute.

Pour concevoir que de tels usages se maintiennent de nos jours, il faut remarquer, d'une part, que l'ignorance des administrateurs et des administrés égale leur barbarie; d'autre part, que beaucoup de peuplades dépendantes de l'Égypte sont nomades, et en quelque sorte insaisissables; que nul registre de l'État civil ne constate l'existence et le lieu de naissance des individus qu'on a sous la main; que souvent même on n'aurait pas les moyens de leur infliger une punition plus humaine et plus efficace.

Avant de réformer le régime pénitentiaire, il faudrait donc établir un état civil des personnes, ou un moyen quelconque de reconnaître son monde; mais une première objection se présente. Des hommes capables de tenir des registres manqueraient presque partout sur les rives du Nil.

Au-dessus du Senadaoui, le Nil forme une sorte de cataracte. Son lit est encombré de nombreux rochers de granit dont la plupart sont submergés pendant les hautes eaux. C'est en amont de cette cataracte que je pus pour la première fois examiner à loisir un crocodile. Dans la basse Nubie, j'en avais à peine entrevu quelques-uns, qui s'étaient aussitôt précipités dans le fleuve. En ce lieu, au contraire, je pus observer à loisir un de ces animaux étendu sur le sable au bord de l'eau. Profitant de son immobilité, je m'étais approché à la faveur d'un bouquet d'arbres. Quand ma curiosité fut satisfaite, je marchai droit à l'animal, qui, sans se déranger, souleva un peu sa grosse tête et parut à peine me regarder; je ne fus pas peu surpris de voir au pied du talus, dans le lit même du fleuve et près du féroce amphibie, deux ânes qui paissaient paisiblement sans s'émouvoir de ce voisinage. Le crocodile, qui, jusqu'à ce moment, ne m'avait semblé guère plus grand qu'un homme, me parut alors avec sa taille réelle, les ânes m'offrant un point de comparaison; il avait de quatre à cinq mètres de longueur. Quelques minutes après, l'énorme amphibie se glissa lentement dans l'eau, en soulevant lourdement ses pattes l'une après l'autre; mais, aussitôt qu'il fut engagé dans son élément favori, d'un puissant coup de queue il disparut comme un trait.

J'avais ouï dire que dans cette région les mœurs étaient très-dissolues et très-libres, pourtant rien encore depuis que nous étions dans ce pays ne m'avait permis de les apprécier. Il est vrai qu'au lieu de très-dissolues c'était surtout très-différentes des nôtres qu'il eût fallu dire. Mon but étant de connaître autant que possible tout ce qui peut nous éclairer sur ce sujet comme sur tout autre, je pris le parti de provoquer moi-même quelques éclaircissements. Le lecteur voudra donc bien me pardonner, en raison du but qui les a motivées, les petites infractions aux convenances dont je vais parler.

A Senadaoui, je m'avisai d'envoyer de la main un baiser à une femme, qui me le rendit aussitôt et sans hésitation, de la même manière. Je ne sus s'il fallait voir là une liberté ou un simple échange de politesse. Le salut des Égyptiens se faisant par un mouvement assez rapproché, elle avait pu prendre le mien pour un salut étranger, comme l'était l'homme qui le lui faisait. Je me promis de renouveler la tentative à la première occasion. Elle s'offrit bientôt; mais cette fois la personne à laquelle je fis le même signe se remit à son travail sans répondre. Une troisième fois, celle à qui je m'adressai se montra plus effarouchée et s'enfuit timidement; de sorte que je commençais à douter de l'exactitude des renseignements qu'on m'avait donnés. Pourtant, près du village d'El-Chergui, j'aperçus une jeune femme assise dans un champ vert sur le bord du fleuve. Elle surveillait quelques chèvres qui broutaient autour d'elle; je lui fis le *salut* que j'avais fait aux autres. D'abord elle ne bougea pas et me regarda attentivement. Je recommençai : alors elle me fit signe d'aller dans une cabane qu'elle me montrait ; mais la caravane arrivait derrière moi, et je dus poursuivre mon chemin sans trop savoir si j'avais été bien compris. Une autre fois, en traversant un village dont les petites maisons carrées étaient disséminées dans des bouquets de doumes et de palmiers, je vis par-dessus une clôture une femme dans un désordre de toilette tel, qu'il laissait fort peu à désirer à l'œil le plus indiscret. Elle avait de grands yeux fortement dessinés et une figure certainement jolie pour le pays. Elle était assise devant sa maison, sous une espèce de portique formé par des troncs de doums, soutenant une couverture de chaume. Un homme, son mari sans doute, se trouvait à quelques pas, séparé d'elle par une natte formant rideau. C'était grâce à la hauteur de mon chameau que, dominant la clôture, mon regard avait pu découvrir la belle Éthiopienne. Aussitôt qu'elle m'aperçut, elle releva subitement devant elle son ferdah. Comme je ne pouvais être vu que par elle, je mis en usage le langage des signes, et bientôt la jeune femme laissa fléchir la main qui soutenait le voile, et me répondit de manière à me convaincre que le langage mimique lui était beaucoup plus familier qu'à moi. Elle avait interprété mon signe de simple curiosité dans un sens beaucoup plus étendu que je ne m'y attendais et avec une toute autre partie; se croyant assurée de ce que je lui demandais, elle m'en exprima son adhésion de la manière la moins détournée et d'une façon indubitable. Puis, sans plus attendre, elle me fit comprendre que son mari était là et que je pouvais m'adresser à lui. En même temps elle m'indiquait la porte pour entrer; et, avant que j'eusse eu le temps de réfléchir à la singularité de cette proposition, elle s'adressa à son mari pour lui expliquer de quoi il s'agissait. Aussitôt celui-ci s'empressa de venir à moi en joignant ses instances à celles de sa moitié. Qu'on juge de ma surprise! Ne pouvant en croire mes yeux et craignant de faire quelque grossière méprise, je le saluai poliment et je continuai mon chemin.

La crainte de prêter à rire m'empêcha de demander tout de suite aux gens qui nous accompagnaient des explications sur les bizarreries de mœurs qu'il me semblait entrevoir; je voulais attendre qu'une occasion propice se présentât. Chemin faisant, je réfléchissais aux diverses circonstances de la scène qui venait d'avoir lieu; il ne pouvait y avoir eu méprise sur l'intention de ce ménage, les réponses si expressives de la femme ne m'avaient laissé aucun doute. Quelle bizarrerie de mœurs, quelle énigme y avait-il donc là-dessous?... Une aventure bien autrement sérieuse, bien autrement circonstanciée que celle-ci, devait, à quelques jours de là, amener l'explication des mœurs singulières de ce pays. Laissons donc les événements suivre leur cours.

Au sortir du village dont je viens de parler, j'eus occasion d'examiner un métier à tisser d'une construction fort simple. Installé à l'ombre d'un bouquet de doums, l'ouvrier était assis sur le bord d'un trou destiné à laisser du jeu à la manœuvre des deux bâtons qui reçoivent les fils. Tous ces fils vont en convergeant se réunir, par l'autre extrémité, à une corde qui passe dans une poulie et revient s'attacher à un piquet près du tisseur; de sorte que celui-ci peut sans se déranger donner du fil à la trame, à mesure qu'elle s'allonge sous sa main. Ainsi, deux bâtons de tissage, une corde, une poulie et un piquet, voilà tout le métier du Nubien.

Notre caravane, en cet endroit, quitta momentanément le Nil pour éviter un contour que fait le cours du fleuve. Nous nous dirigeâmes droit à travers le désert sur le village de Baguère, que nous atteignîmes avant la nuit et où nous campâmes. Ce village a la plus délicieuse situation que j'eusse encore vue. Les deux rives du fleuve sont, en cet endroit, chargées d'une végétation vigoureuse qui forme des voûtes impénétrables au soleil et sous lesquelles on circule librement sur un sol uni. Entre les tiges élancées des doums et d'autres arbres, on voit briller les eaux limpides du fleuve, d'où s'élèvent une multitude de petites îles du plus charmant effet. Les unes portent des rochers pittoresques ; la plupart sont tellement chargées d'une splendide végétation, qu'elles ressemblent à des corbeilles flottantes, pleines de verdure et de fleurs. Au loin le fleuve déroule ses contours au milieu de hauts palmiers, dont les cimes gracieuses se détachaient sur l'horizon enflammé.

Des oiseaux en quantité prodigieuse, aussi variés de formes que de couleurs, peuplent les rives et les îles du fleuve. Les uns, perchés sur leurs grandes jambes au bord de l'eau, la regardaient couler, ou bien, balancés par le flot, se laissaient aller au courant. D'autres voltigeaient de branche en branche, d'île en île. Quelques-uns (c'était l'exception) gazouillaient très-agréablement. Je remarquai de petits passereaux qui venaient presque à la portée de la main ; ils ont la tête, la gorge et une partie de la queue rouges. Un autre oiseau, des plus élégants, voletait autour de nous et s'exposait à notre admiration avec une véritable coquetterie. Il avait le corps vert, les ailes dorées ; de longues plumes se balançaient gracieusement derrière lui et semblaient imprimer à son vol un mouvement ondulé ; à chaque instant il se posait, puis s'envolait de nouveau, pour revenir encore à la même place, comme s'il n'eût eu d'autre but que de nous faire admirer son brillant plumage, son balancement gracieux et ses ailes aux reflets d'or. Les petites maisons qui forment le village sont disséminées sous ces voûtes de feuillage. Ce lieu était si agréable, surtout après une longue marche sur un sol aride, que, pour en jouir plus longtemps, je prolongeai fort tard la veillée. Aussi ma nuit fut courte, et le lendemain, quand il fallut dire adieu à ce beau séjour, ce ne fut pas sans regrets que je remontai sur mon chameau.

Après quatre heures de marche le long du Nil, nous le quittâmes de nouveau pour continuer notre route en droite ligne dans le désert, à peine entrecoupé de montagnes peu élevées. Le sol y est de même formation que celui que nous avions parcouru les jours précédents; c'est-à-dire que sur un fond granitique on trouve de temps à autre des quartz imitant le marbre blanc veiné et des calcaires argileux bleuâtres.

Une heure avant la nuit, nous rejoignîmes de nouveau les bords du fleuve en face de la cinquième cataracte. Cette cataracte n'est en réalité qu'un assemblage de courants rapides, parmi de nombreuses petites îles de calcaire argileux bleu noirâtre. Plus en amont du fleuve, nous vîmes d'autres îles couvertes d'arbres et peuplées dans ce moment d'une très-grande quantité d'oies sauvages.

C'est en face de ces îles que nous campâmes, le 15 février, près d'un lieu appelé Amoudouem. Notre installation à chaque campement était très-simple : chacun avisait la partie du sol qui lui paraissait la plus unie, la moins rocailleuse, et, autant que possible, abritée par un rocher, un tertre ou un buisson, surtout quand il faisait du vent. Ensuite on s'enveloppait d'une couverture, en ayant soin de se couvrir particulièrement la tête, et on s'étendait philosophiquement sur la place choisie. La lassitude et l'habitude avaient fini par nous faire trouver ce mode de coucher satisfaisant.

CHAPITRE II

DANSE ET CÉRÉMONIE FUNÈBRE

Danse bizarre. — Contorsions lugubres. — Singulières ablutions. — Lamentations. — Convoi funèbre. — La fosse. — Différents caractères de danse. — Nature de la musique.

Le 14, nous continuâmes notre route à travers un pays d'aspect varié ; sur certains points, principalement vers les bords du fleuve, la végétation est belle, les palmiers et les doums dominent ; ailleurs, la famille des acacias, au feuillage grêle, se montre plus nombreuse ; enfin, il est certaines parties, notamment en s'éloignant du fleuve, où les végétaux disparaissent plus ou moins.

Souvent, nous marchions sur de larges espaces unis et sablés, encadrés par des groupes de mimosas et autres arbres autour desquels des troupeaux de chèvres cherchent une maigre nourriture.

Pendant un de ces moments où la chaleur et la fatigue absorbent toutes les facultés de l'homme et le réduisent au silence, nous entendîmes en avant de nous le son monotone du tarabouka. Je crus d'abord que, comme à l'ordinaire, il allait réveiller la gaieté de nos chameliers; il n'en fut rien, et, après s'être dit quelques mots à demi-voix, ils continuèrent à avancer d'un air morne et silencieux.

Je ne pouvais comprendre pourquoi leur musique favorite n'avait pas produit sur eux son effet ordinaire. L'explication ne se fit pas attendre; car, presque aussitôt, en débouchant sur un large espace sablé qui s'étend devant le village d'Abeidyeh, nous vîmes un grand rassemblement de monde très-agité. Pardessus les têtes des premiers groupes, on voyait des mouvements de bras, de personnes qui semblaient faire des évolutions; bientôt nous commençâmes à entendre des battements de mains et des chants plaintifs accompagnant le tarabouka. Entre les groupes, je crus distinguer les mouvements convulsifs d'une danse désordonnée et indécente. De temps à autre des cris étranges se faisaient entendre. En passant non loin de ce rassemblement, les gens du pays qui conduisaient notre caravane firent des saluts avec un air de recueillement, et continuèrent leur route.

Vivement intrigué par ce que je voyais, je laissai aller la caravane, et je dirigeai mon chameau près du rassemblement : là, du haut de ce grand quadrupède, je fus témoin d'une scène des plus étonnantes. C'était une cérémonie funèbre.

Un groupe de femmes était adossé à la maison de la personne défunte : elles étaient assises ou accroupies sur le sable et formaient l'orchestre ; pour tout instrument, il y avait deux espèces de tambours hémisphériques, sur lesquels l'une d'elles frappait sans discontinuer une cadence monotone que l'on peut exprimer ainsi :

Les autres femmes frappaient dans leurs mains suivant cette cadence, et chantaient un air non moins monotone, qu'elles semblaient moduler selon leurs inspirations diverses, tout en conservant un certain ensemble.

Des groupes chorégraphiques, le plus souvent composés d'un rang de six à huit femmes, rarement d'hommes, se détachaient de la foule environnante, et se portaient en dansant en avant des chanteuses. Ces femmes n'avaient pour tout vêtement que le ferdah roulé autour des hanches, plus un collier autour du cou ou placé en sautoir. Leurs cheveux étaient tressés comme je l'ai décrit plus haut.

L'un de ces groupes était formé de jeunes femmes qui se tenaient par la taille et faisaient simultanément des sauts en avançant; aux extrémités du rang, quelques autres dansaient isolément. Parfois elles ne se tenaient la taille que d'une main, et agitaient leur bras libre, il y avait aussi un groupe de femmes plus âgées qui, de la main gauche, se tenaient par la taille, en sautant, et de la droite brandissaient en l'air, toujours en mesure, de larges et longues épées.

Le caractère de ces danses est des plus étranges : d'abord, en partant, les danseuses semblent boiter; arrivées devant les femmes qui chantent, leurs contorsions redoublent. Elles font des sauts toutes ensemble et à pieds joints. A chacun de ces sauts elles font alternativement deux genres de contorsions. Dans l'un, elles portent en s'élançant, l'estomac en avant, rejettent les fesses en arrière, tordent leurs bras soit vers la nuque, soit vers les reins, en faisant contourner leurs poignets en dehors et rapprochant les coudes des reins. Au saut suivant, elles exécutent le mouvement inverse; c'est le menton et la partie inférieure du torse qu'elles portent en avant, tandis qu'elles rentrent la poitrine; en même temps elles projettent en avant leurs mains pendantes. Les femmes qui se tiennent d'un bras par la taille n'exécutent ce dernier mouvement que du bras libre. En général, ces contorsions répétées sont rapides et convulsives, et après chacune d'elles il y a un léger temps d'arrêt qui marque la cadence.

Quelques-unes de ces femmes, en redoublant d'efforts, essayaient d'accompagner les chanteuses par des accents désolés ; mais leur voix, bientôt suffoquée par la vigueur des contorsions, s'éteignait et se perdait dans les mille bruits de cette scène. Les femmes âgées, quoique moins agiles que les autres, avaient néanmoins des mouvements si accentués, que l'on entendait le bruit de leurs mamelles pendantes frapper alternativement l'épaule et la poitrine.

Les hommes dansent moins souvent que les femmes, et font les mêmes convulsions, quoique avec moins de souplesse; néanmoins leur agilité est encore telle, qu'il serait impossible à un Européen de les imiter.

Les chants et les danses étaient entremêlés de temps à autres d'exclamations lamentables et de cris aigus modulés en forme de trille ou sorte de battements de langue précipités.

Quand un groupe avait dansé pendant quelque temps, il se retirait, toujours en sautant, tandis qu'un autre arrivait de la même manière pour lui succéder.

Les personnes qui se disposaient à danser ramassaient du sable à leurs pieds, s'en frottaient le corps, les bras, et en répandaient des poignées sur leur chevelure ; cette opération remplace l'ablution qui doit purifier le croyant avant la prière ou avant tout acte religieux comme l'est celui d'une danse funèbre. Les ablutions de sable ou même de terre sont en usage dans toute la zone des déserts, où l'eau est rare.

Dans la cérémonie dont j'étais témoin, je remarquai

qu'une de ces femmes avait ajouté des espèces de franges à chacune des tresses de ses cheveux. Elle se distinguait encore par un liséré rouge qui décorait le morceau de toile dont elle était vêtue, et qui ne paraissait pas précisément aussi sale que celui de ses compagnes. C'était sans doute la femme d'un grand personnage, peut-être même celle du chef de l'endroit ; aussi se croyait-elle autorisée à ménager, dans l'ablution, le sable terreux qui eût souillé son vêtement.

Pendant les danses, on préparait devant la porte de l'habitation le brancard sur lequel devait être transporté le défunt.

De nombreux groupes d'hommes et quelques-uns de femmes étaient accroupis autour des danseurs et de la maison du défunt. Ces groupes étaient entourés d'une affluence nombreuse se tenant debout. Le plus proche parent du mort restait accroupi près du théâtre de la danse. Chacun des arrivants venait se placer un instant à ses côtés et lui témoignait sa sympathie en lui passant le bras sur le cou comme pour l'embrasser ; puis, penchant la tête vers la sienne, il poussait à deux reprises un long cri de désolation que l'on peut exprimer ainsi :

Il la la, lala é lé lé lé eee, léé ee i, i !

Ensuite il se retirait pour faire place à d'autres.

Quand les arrivants étaient nombreux, deux d'entre eux, un de chaque côté du parent, remplissaient simultanément cet acte de condoléance.

Toute personne connaissant le parent du défunt est tenue de remplir ce devoir. En cas d'absence au moment du décès, elle accomplit la cérémonie au retour, n'eût-il lieu qu'un an plus tard.

Le brancard que l'on préparait pour recevoir le cadavre était un *ferche* un peu modifié pour cette destination spéciale. Le ferche, sorte de lit de sangle en usage dans cette contrée, se compose d'un cadre rectangulaire en bois arrondi garni d'un sanglage en petites lanières croisées; il est élevé sur quatre pieds à la hauteur d'un siége. Pour approprier ce lit à sa destination funèbre, les Berbery placent aux quatre angles des roseaux que l'on ploie en diagonale à la hauteur d'un mètre, et qui supportent un nouveau rectangle de roseaux ou de cannes à sucre, sur lequel ils étendent un drap jaune : c'est la couleur du deuil.

Lorsque ces préparatifs furent terminés, le corps du défunt fut enveloppé d'un linceul formé d'une toile semblable à celle qui compose le vêtement ordinaire du pays; il fut alors placé sur le brancard, les danses cessèrent, on se pressa autour du cadavre, et les cris redoublèrent. Enfin, quatre hommes enlevèrent le défunt, le convoi se mit en marche et se dirigea vers le champ des sépultures. Les hommes entouraient le cadavre, et les femmes venaient à la suite. Pendant le trajet, on entendait de temps à autre ce cri d'usage : Il la la é lé lé.., etc., un peu plus ou un peu moins prolongé. On s'arrêta plusieurs fois. A ces stations, il y avait explosion de lamentations de toutes sortes, vraies ou simulées, puis, les quatre porteurs changés, on se remettait en marche.

En arrivant au cimetière, le brancard fut déposé auprès de la fosse, le flanc tourné vers la Mecque; on enleva le drap jaune, six à huit hommes se placèrent en rang, de manière à avoir devant eux le défunt et la ville sainte. Ils chantèrent un hymne assez long en tenant les mains de chaque côté de la tête; c'était une sorte de psalmodie tantôt grave, tantôt aigüe, entremêlée de balancements de tête et de mains.

La fosse avait trois parois verticales; l'un des grands côtés était divisé en trois parties, dans sa hauteur, par deux gradins étroits. Enfin on procéda à l'inhumation; le corps, enveloppé seulement de son linceul, fut descendu dans le fond de la fosse, puis on plaça un rang de briques et de terre sèche, reposant d'un bout sur le gradin inférieur, et s'appuyant de l'autre contre la paroi opposée. On recouvrit ensuite les joints de ces briques avec de la terre pétrie, et enfin on combla la fosse avec les déblais de l'excavation. De cette manière, le corps fut laissé dans un espace vide. L'exhaussement du sol résultant de l'excédant des terres fut couvert de petits cailloux et maintenu à ses deux extrémités par des pierres plates posées de champ.

Pendant ces diverses opérations, les hommes étaient accroupis en différents groupes; les femmes formaient un cercle dans lequel deux ou trois d'entre elles se mirent à tourner en dansant isolément et répétant les contorsions de la cérémonie précédente. Celles qui formaient le cercle se mirent à chanter, à crier et à battre des mains en cadence. Elles firent aussi des contorsions, mais sans sauter ni quitter leur place. Cette scène dura jusqu'à ce que l'inhumation fut terminée, puis chacun reprit le chemin du village.

Comme je l'ai dit, ces danses convulsives de prime abord me parurent indécentes; mais je ne tardai pas à reconnaître mon erreur. Dans les mœurs européennes, la danse se borne à exprimer la gaieté ou l'amour; chez les Égyptiens, elle a un caractère particulièrement lascif. Au Soudan, d'après ce qu'on vient de voir, elle est dans certains cas l'expression de la douleur; et, je dois le dire, malgré toute la bizarrerie et l'étrangeté qu'une telle scène avait pour moi, je ne tardai pas à sentir tout ce qu'elle exprimait de regrets et de désespoir, et plus encore, dans certains mouvements convulsifs, le danseur semblait aspirer à sacrifier dans un suprême effort tout ce qui lui restait de vie.

J'ai eu à plusieurs reprises l'occasion de voir danser nos chameliers; c'était à peu près le même genre de danse, mais le caractère en était bien différent. Les mouvements des bras et des poignets visaient au gracieux, et c'était le sourire sur les lèvres qu'ils allongeaient le cou et portaient le menton en avant : au lieu de sauter lourdement à pieds joints, ils avançaient à cloche-pied, en relevant alternativement très-haut chaque genou et en pirouettant de temps à autre sur eux-mêmes.

Je n'essayerai pas de reproduire leurs chants, dont je n'ai pu comprendre l'expression; toutefois il m'a semblé que ces mélodies, très-peu variées du reste, au lieu d'exprimer un sentiment défini, n'étaient le plus souvent qu'un fond d'harmonie pour des paroles ordinairement improvisées et dont le sens peut varier à l'infini.

Cependant je n'assurerais pas que chez ce peuple la musique ait toujours cette expression vague et indéterminée; car j'ai entendu plusieurs airs, et ces airs étaient parfois nuancés différemment par l'improvisateur. D'ailleurs, bien que la musique soit en général la reproduction des accents naturels de la voix de l'homme, ne suffit-il pas qu'un air ait été lié à des paroles produisant une impression déterminée, pour que plus tard ce même air, appliqué à d'autres paroles, puisse rappeler encore les premières impressions? Il me semble donc que, chez ce peuple, l'habitude est pour beaucoup dans le sens qu'ils attachent à leurs airs; car, pour moi, ils n'ont aucune signification précise. Je me bornerai à dire que ces chants appartiennent en général aux tons mineurs, et sont langoureux. Il ne serait pas toujours possible de les reproduire avec précision, au moyen de notre échelle musicale; car ils ont des inflexions et des sortes d'ondulations de voix qui n'appartiennent à aucun des douze degrés de l'octave.

CHAPITRE III

BERBER

El-Mekkeri. — Les courtisanes. — Contrastes. — Indépendance et asservissement. — Navigation sur le Nil. — Récréations des matelots. — Les bords du Nil dépeuplés. — L'amulette. — Une mère qui vend son enfant. — Servitude de la femme.

Depuis Abeidyeh, et même au-dessous, nous parcourûmes une plaine d'alluvion qui paraît se prolonger au delà de Mekkeri : elle semble susceptible d'être cultivée, bien que les abords de la ville seuls le soient. Là, nous longeâmes principalement des champs de doura, espèce de maïs qu'on voyait en maturité au moment de notre passage. Nous arrivâmes le 14 février au soir dans cette ville, ou plutôt dans ce grand village, qui est la capitale du pays de Berber, nom sous lequel cette capitale est plus généralement connue que sous celui de Mekkeri. Ce dernier est le nom donné dans la localité par les indigènes. Les roches qui obstruent de temps à autre le fleuve nous avaient mis dans la nécessité de marcher en caravane jusqu'à cette ville, ou nous devions reprendre les barques, à ma grande satisfaction ; car c'était la première fois que je montais à chameau, et cela ayant duré quatorze jours consécutifs, j'avais les reins extrêmement fatigués. Dans la plupart des pays que nous venions de traverser, ainsi qu'à Berber, le Nil est encaissé et ne déborde pas assez généralement pour féconder la terre; seulement, sur ce point, il tombe déjà, au moment de la saison des pluies, quelques ondées qui favorisent la fertilité du sol. Malgré cela, les maisons sont encore construites en terre et couvertes en terrasses.

Les principales céréales sont le doura, le froment et l'orge; les dattiers deviennent rares et les acacias plus nombreux. Mekkeri est un amas de constructions faites sans ordre, comme toutes les villes de la vallée inférieure du Nil. Cependant cette ville possède quelques rues plus spacieuses que les cités de l'Égypte, et ses maisons sont plus proprement bâties, quoique basses et petites; le sol des plus belles rues n'est que du sable mouvant, aussi la marche y est-elle très-pénible.

En traversant cette ville pour gagner le lieu de notre campement sur la rive du Nil, nous fûmes abordés par des courtisanes, la plupart Égyptiennes, qui, très-ostensiblement et sans s'inquiéter de nombreux témoins, vinrent nous faire leurs offres de service. Au reste, les indigènes paraissaient y prêter fort peu d'attention. L'insuccès des courtisanes, ce jour-là, ne les rebuta pas, et nous les retrouvâmes le lendemain matin dans leurs plus beaux atours, à la porte même de nos tentes. Elles n'étaient nullement intimidées par la présence de nos gens, des chameliers, des soldats et des autorités de la ville, qui étaient venues pour nous faire visite. On dit sévèrement à ces femmes de se retirer; elles ne bougèrent pas; on les menaça du bâton; mais la menace ne produisit quelque effet sur elles que lorsqu'elles virent prendre en main l'instrument de correction. Elles se décidèrent alors à s'éloigner lentement; mais elles s'arrêtèrent bientôt et s'assirent dans un champ de blé, à quelques pas de nos tentes. Il fallut de nouvelles injonctions pour leur faire définitivement quitter la place.

A côté de ces femmes impudiques brillamment accoutrées de chiffons turcs et parfois voilées, on en voyait d'autres passer, presque nues et le visage découvert; celles-ci nous regardaient sans affectation et par simple curiosité. Parmi elles on voyait de belles jeunes filles qui pour tout costume n'avaient que le raad, dont les franges fines, en tombant tout autour des hanches, remplissent bien juste le but que ce vêtement doit atteindre. Malgré leur nudité presque complète, ces jeunes personnes circulent sans crainte et sans affectation entre les hommes; mais, si l'on s'avisait de leur adresser quelques paroles équivoques, elles seraient bien vite effarouchées et s'enfuiraient timidement.

Il semble qu'à mesure qu'on s'éloigne de la domination turque, de l'asservissement égyptien, les peuples prennent plus de fierté et plus d'indépendance : les dernières populations de Berbery que nous avions traversées se montrent plus fières que celles de la basse Nubie, qui elles-mêmes le sont davantage que celles de l'Égypte.

En même temps que l'homme devient plus fier, il se montre aussi plus affable, plus prévenant, comme si son indépendance plus grande lui commandait à un plus haut degré cette qualité. Il y a aussi une nuance bien sentie entre les habitants de Berber et des rives du Nil et ceux des oasis de l'est, les Bicharry. Quoique appartenant à un même peuple, les premiers ont des manières plus prévenantes, ils sont plus réservés, plus positifs; les seconds sont plus rudes, plus indépendants, ils ont un air plus alerte et quelque chose d'une fierté sauvage, bien qu'affables quand on s'adresse à eux; nuances que justifient d'ailleurs la vie errante des uns et la vie sédentaire des autres.

Parmi ces peuples, il est des individus dont le teint est moins foncé; on nous dit que ce sont des Arabes, habitant des contrées voisines et plus à l'ouest. Leur teint paraît plus clair, soit qu'appartenant aux dernières émigrations de l'Arabie, ils n'aient pas encore eu le temps d'acquérir la teinte foncée du pays, soit que, vivant dans des pâturages plus éloignés du Nil, ils soient moins exposés aux causes qui produisent la couleur noire. Tous sont un peu maigres; ils ont plus particulièrement le regard vif, l'œil noir, le nez prononcé, quelquefois légèrement aquilin, le front assez grand, mais un peu fuyant, le bas du visage étroit. La maigreur et le teint plus ou moins foncé en brun rouge sont des qualités qui tiennent très-probablement l'une à leur sobriété, l'autre à l'action du climat africain.

Le 15 février, dans le courant de la journée, nous prîmes place à bord de la barque du gouverneur de Kartoum, qui avait été envoyée à notre rencontre; c'est ce qu'il y avait de mieux dans tout le pays. Elle portait deux grandes voiles latines sur de longues vergues obliques; les deux mâts qui soutenaient ces vergues étaient placés l'un au milieu, l'autre à l'avant. Un troisième, beaucoup plus petit, était à l'arrière et portait le pavillon turc. À cette extrémité de la barque il y avait deux chambres disposées en dunette, au-dessus du pont; le milieu était ombragé par une tente, l'avant était consacré à la cuisine et aux matelots.

Notre première journée de navigation fut pénible; il n'y avait pas suffisamment de vent, et il fallut haler la barque pendant la plus grande partie de la journée. Nous fûmes arrêtés au-dessous de l'embouchure de l'Ad-Damer, point où le lit du fleuve est obstrué par des rochers d'autant plus dangereux qu'un certain nombre ne paraissent pas au-dessus de l'eau. Un bon vent s'étant élevé dans la nuit, nous permit, le matin, de franchir ce mauvais passage, au-dessous duquel nous vîmes l'embouchure de l'Ad-Damer ou l'Astaboras des anciens. C'est le premier affluent du Nil que l'on rencontre depuis son embouchure, après un développement d'environ trois mille kilomètres. A l'inverse des autres fleuves, le Nil, après s'être égaré dans de vastes contours à travers les déserts et avoir longé l'Égypte, se trouve moins volumineux au Caire, près de son embouchure, que dans la haute Nubie, attendu qu'il doit abreuver les régions désertes qu'il traverse, fournir à l'évaporation et à l'arrosement considérable qui se fait tout le long de son cours. Aussi on peut se figurer la largeur importante que ce fleuve présente ici dans certains endroits.

Nos matelots semblaient se faire une partie de plaisir de la navigation; quand cela était nécessaire, on les voyait se mouvoir avec ardeur; mais, quand le vent était bon et que le halage devenait inutile, ou bien le soir, quand le bateau était amarré à la rive, nos matelots se réunissaient en cercle. Le son du tarabouka, qui était toujours de la partie, commençait à se faire entendre, on chantait, on improvisait, l'un d'eux faisait des récits avec pantomime qui paraissaient beaucoup amuser les autres; la gaieté et l'insouciance se montraient sur tous les visages; le plus souvent on entendait un chant mélancolique qui se modulait à travers les battements précipités du tarabouka. Pour nous, ce chant était quelquefois fort peu agréable; d'autres fois il n'était pas sans charmes. Il arrivait aussi que c'était la danse qui faisait les frais de la réjouissance. Chez ces hommes, elle ne m'a pas paru aussi grossièrement sensuelle qu'en Égypte et dans l'Asie Mineure, où celle des Turcs atteint un degré d'obscénité repoussante.

Quand il se présente un travail à faire où il faut l'entente simultanée de plusieurs individus pour produire l'unité dans l'action, c'est encore par un chant qu'ils règlent le mouvement, en répétant indéfiniment quelques syllabes que j'ai souvent entendu prononcer ainsi : hê-hê-lâ-hâ-çà, et qui, répétées indéfiniment, servent à donner de l'unité dans le mouvement des rames.

De mon côté, je profitais des lenteurs causées par les moments de calme ou les accidents du fleuve pour visiter ses rives en les remontant à pied. Ces excursions étaient pour moi d'un bien plus grand intérêt que le séjour inactif sur la barque. Elles me firent reconnaître que la rive gauche du Nil est privée d'habitants. Pourtant, des maisons désertes, des champs où le sillon commence à s'effacer sous l'action d'un certain nombre d'années d'abandon, indiquaient qu'il y avait eu jadis, sur cette terre, une population florissante. On reconnaît çà et là les rigoles d'un arrosement artificiel. Aujourd'hui, les mimosas se montrent seuls sur cette terre solitaire; les herbes sauvages mêmes ne peuvent y végéter sans le secours de l'arrosement artificiel.

Une fois rentré sur la barque, j'appris que les populations qui habitaient jadis ces contrées avaient dû abandonner leur patrie et s'enfuir dans le Kordofan, pour se soustraire aux exactions qui suivirent la conquête de ce pays par Méhémet-Aly, sous l'administration du cruel Defterdar-Bey, gouverneur du Soudan égyptien.

L'un de nos matelots avait à bord une femme et sa petite fille; le costume de cette femme était fort simple : il consistait en un collier, des bracelets et un morceau de linge autour des hanches. La petite fille était encore moins vêtue; elle portait au cou un collier à trois rangs, auquel pendait une amulette, et un autre collier simple autour des hanches, qui soutenait également une amulette à la jonction du ventre et des cuisses.

L'amulette joue un grand rôle chez ces peuples. Les Nubiens la portent soit au coude ou à la jambe, au moyen d'un bracelet, soit pendante sur leur poitrine ou devant les parties sexuelles, soit aux cheveux ou même sur toute autre partie du corps qui aurait besoin d'un préservatif spécial contre des charmes, des penchants ou la séduction. Ces amulettes consistent en quelques phrases du Coran, renfermées dans des sachets de cuir primitivement rouges, mais noircis par l'usage; elles sont considérées comme un talisman propre à préserver des maladies, des accidents ou même des péchés auxquels elles ont trait. Les Nubiens possèdent ordinairement un certain nombre de ces sachets, desquels ils font usage ensemble ou séparément, suivant les dangers qu'ils veulent prévenir; et, dans le cas où le sachet ne produit pas l'effet voulu, c'est que la personne qui le porte n'était pas dans un état de pureté suffisant pour mériter les grâces de Dieu.

A propos de la femme dont je viens de parler, je ne dois pas omettre de citer un trait de mœurs bien extraordinaire. On vint me dire qu'elle avait vendu son premier enfant pour le collier qui ornait son cou. Je ne voulus pas le croire, et j'allai lui demander moi-même si le fait était vrai. Elle me répondit oui, d'un ton très calme et le sourire sur les lèvres. Évidemment elle ne pensait pas avoir fait là un acte qui fût de nature à provoquer la moindre critique.

— Mais, lui dis-je, ce n'est pas tout ce que vous avez reçu en échange de votre enfant; on vous a peut-être donné encore vos bracelets et le collier que porte votre autre enfant, ou bien de l'argent?

— Non, répondit-elle, mon collier est bien beau, il vaut beaucoup d'argent.

Le collier était en verroterie de Venise, il avait pu coûter cinq sous, et dans la Nubie il représentait une valeur de cinq à six piastres, ou vingt à vingt-cinq sous. Que conclure de là? Le sentiment maternel ferait-il défaut à ces femmes, ou bien considéreraient-elles l'esclavage comme un bienfait ?

Après avoir tourné dans ma pensée le dilemme de ces deux hypothèses, je ne pus m'arrêter ni à l'une ni à l'autre. Le sentiment maternel est si bien dans la nature, qu'il n'est pas une espèce qui en soit dépourvue; l'amour de la liberté est tellement général, qu'il n'est pas un être qui ne la recherche. Il y avait donc là quelque chose que je ne pouvais m'expliquer. Je retournai vers cette mère, dans l'espérance de trouver le mot de l'énigme. Après un assez long entretien, voici en substance comment se résuma le mobile de sa conduite :

« N'ayant pas le moyen de nourrir ma petite fille, j'ai trouvé une bonne occasion, un maître qui devait la rendre heureuse, tandis qu'en restant avec moi, elle n'aurait pas été sûre d'avoir chaque soir son pain, ainsi que me l'a fort bien dit son bon maître. Puis, lorsque j'aurais trouvé un autre mari, il aurait toujours voulu s'en défaire, je n'aurais pu m'y opposer, et l'occasion pour la placer aurait peut-être été moins belle; maintenant je sais que *sa vie est assurée.* »

D'ailleurs les soins que cette mère prenait de son autre enfant disaient assez que la faiblesse de son intelligence, l'étroitesse de ses vues étaient les seules causes de cet acte. Ce fait et d'autres analogues semblent indiquer que la politique de l'asservissement consiste à préconiser l'esclavage aux yeux du vulgaire comme un moyen d'avoir une vie assurée et délivrée de soucis, et de le présenter comme un avenir pour quiconque n'a pas de fortune, ce qui semble, en effet, avoir quelque apparence de raison en voyant la position faite à certains esclaves en Orient. D'autre part, la situation de la femme est si rapprochée de celle de l'esclave, qu'elle ne peut voir une grande différence entre les deux états.

Ce fait d'une femme vendant son enfant pour lui assurer un pain chèrement gagné me rappela un résultat de l'esclavage domestique que rapporte le jésuite Gumilla, et qui, bien qu'ayant trait à une autre contrée, peint assez bien la condition des femmes dans l'Afrique septentrionale, et particulièrement dans l'Afrique musulmane, car la femme est moins mal traitée chez les nègres. Voici ce fait : « Une femme des bords de l'Orénoque, nouvellement convertie à la religion chrétienne et qui avait, d'ailleurs, de l'esprit et des vertus, avait fait mourir sa fille, qui venait de naître, en lui coupant l'ombilic trop près du corps. Le jésuite lui faisait envisager toute l'horreur d'une pareille action, et lui adressait les plus vifs reproches. Après l'avoir écouté, les yeux fixés vers la terre, elle lui répondit : — Plût à Dieu, mon père, plût à Dieu que ma mère m'eût soustraite dès ma naissance à toutes les peines que j'ai déjà éprouvées et à toutes celles que j'aurai encore à souffrir tant que je vivrai! Considérez, mon père, notre déplorable sort. Nos maris n'ont d'autres soucis, d'autres fatigues que d'aller à la chasse, tandis que nous, nous travaillons le long du jour, en portant un enfant dans un panier et un autre pendu à notre sein. Ils vont à la pêche pour se divertir; nous, nous labourons la terre, et, après l'avoir arrosée de nos sueurs pour la rendre féconde, nous sommes encore obligées de faire la moisson. Le soir, ils reviennent sans fardeau ni embarras, et nous, nous rentrons chargées de nos enfants. Revenus chez eux, ils se récréent avec leurs amis, tandis qu'il nous faut aller chercher du bois et de l'eau pour leur préparer à souper. Après leur repas ils s'endorment tranquillement, et nous, quoique excédées des fatigues de la journée, loin de pouvoir nous reposer, nous travaillons encore la nuit à moudre du maïs pour leur faire du *chica*. Ils boivent, et, quand ils se sont enivrés, ils nous battent, nous traînent par les cheveux et nous foulent sous leurs pieds. Il est bien dur d'être traitée en esclave par son mari et de ne pas pouvoir trouver un peu de repos dans sa maison, quand on a sué tout le long du jour en travaillant à la terre. Et qu'avons-nous pour nous consoler ou nous dédommager d'un esclavage qui n'a pas de fin? Après vingt ans de peines et de souffrances, on n'a plus pour nous le moindre égard; on nous méprise même, on nous substitue une jeune femme à laquelle il est permis de battre et d'insulter nous et nos enfants. Ces jeunes femmes, sans expérience, dont ils deviennent follement épris, prennent sur nous un ton d'autorité, nous traitent comme leurs servantes; et le moindre murmure qui nous échappe est bientôt étouffé par des coups. Une pareille tyrannie est-elle supportable? Pouvons-nous donner à nos filles une plus grande marque de tendresse que de les délivrer d'une semblable existence, mille fois pire que la mort? Oui, je le répète, plût à Dieu que ma mère m'eût mise sous terre au moment où je suis née! »

Ce douloureux exposé de la situation de la femme chez les Indiens de l'Amérique du Nord, ne serait pas moins justifié dans plusieurs contrées de l'Afrique.

Presque partout où n'a pas pénétré une civilisation avancée le fort a abusé du faible et l'homme de la femme, et, faut-il le dire? quelquefois même le père de l'enfant. Telle est cette logique égoïste qui, sous prétexte d'insuffisance de ressources, conduit l'homme à vendre son propre enfant pour lui assurer, soi-disant, une position. Les malheureux qui poussent jusqu'à ce point l'égoïsme ou le déraisonnement ne songent pas que, quelle que soit la gêne passagère, elle est encore cent fois préférable à l'esclavage pour la vie.

CHAPITRE IV

MÉROÉ

Le parti qu'il fallut prendre. — Marche de nuit. — Incident. — Emplacement de Méroé. — Nécropoles de pyramides. — Age différent des pyramides. — Le sanctuaire. — Sujets des décorations. — Caractère des sculptures. — Sujet d'origine égyptienne. — Je rejoins la dahabié.

En remontant le Nil, au-dessus de l'Atbarah, nous avions à notre gauche l'ancien territoire de Méroé, et le 17 février nous devions passer devant l'emplacement de sa capitale. Je m'étais aperçu avec regret que personne de mes compagnons de voyage ne songeait à s'arrêter en ce lieu, parce qu'un gouverneur turc, dont nous avions la barque, nous attendait à Chendy. Remettre cette visite à mon retour était chanceux; mais que faire? Ma nuit ne fut pas tranquille; notre barque était amarrée à quelques lieues seulement de ces ruines, et, si le vent lui était propice, je n'aurais pas même le temps de jeter un coup d'œil à tout l'ensemble; car le principal groupe des pyramides est à près d'une lieue du Nil. En outre, d'autres ruines de cités antiques existent plus au sud, loin dans le désert; et, en suivant l'expédition, il m'eût certainement été impossible de les examiner. D'ailleurs, par diverses circonstances, et en particulier par la scène de l'Anglais avec mon compagnon de voyage, M. Kovalewski, je m'étais aperçu qu'il fallait peu compter sur la complaisance de celui-ci; de plus, j'avais déjà vu poindre en lui de fâcheux sentiments de rivalité en raison des études auxquelles je me livrais. Je pris donc la résolution de faire bande à part, au moins jusqu'à Kartoum, afin d'étudier l'intéressante île de Méroé.

Ce parti adopté, il fallait le mettre à exécution sans retard, si je ne voulais courir le risque de ne pas voir les restes de la capitale de Méroé; mais, comme je ne pouvais me procurer des chameaux qu'à Chendy, il fallait pour le moment prendre un autre parti. La nuit était belle, l'air calme; il me sembla que je pouvais m'aventurer seul sur les bords si paisibles du fleuve, et qu'en partant de suite je pourrais peut-être rejoindre la barque à son passage, après avoir visité les ruines. J'éveillai donc le reis pour le prier d'amarrer le soir suivant sa barque sur la rive du fleuve où j'allais débarquer. Dans le cas où je ne me trouverais pas au bord du Nil, en face de Méroé, au moment de son passage, je pourrais certainement la rejoindre le soir, si ce jour-là le vent n'était pas plus favorable que la veille. Donc, sans éveiller personne autre, je m'aventurai dans le pays. D'après les instructions du reis, en marchant à l'est des cultures à la limite du désert, je ne pouvais manquer de rencontrer les pyramides ou les tarabyles, comme on les appelle dans le pays, et du point où nous étions je ne devais les atteindre que vers le jour. Pendant longtemps, je cheminai solitairement dans le silence de la nuit ; parfois des formes bizarres de cette étrange nature m'intriguaient un peu, mais rien ne vint entraver ma marche ; j'aperçus à plusieurs reprises les cabanes de quelques villages, et je m'en écartai prudemment pour ne pas attirer l'attention des habitants. Soit que j'eusse marché d'un pas bien déterminé, soit que le reis se fût trompé sur l'éloignement des pyramides, j'aperçus en avant à ma gauche leurs sommets, qui se détachaient sur l'horizon, avant que l'aurore n'eût montré ses premières lueurs.

Le jour n'étant pas venu, je m'étendis sur le sol, pour prendre un peu de repos et de nourriture, dont je m'étais pourvu afin d'être plus libre de mon temps. Ensuite je passai quelques instants tout entier au bonheur que j'allais avoir de contempler ces restes célèbres. Après quelque temps de repos, le cours de mes réflexions fut interrompu ; il me sembla entendre du bruit. J'écoutai : le bruit approchait, on venait de mon côté. Bientôt j'aperçus trois cavaliers montés sur des chameaux et quelques personnes à pied. Sans savoir quel était leur but ni leur intention, je jugeai prudent de rester dans l'obscurité, en me tenant en garde. Leur marche silencieuse m'inquiétait; ils arrivèrent près de moi, mais continuèrent leur route sans m'apercevoir. Le jour s'étant montré, je me mis à visiter les ruines.

L'emplacement de cette cité se reconnaît par quelques monceaux de débris. Les plus apparents ne s'étendent que sur une longueur d'un peu plus d'un kilomètre, du nord au sud, et sont séparés du Nil par une distance moindre. Çà et là on voit des pans de murs, des restes de colonnes et de piliers, dont il est assez difficile de bien préciser la destination; il faut toutefois en excepter un reste de pylône, qui, par ses larges proportions, accuse la disparition d'un grand temple. Du côté du Nil, on voit des restes de constructions qui font présumer que le temple s'étendait dans cette direction; puis, à une centaine de mètres, des parties de murs qui paraissent appartenir à une vaste enceinte. Du côté opposé, c'est-à-dire à l'est du pylône, on trouve quelques débris de lions taillés en sphinx qui semblent avoir fait partie d'une avenue conduisant à la porte du temple; celle-ci est à l'opposé du Nil et des terres cultivées qui le bordent. Tout le surplus de ces ruines ne présenterait de l'intérêt qu'autant qu'on aurait la possibilité d'y pratiquer des fouilles.

Les ravages et les dévastations des hommes et du temps ayant passé par là, je dirigeai donc promptement mes pas vers les pyramides que j'avais vues et qui, par leurs formes massives et leur éloignement du Nil, avaient mieux résisté à ces outrages. En allant de ce côté, je rencontrai encore des restes de temples et d'autres constructions.

A environ un kilomètre des premiers restes de la ville dont j'ai parlé, et en s'éloignant dans le désert à l'est, on voit un premier groupe de pyramides qui était probablement à la porte de cette cité, comme sont encore aujourd'hui les tombeaux, dans la plupart des villes d'Orient ; tels sont ceux des kalifes et des mamelouks au Caire, dont quelques-uns, par leur grandeur, sont de véritables mosquées, de véritables monuments religieux, fréquentés par le public.

Ces pyramides n'offrent guère plus d'intérêt que celles de Nouri, près de Napata ; seulement elles ont mieux conservé leurs parements, ce qui paraît tenir à une nature de grès moins friable. Un certain nombre offre encore des traces de sanctuaire et même d'enceinte ; ces pyramides ont les arêtes taillées en bandeaux comme celles du mont Barkal, que j'ai eu le temps d'étudier plus complétement, et que je décrirai plus en détail. Les parements de huit ou dix de ces monuments sont encore assez bien conservés, le surplus peut se comparer aux pyramides de Nouri, dont les surfaces et les formes sont plus détériorées. Le nombre de ces édifices existant en ce lieu paraît avoir été très-grand ; mais leurs dimensions très-variées ne dépassent guère dix mètres de base pour les plus grandes. A en juger par les nombreux restes plus ou moins détériorés, il a pu exister sur ce point de quatre-vingts à cent de ces pyramides, dispersées irrégulièrement sur un espace de deux à trois cents mètres de côté. Parmi elles, il en est qui ne sont plus qu'un amoncellement de pierres brutes, posées sans ordre.

De ce point, je me dirigeai vers un autre groupe de pyramides situé à environ deux kilomètres à l'est, près d'une chaîne de montagnes de grès de même nature que celui du désert de Korosko. Celles-ci sont réparties sur deux monticules. Celles du monticule nord sont les mieux conservées et semblent appartenir à l'époque la plus récente. Celles du monticule sud, au contraire, paraissent être plus anciennes même que celles qui sont près des ruines de la ville ; elles ne comportent pas de bandeaux sur les arêtes. On remarque également, sur ce point, certains restes qui paraissent n'avoir été que de simples entassements de pierres brutes ; peut-être sont-ce des restes de pyramides détruites.

Les pyramides du nord m'ont paru les plus récentes, aussi bien par leur meilleure conservation dans l'ensemble que par leurs parements de taillage ; ce sont aussi celles qui possèdent les sanctuaires les mieux conservés et des bandeaux d'angle de même style qu'au mont Barkal. Ce concours de circonstances tend à montrer qu'elles doivent être les plus récentes, tandis que les plus simples sont en même temps les plus détoriées dans chacune des localités de l'Éthiopie où on les rencontre. L'antériorité de la pyramide simple sur la pyramide à bandeaux semble donc très-probable.

Il est à remarquer que tous les sanctuaires sont tournés du côté du soleil levant, quelques degrés sud, à peu près au point où cet astre montre ses premiers rayons, en apparaissant au-dessus des montagnes de grès. Ces pyramides ont, en général, des dimensions plus fortes que celles plus rapprochées de la ville : les bases des plus grandes atteignent une vingtaine de mètres de côté.

Deux de ces pyramides diffèrent des autres; l'une comporte une retraite au premier tiers de sa hauteur, et a ses faces plus verticales; l'autre a son sanctuaire pratiqué dans l'intérieur même de la pyramide; il semble voûté; mais cette courbure est, en réalité, taillée dans des assises horizontales, qui ne forment qu'une sorte d'encorbellement. Un autre sanctuaire est voûté comme ceux du mont Barkal, mais selon une courbure surbaissée. Cette véritable voûte qui se trouve au mont Barkal, dans les pyramides les mieux conservées, est encore une raison de plus tendant à démontrer que ses pyramides appartiennent effectivement à l'époque la plus récente de ces monuments. Quelques-uns des sanctuaires présentent deux et même trois pièces à la suite les unes des autres. La plupart des sujets qui les ornent sont analogues à ceux que représentent nos dessins du mont Barkal. Ces sculptures ou plutôt ces dessins, car ils n'offrent que de très-faibles reliefs et quelquefois une sorte de gravure en traits creux, représentent en général des offrandes, des convois funèbres, ou une sorte d'apothéose du défunt. Le sujet principal des faces latérales intérieures est un monarque assis sur son trône et regardant du côté de l'entrée du sanctuaire. Il est d'une proportion aussi grande que le comporte la paroi du mur sur laquelle il est représenté. Derrière ce personnage est une figure symbolique d'Isis, quelquefois d'une autre déesse qui paraît veiller sur lui; elle a des ailes appliquées aux bras et les tient l'une levée, l'autre baissée; en avant du souverain sont un ou deux personnages qui lui font des offrandes. Ces derniers sont de proportion telle, que, debout, ils ont au plus la hauteur du souverain assis. Dans plusieurs de ces sujets, on voit, en outre du groupe principal, soit en arrière, soit à la place des personnages qui font l'offrande, trois, quatre ou cinq rangs d'autres petits personnages au-dessus les uns des autres. Cette multitude vient rendre hommage au souverain ou lui apporte des présents. Quelques-unes de ces petites figures sont tournées vers les arrivants, et reçoivent ou inscrivent les présents; comme

SUJETS DES DÉCORATIONS. 219

dans le sujet principal, on y remarque certains personnages portant les insignes du pouvoir ou des divinités. Il en est qui ont, comme sur les monuments égyptiens, des têtes symboliques d'éperviers, d'ibis, de chacals, de lions, d'uréus, de béliers, etc., et qui sont coiffés des attributs des divinités. Parmi ces sujets, on voit un certain nombre d'inscriptions hiéroglyphiques plus ou moins mutilées et incomplètes, ainsi que des cartouches; mais les noms qu'on y lit sont restés inconnus et ne peuvent encore être classés par ordre de règne dans l'histoire. Plusieurs raisons indiquent seulement qu'ils appartiennent à des époques récentes, relativement à la civilisation égyptienne. Parmi ces noms pourtant, on trouve celui d'une reine du nom de *Kantahè* qu'avec beaucoup de bonne volonté on pourrait peut-être identifier avec celui de Candace.

Sur les pylônes, on voit quelques sujets du genre de ceux que comportent les monuments de l'Égypte. Ce sont des personnages de grande dimension, conduisant par un lien, ou supportant d'une main par les cheveux, un groupe nombreux de captifs de petite proportion, et de l'autre les taillant en pièces. Ces personnages, qui, sur les monuments égyptiens, sont toujours des souverains, sont parfois ici des reines. Les vêtements sont plus riches et les formes plus lourdes que sur les monuments égyptiens. Ces reines ont des hanches très-développées et des formes puissantes : on pourrait, je crois, dater de cette époque l'invention de la crinoline ou mieux des paniers du siècle dernier, qui étaient plus spécialement destinés à développer les hanches. Il semblerait qu'alors on visait déjà au genre de beauté admis actuellement par les Arabes de beaucoup de contrées; ils sont d'autant plus fiers de leurs femmes qu'elles sont plus grasses et plus puissantes.

On remarque ici que les sujets intérieurs représentent toujours des offrandes ou des apothéoses relatives au défunt; tandis que les pylônes ou faces extérieures reçoivent des sujets relatifs à la vie active des mêmes personnages.

La plupart de ces pyramides ont les faces taillées en glacis dans la partie supérieure sur un quart à peu près de leur hauteur, tandis que la partie inférieure reste en forme de gradins sur lesquels on peut monter. Les parties taillées en glacis, vers le sommet de la pyramide, paraissent avoir eu pour but d'empêcher qu'on ne pût atteindre facilement le haut de l'édifice, et de le préserver ainsi, autant que possible, de toute profanation.

Une seule de ces pyramides a ses faces taillées en glacis sur toute la hauteur, et c'est précisément celle qui est la mieux conservée, et la seule qui ait gardé son couronnement intact. Il se compose d'une pierre ayant la forme de deux petites pyramides à base commune et dont l'une est renversée. Une autre particularité que l'on remarque encore à quelques-unes de ces pyramides, c'est une niche carrée, imitant une ouverture, comme une lucarne pratiquée près du sommet de la face qui reçoit le sanctuaire.

L'allégorie par laquelle les Égyptiens ont voulu donner une grande idée de la puissance d'un roi, en le représentant sous des proportions colossales relativement aux personnes qui l'entourent, a quelque chose d'un peu comique, appliquée aux reines éthiopiennes. En effet, les puissantes formes qu'on a données à celles-ci, pour suppléer au caractère mâle qui leur manque, rappellent la physionomie d'un personnage grotesque dont, comme tant d'autres, je me suis égayé dans mon enfance. Je veux parler de la mère Gigogne. L'adjonction d'un groupe de pygmées auprès de ces énormes reines contribue surtout à rendre le rapprochement sensible, à cette différence près que ces petits personnages ne paraissent nullement l'objet d'une tendresse maternelle. Ils sont, en effet, représentés liés par le cou et par les coudes, et tenus ainsi comme en laisse par la grande figure, qui, en outre, de l'autre main les perce d'une javeline semblable à celle dont se servent encore aujourd'hui les Berbery. La pointe de cette arme, plantée par derrière sur l'épaule de l'un d'eux, ressort par devant, au bas de la poitrine. Cette blessure, néanmoins, n'a pas l'air de troubler celui qui la reçoit; car il a la même expression de physionomie que ses camarades. On peut en dire autant des personnages de chacun des tableaux : qu'ils reçoivent ou qu'ils offrent de l'encens et des présents, qu'ils donnent la mort ou qu'ils la subissent, l'expression des traits reste la même; le geste, l'attitude, donnent seuls une idée de l'action. Le manque de grâce et de finesse dans l'exécution atteste une sorte de décadence de l'art égyptien. Les poses naïves, presque toujours de profil, étaient un genre qui avait reçu une sorte de consécration chez les Égyptiens. Il semble que la religion, née avant l'art, avait déjà adopté ces figures simples et naïves, lorsque ce dernier, que possédaient incontestablement les Égyptiens, vint les mettre à même de perfectionner la représentation des figures des dieux et des héros; mais il était trop tard; cette modification apportée dans la forme sous laquelle on était habitué de représenter la divinité eût été une profanation. La religion en eût, en quelque sorte, reçu une atteinte. Ce genre de figures fut donc conservé. Il avait, du reste, un autre avantage : son exécution facile en faisait une sorte d'écriture soumise à des règles simples et praticables par un grand nombre d'ouvriers. On verra plus loin que les Éthiopiens firent dans d'autres édifices un premier pas pour sortir de cette naïveté de formes consacrées.

On remarque aussi, dans certains sujets de Méroé, des serpents enlacés, et dans d'autres ces barques symboliques employées communément dans les cérémonies funèbres en Égypte. Ce symbole semble avoir pris naissance à Thèbes, où les habitants de la rive droite, et même ceux de l'autre rive, étaient obligés, pendant l'inondation, de transporter leurs morts en barques, pour les conduire à la nécropole de Thèbes, située dans la chaîne Libyque. Ici encore, Méroé n'avait fait qu'emprunter ce symbole à l'Égypte.

Après avoir passé toute ma journée à explorer ces ruines et à recueillir quelques documents, le soleil commençait à baisser, et je n'avais pas aperçu, comme je l'espérais, la longue vergue de notre barque qui devait m'indiquer son passage en face de Méroé. Ne sachant de quel côté tourner mes pas, je parcourus encore une fois les ruines en me dirigeant droit sur le Nil, où j'espérais avoir des renseignements sur mes compagnons de voyage.

En approchant du fleuve, je reconnus encore quelques fragments de béliers qui, selon toute apparence, formaient l'avenue de l'un des temples, dont les nombreux débris annoncent en effet l'existence en ce lieu. Au moyen de quelques fouilles, on pourrait probablement en relever le plan, bien qu'on n'aperçoive actuellement que quelques traces de murs et de colonnes au-dessus du sol. Toutefois, l'inspection seule des emplacements des principaux temples et palais de Méroé indiquent suffisamment qu'ils étaient bien moins vastes que ceux de Thèbes.

Quelques personnes que je rencontrai sur les bords du fleuve m'apprirent que notre barque avait passé devant Méroé depuis plusieurs heures. J'étais trèsfatigué, et ce contre-temps me contraria beaucoup; j'espérais du moins la trouver amarrée non loin en amont. La nuit tombait, et, au lieu de me reposer, il fallut me remettre en route.

Pendant longtemps je cheminai sur la rive du fleuve sans rien rencontrer, je craignais presque d'avoir dépassé notre embarcation; pourtant, me disais-je, il n'y aurait pas grand inconvénient à me trouver en avant, tandis qu'il y en aurait beaucoup à me trouver en arrière. Je marchai donc encore, mes jambes semblaient se mouvoir mécaniquement, tant j'étais rompu par la fatigue; enfin j'aperçus cette bienheureuse barque, amarrée sur la même rive où je me trouvais, ainsi que je l'avais recommandé au reis; tout le monde, à bord, était plongé dans le sommeil, et je ne tardai pas à faire comme les autres.

CHAPITRE V

CHENDY. — MORT TRAGIQUE

Ville détruite. — Petite cause de grands événements. — Orgie funeste. — Les convives brûlés. — Atroce vengeance. — Palais nubien. — Cérémonial. — Diner turc. — Départ pour Naga.

Le 18 février, lors de notre arrivée à Chendy, le gouverneur mit à notre disposition un palais de boue sèche, situé non loin du fleuve. L'ancienne cité a été ravagée par les troupes de Méhémet-Aly, lors de sa conquête. Sur son emplacement on ne voit actuellement que deux édifices : celui qui fut mis à notre disposition, et une espèce de forteresse ou plutôt de caserne, où le gouverneur a une résidence sur le bord du fleuve. On y voyait, en outre, à quelque distance à l'est, un petit groupe de maisons, qui sont précisément celles où fut cerné et brûlé vif Ismaïl-Pacha, fils de

Méhémet-Aly, et chef de l'expédition conquérante. Tout le reste de la ville fut détruit et rasé de manière à en faire un champ de culture, à l'exception de ce groupe de cases, conservé comme un monument de la vengeance turque qui s'exerça de la manière la plus impitoyable. La ville actuelle a été reconstruite à deux kilomètres plus à l'est; mais elle n'est plus qu'un gros village.

Il est à propos de rappeler les circonstances qui ont précédé et amené le cruel acte de vengeance dont les conséquences furent si désastreuses pour le pays.

Tout cela eut cependant pour cause un incident encore moindre que le coup d'éventail du dey d'Alger, qui lui coûta si cher. Une pipe et une tasse de café que contre l'usage Ismaïl, dans son orgueil de conquérant, ne fit pas offrir au roitelet Nim'r, qui venait lui faire sa soumission, furent le point de départ du ressentiment qui amena de si funestes effets.

Les personnes qui nous racontaient toutes ces horreurs ne nous en firent point connaître la source; mais nous croyons la voir dans la première entrevue du roitelet Nim'r avec le prince Ismaïl, général des troupes conquérantes; entrevue dont fut témoin Cailliaud, qui suivait l'expédition égyptienne en 1821. A part de faibles combats, près de Dongolah, où l'arme européenne eut facilement raison de la lance berbère, les progrès de cette expédition ne furent qu'une sorte de marche triomphale, depuis la haute Égypte jusqu'aux premières montagnes des nègres. Là, la fortune changea, les Égyptiens reculèrent, et on peut même dire qu'ils ne durent leur salut qu'au manque d'unité dans l'action des nègres.

Ismaïl-Pacha se trouvait donc à la hauteur de Berber, sur la rive gauche, et près des États de Nim'r, lorsque celui-ci, effrayé par les rapides succès des troupes égyptiennes, envoya son fils dire à Ismaïl que sa province faisait sa soumission. Mais le pacha fit répondre au monarque éthiopien qu'il eût à venir lui-même.

Quelques jours après, ce souverain arriva dans une espèce de palanquin, porté par des chameaux; sa garde était composée de cinquante hommes armés de lances, de boucliers et de sabres; devant lui marchaient quatre hommes, dont deux portaient des lances et deux des cannes à grosse pomme d'argent. Après s'être prosterné plusieurs fois d'un air triste, il prit la main d'Ismaïl, la baisa dessus et dessous, et la porta à sa tête, en signe de soumission. Puis le malheureux roi, sur l'invitation qu'il en reçut, s'assit à terre en face du nouveau maître. On ne lui présenta ni la pipe, ni le café, selon l'usage.

Le pacha lui donna à entendre que sa visite était un peu tardive. Nim'r, dont l'audace était bien connue, supporta l'affront en silence, et répondit humblement qu'il était son serviteur. Au bout de dix minutes d'entretien, ou plutôt de silence, il sortit; le trouble de son âme était empreint sur sa figure; certes, faire l'abandon de ses États, le faire d'une manière si humiliante, et recevoir si peu d'égards devait être quelque chose de bien cruel pour ce souverain.

Il se rendit ensuite chez le kazenadar, officier de finances du pacha; là, il reçut la pipe et le café. Après être demeuré longtemps rêveur, Nim'r dissimula son ressentiment, et fit conduire en présent, au pacha, deux superbes chevaux abyssins, en retour desquels il en reçut un autre richement harnaché. Ces présents d'usage et réciproques ne firent pas oublier au souverain Nim'r l'humiliation qu'il avait reçue. Sur ces entrefaites, il rentra dans sa capitale aux acclamations de son peuple, mais son cœur était cruellement atteint.

Monarque naguère, il n'était plus qu'un lieutenant humilié du gouvernement égyptien.

Ismaïl continua sa marche triomphale dans le Sennar, et s'avança jusque dans le Fa-Zoglo, au sein des premières montagnes des nègres; mais là il fallut, comme je l'ai dit, reculer devant les difficultés de terrain et la défense hardie des indigènes.

Rebuté par cette résistance, fatigué par sa longue expédition et les rigueurs du climat, Ismaïl demanda à son père, le vice-roi d'Égypte, de le remplacer dans son commandement et de le rappeler en Égypte, où il comptait jouir de ses succès, ce qui lui fut accordé. Enchanté d'être rappelé, fier d'avoir exécuté avec de si faibles moyens tout ce qu'il était humainement possible de faire, et d'avoir porté l'étendard ottoman dans des contrées où les armes des Perses et des Romains ne purent jadis pénétrer, le jeune prince reprit tout joyeux la route du Sennar pour rentrer en Égypte.

A Chendy, il se laissa tenter par l'appât du plaisir que cette ville avait la réputation d'offrir aux voyageurs. Il eut tort de ne pas se contenter des plaisirs faciles; mais de se faire livrer de gré ou de force, pour lui et ses compagnons d'orgie, les femmes du pays qui lui convinrent. Ce procédé procura immédiatement des compagnons de vengeance à Nim'r. Puis, Ismaïl commit l'imprudence grave de s'éloigner du camp et d'aller, avec un petit nombre des siens, passer une nuit d'orgie et faire un banquet nocturne dans une maison de la ville. Là ils célébrèrent le bonheur d'être bientôt rendus à leurs foyers.

Le mépris souverain des Turcs pour la race conquise, et l'expression brutale et inconsidérée de ce mépris avaient gravement indisposé ces populations. Nim'r qui, depuis déjà longtemps couvait son ressentiment, n'eut pas de peine à trouver des complices, et, profitant de la nuit d'orgie pendant laquelle Ismaïl et les siens étaient plongés dans l'ivresse, les conjurés, Nim'r en tête, égorgèrent les gardes d'Ismaïl, incapables d'opposer une sérieuse résistance. Dans un instant la maison, dans laquelle se trouvait le général, fut entourée de paille et de fascines, ils y mirent le feu aux acclamations furieuses de la population soulevée. Dans un clin d'œil, un vaste incendie enveloppa la maison, où le jeune prince et ses amis périrent sans pouvoir se frayer un passage.

Les troupes du camp survinrent en toute hâte; mais il était trop tard, et elles ne trouvèrent plus que les restes calcinés de leur infortuné général. Ces tristes dépouilles furent transportées au Caire, où elles reçurent les honneurs de la sépulture. Un Grec, le premier médecin d'Ismaïl, avait été épargné; mais ce ne fut que pour subir une mort plus cruelle encore. on lui arracha d'abord toutes les dents, et elles furent partagées entre les principaux du pays, qui les serrèrent précieusement dans des petits sachets de cuir afin de les porter sur eux, en guise de talisman; car suivant la superstition de ce peuple, celui qui porte une dent de médecin n'a plus à redouter aucune maladie. A la suite de cette opération, l'infortuné docteur fut égorgé. Nim'r prit la fuite avec ses complices et se retira en Abyssinie.

Cette vengeance fut le prétexte des atrocités commises plus tard par le gouvernement égyptien. Méhémet-Aly donna ordre à Mohammed-Bey, son gendre, de tirer vengeance de la cruelle mort de son fils, et bientôt ce bey, d'un caractère cruel et sanguinaire, ne s'acquitta que trop bien de sa mission. Chendy et plusieurs villages furent incendiés et leurs habitants massacrés; une grande partie de la population, réduite en esclavage, fut envoyée sur les marchés d'Égypte. Cette excessive rigueur fit éclater un soulèvement général dans les provinces conquises, depuis le Sennar jusqu'à la basse Nubie. Ces nouvelles possessions se trouvèrent un instant compromises. Enfin Méhémet-Aly fit renvoyer dans leur pays ces malheureux réduits en esclavage, mais après qu'ils eurent été décimés par les maladies et les souffrances inséparables d'une dure servitude.

La bravoure et la renommée de Nim'r lui valurent, en Abyssinie, un accueil favorable de la part d'Oubi, roi du Sémen. Le pacha d'Égypte, tout en déplorant les odieuses exécutions de Defterdar-Bey, aspirait après les douceurs de la vengeance avec toute l'ardeur d'un Turc, et il fit toutes les instances et tous les efforts pour obtenir l'extradition du principal coupable; mais toutes ses démarches échouèrent et, pour s'en venger, bien qu'il ne pût songer à la conquête de l'Abyssinie avec les troubles qu'il s'était créés dans la Nubie, il autorisa ses troupes, établies sur les bords du pays chrétien, à faire des excursions contre les sujets d'Oubi. Il promit également une forte récompense à quiconque lui ramènerait Nim'r prisonnier; mais toutes ses promesses, tous ses efforts demeurèrent sans résultat. Cependant, après un certain temps, le roi de Sémen paraissant mieux disposé à écouter les propositions de Méhémet-Aly, Nim'r prit défiance d'Oubi, et alla se mettre sous la protection du Ras-Aly, autre souverain d'Abyssinie.

Toutes les instances du pacha d'Égypte furent donc vaines, et il ne put se venger que sur les innocents, sur le peuple et sur la ville.

Aujourd'hui, la nouvelle Chendy n'est guère qu'un village, situé plus loin du fleuve qu'elle ne l'était précédemment.

A notre arrivée dans ce pays, le gouverneur de Kartoum s'y trouvait. Il vint, avec sa nombreuse suite, nous faire une visite que nous lui rendîmes peu de temps après.

Son habitation est établie suivant une disposition qui semble adoptée pour toutes les habitations des chefs turcs et autres personnages appartenant au gouvernement actuel.

Sur l'un des côtés de la cour intérieure est un large porche ou vestibule ouvert sur toute son étendue, et auquel conduisent de larges degrés en terre soutenus par des piquets et des morceaux de bois. De chaque côté du vestibule sont de petites salles, sortes de corps de garde où se tiennent des soldats ou des domestiques.

En face s'ouvre la porte de la grande salle désignée sous le nom de divan. Elle forme un rectangle d'environ dix mètres de profondeur sur cinq de largeur, dont le fond fait avant-corps sur les jardins. La partie la plus voisine de l'entrée qui occupe à peu près le quart de la salle, est réservée aux serviteurs, qui s'y tiennent respectueusement debout, les bras croisés sur la poitrine ou la main posée soit sur un grand bâton, soit sur la poignée d'un sabre, suivant le rang qu'ils occupent dans la hiérarchie des gens de service. A droite et à gauche sont des portes communiquant avec les autres pièces du palais. La seconde partie de la salle, dont le sol est exhaussé de la hauteur d'une marche, constitue ce qu'on appelle le divan proprement dit, à cause d'une banquette qui règne sur les trois côtés, d'une manière continue. A partir de la marche, cette banquette est recouverte en partie de nattes et de coussins; ailleurs, elle laisse voir la terre dont elle est formée. Le pavé et les murs mal unis de la salle sont également en terre.

Le plafond est soutenu par des troncs de palmiers bruts en guise de poutres. Il est composé de perches, formant chevrons, lesquelles supportent des nattes grossières au-dessus d'un tissu de cordes à grandes mailles. Ces nattes reçoivent des fascines et une couche de terre qui forment la terrasse. Le mur du fond, ainsi que les deux parties des côtés faisant avant-corps sur le jardin, sont percés d'ouvertures garnies de grillages qui laissent circuler l'air. Au total, et sauf quelques coussins d'une médiocre confection, c'est à peu près l'aspect intérieur d'une grange de France! Pourtant à elle seule cette salle est le siége de tous les principaux services administratifs, réunis dans les mains d'un gouverneur absolu; ce qui ne l'empêche pas de servir, en outre, de salle à manger, et d'être en même temps le salon de réception pour les simples visites.

Peu après notre arrivée, on nous offrait le café. Deux serviteurs, l'un portant le plateau et les tasses, l'autre la cafetière, s'arrêtèrent dans la première partie de la salle, et versèrent le café, que d'autres serviteurs apportèrent tour à tour aux invités. On l'offrit d'abord à l'hôte, qui en but de suite, puis aux autres personnes, en commençant par les plus près du maître. Celui qui apporte le café le présente d'une certaine manière cérémonieuse, et la personne à laquelle il est destiné porte, avant de le prendre, sa main à sa bouche, puis à son front, et fait un salut en se tournant vers le maître de la maison, qui occupe ordinairement l'un des angles du divan, celui de droite.

Connaissant l'indifférence de mes compagnons de route pour ce qui touche aux antiquités et à l'archéologie, je vis qu'il était inutile de les engager à prendre la route de terre pour visiter les autres ruines que l'on rencontre dans l'intérieur du pays. Mais je restais, moi, parfaitement décidé à me séparer de l'expédition, au moins jusqu'à Kartoum. En conséquence, je profitai de cette visite pour demander au gouverneur un chameau et un chamelier, afin de me rendre aux ruines antiques qui abondent dans cette région.

Le gouverneur me répondit qu'il allait mettre à ma disposition une suite convenable; c'est-à-dire un luxe de personnel très-nombreux, et par suite très-embarrassant pour le but que je me proposais. Je le remerciai et j'insistai pour n'avoir qu'un seul chameau avec son conducteur.

Deux heures après être rentré à notre demeure, mon désir était rempli. On vint m'annoncer que mon chameau était prêt. Je m'empressai de retourner vers le gouverneur pour le remercier et lui faire mes adieux; j'arrivai au moment où il se mettait à table, avec notre colonel Yousouf-Effendy. Ils m'offrirent de partager leur repas; comme je sortais de dîner moi-même, je les remerciai; seulement j'acceptai le café pour être témoin de ce repas, en face duquel je me fusse, du reste, trouvé assez embarrassé. La table consistait en un tabouret n'offrant guère que la place d'un plat; elle fut apportée dans l'angle du divan, sur lequel les deux convives restèrent accroupis, deux cuillers de bois, placées sur un angle, formaient tout le couvert, encore furent-elles inutiles pour le moment.

Ces deux dignitaires se mirent à manger gravement avec leurs doigts. Un jeune homme était devant eux debout, et balançait incessamment une serviette pour chasser les mouches et agiter l'air. Quatre ou cinq autres serviteurs étaient aussi debout sur les côtés et derrière le premier; l'un d'eux tenait sur le bout de ses doigts une coupe hémisphérique en métal, toujours pleine d'eau. Un second, porteur d'une aiguière, remplissait de nouveau la coupe chaque fois qu'un des convives avait bu. Un autre domestique tenait un plat tout prêt à remplacer au premier signal celui qui occupait la table; un quatrième avait une serviette déployée sur les mains à l'usage des convives, qui s'en servaient tour à tour au besoin.

Le cuisinier ou maître d'hôtel, assisté de son aide, se tenait debout dans la partie basse de la salle, auprès d'une table carrée qui s'élevait à quinze ou vingt centimètres du sol. Sur cette table on voyait neuf plats symétriquement rangés et surmontés de couvercles coniques en étain. Le service des plats se fit sans aucune règle : le dessert et les mets étaient servis presque alternativement, et un plat de résistance fut le dessert.

J'avais été surpris d'abord de ne voir que de mauvaises cuillers de bois pour tout ustensile de table; mais je dus reconnaître que c'était encore du luxe; car le repas se trouva terminé sans qu'on y eût touché; cependant presque tous les mets avaient des sauces. Il m'eût certainement été impossible de déployer une pareille adresse.

Le dîner fini, on enleva l'escabeau qui avait servi de table, et la salle à manger redevint salon, en attendant qu'elle fût salle d'audience.

Deux serviteurs apportèrent, l'un une cuvette en cuivre, l'autre une sorte de pot à l'eau en étain, pour le lavage des mains des convives, et certes ce n'était pas superflu; après un dîner où les mains seules avaient fait l'office de cuillers, de fourchettes et de couteaux. Aussi celles de nos convives étaient-elles ruisselantes de graisse, et ils les tenaient en l'air, n'osant rien toucher. Dans cette position, un peu comique, ils se firent la politesse de se renvoyer du coude la cuvette, tour à tour. Enfin le plus élevé en grade finit par accepter les prémices; ils se lavèrent les mains, la bouche et la barbe, puis, après avoir été témoin de cette opération, je pris congé de ces messieurs.

Lorsque je me disposai à monter sur mon chameau, je m'imaginais qu'un seul homme allait me suivre, mais j'étais loin de compte. A défaut d'autre luxe dans ces misérables régions, on a, comme dans tout l'Orient, du reste, celui des domestiques; chacun d'eux a sa spécialité, dont il sort rarement, aussi je m'aperçus bientôt que pour accompagner le seul chameau que j'avais demandé, on m'avait adjoint une espèce d'officier qui devait me servir de guide. Pour porter celui-ci il fallait un âne, pour conduire l'âne un domestique; un autre âne et une même série d'annexes s'appliqua à un autre homme qui était chargé de soigner les effets et les provisions; si bien que je me vis entouré de quatre hommes et de quatre ânes, en outre du chameau.

Je me plaignis des embarras d'une suite aussi

gênante, mais on me donna à entendre qu'il était convenable que j'acceptasse les offres du gouverneur, et que, d'ailleurs, les hommes qui m'accompagnaient ne demanderaient pas mieux que de me quitter à la première étape, si je le désirais. Il fallut bien en passer par là, et nous nous mîmes en route, précédés de l'officier vêtu d'une chemise bleue et d'un vieux tarabouche râpé qui était l'insigne de son grade; cet officier enfourcha fièrement sa monture de ses grandes jambes noires; qui touchaient presque à terre. Chacun de ces hommes portait une lance du pays. Nous quittâmes ainsi Chendy quelques heures avant la nuit.

CHAPITRE VI

NAGA. — MŒURS

Désir incompris. — Les houris de Naga. — Songe et réalité. — Tentation. — Éclaircissement. — Hospitalité éthiopienne. — Ruines d'El-Sourat. — Désappointement. — La case des étrangers. — Mauvais vouloir. — Grâce et nudité des femmes. — Départ pour le désert. — Une caverne et ses hôtes. — Nous cheminons au hasard. — Une alerte.

Vers le soir, nous arrivâmes à Naga. Le chef de ce village mit à ma disposition une chambre dont l'unique meuble était un de ces lits de sangle nommés ferche, dont j'ai déjà parlé. Cette pièce était percée de deux portes : l'une donnait sur une grande cour où reposaient nos animaux, l'autre communiquait à une petite cour de derrière; mais ni l'une ni l'autre de ces ouvertures n'étaient closes. Le soir, en prenant le frais sur un banc de terre placé à la porte de ma chambre, ce chef admira mes effets, et particulièrement un burnous blanc et fin de la régence de Tunis, qui paraissait lui faire fort envie. Son insistance à revenir sur ce sujet me parut singulière; elle me fut expliquée le lendemain par mon guide; mais n'anticipons pas sur notre récit. Moi aussi, j'avais trouvé un sujet d'admiration dans la demeure de ce chef : c'étaient de grandes belles filles, au teint moitié bronze, moitié or, qui se promenaient presque nues dans la cour devant nous. Leur seul vêtement était ce raad ou ceinture à franges, posé sur les hanches, et un collier qui se balançait sur leur poitrine arrondie.

Ces jeunes filles réalisaient à mes yeux l'idéal des bronzes antiques. Rien n'était gracieux comme les tresses de leurs cheveux effleurant leurs épaules brunes et polies; rien de séduisant comme ce raad aux effilés mobiles, qui s'agitaient au moindre mouvement de leur corps.

Je quittai avec regret le banc de terre de la cour pour gagner mon gîte. J'aurais voulu voir encore ces belles filles se promener à la douce lueur de la lune qui commençait à nous éclairer. Ce fut donc pour ne pas paraître indiscret que j'allai m'étendre sur mon lit, en prenant congé de mon hôte. De son côté, il porta encore la main sur le pan de mon burnous, qu'il ne pouvait se lasser d'admirer. Une lampe faite avec une mèche roulée dans un morceau de graisse, et posée sur un débris de terre cuite, éclairait faiblement la pièce où je reposais. Pour essayer de dormir et échapper aux images que j'avais devant les yeux, je me retournai contre le mur : vains efforts, le sommeil ne venait pas; j'entendis faiblement des pas, provenant de pieds nus, marchant près de moi. Je me retournai, et je vis une de ces femmes rôder dans ma chambre, ce qui me surprit assez; puis elle pénétra dans la cour, revint encore à plusieurs reprises; elle finit par s'approcher vers la tête de mon lit, et arrangea la lampe qui était à mon chevet. Je ne saurais exprimer le trouble et l'admiration qui remplissaient mon âme, en voyant autour de moi ce charmant bronze vivant. Sachant combien les Orientaux sont jaloux de leurs femmes, je ne comprenais rien à ces démarches; enfin, pendant que je réfléchissais à la singularité de cette situation, l'apparition enchanteresse disparut.

Ma lampe s'éteignit, je m'assoupis un instant; mon imagination, vivement surexcitée, peupla mon sommeil des plus ravissants fantômes; un rien me réveillait, et il me semblait toujours entendre le raad frémir à mon oreille. Une fois, ce n'était plus douteux, c'était bien le frôlement des franges de ce magique raad que j'entendais. Je crus même avoir senti quelque chose me toucher; l'impression semblait m'en rester encore; j'entr'ouvris les yeux, et je vis, ce n'était pas un rêve, se dessiner sur le demi-jour de la porte l'élégante silhouette de l'une de mes hôtesses; elle semblait retenir sa respiration, et se penchait en avant, comme pour m'observer; les plis du raad se courbèrent sur ses formes, qu'ils dessinèrent gracieusement. Je restai en extase. Enfin les tresses de ses cheveux s'agitèrent légèrement, elle avança de mon côté, j'entr'ouvris les bras; mais je n'embrassai que le vide. Elle avait glissé comme une ombre, le long de mon lit, et avait pénétré dans la petite cour du fond.

Devais-je attendre son retour? devais-je la suivre? ne serait-ce pas enfreindre les lois de l'hospitalité, si sacrées dans ce pays? Je me relevai, bien décidé à ne plus me recoucher. Je sortis dans la grande cour, où je trouvai tous les animaux de notre petite caravane. Les hommes étendus sur la terre nue dormaient auprès.

— En route! en route! criai-je en les éveillant; ils se dressèrent, un peu étourdis, et bientôt après nous partions; il était minuit.

Mes compagnons de route, pensant que je craignais de cheminer pendant les fortes chaleurs du jour, ne firent pas d'objection à ce départ inattendu.

Pendant quelque temps nous cheminâmes silencieusement à la belle étoile sous la conduite de mon guide. Chacun semblait encore engourdi par le sommeil.

Le sol sablonneux et uni que nous foulions était assez favorable à la marche, quelques arbrisseaux bordaient de temps à autre notre route.

Après quelques heures de cette marche silencieuse,

m'étant trouvé près du guide, il me fit compliment de l'honorable réception que m'avait faite le chef du village dont nous sortions. Je le regardai, ou plutôt j'attendis, un peu surpris, une nouvelle explication, qui ne se fit pas attendre :

« Oui, me dit-il, vous avez été honoré de la plus belle de ses femmes, et c'est rarement que l'on offre ce que l'on a de mieux; mais il tenait vivement à ce que vous lui fissiez cadeau de votre beau manteau, qu'il avait tant admiré; aussi, voyant que la première femme qu'il vous avait envoyée ne vous convenait pas, il s'est décidé à vous envoyer ce qu'il avait de mieux... Croyez-vous que cela se fait pour tout le monde? Non, on offre ordinairement celles auxquelles on est le moins attaché. »

Qu'on juge de mon étonnement en entendant ce récit. En effet, mon hôte m'avait vu admirer ses femmes, ce qui était assez naturel de ma part, n'étant pas habitué à voir d'aussi belles personnes, et dans un pareil déshabillé. Il avait donc cru faire un marché tacite en admirant de son côté mon burnous de fine laine, et en me faisant ensuite une politesse, qui, selon ce que j'appris, est tout simplement un usage de ces pays, une des conditions de l'hospitalité bien entendue.

Il est à remarquer aussi que, quand l'hospitalité se fait ainsi sans restriction, il est également d'usage que celui qui la reçoit fasse de son côté un cadeau, car c'est principalement aux personnes de quelque importance que l'hospitalité est faite dans toute sa plénitude.

Plus je repassais dans ma mémoire les scènes de la nuit, et plus elles me parurent plausibles dans ce sens : certainement la petite cour de derrière conduisait à quelque lieu retiré où j'aurais dû suivre l'apparition enchanteresse qui était venue frôler mon lit, car la pièce où je couchais donnait sur la grande cour par une porte sans clôture, à travers laquelle je voyais circuler le monde, par un très-beau clair de lune. Il n'y avait plus de doute pour moi, mon hôte avait cru voir dans l'attention que je prêtais à ses femmes un désir sur lequel il pouvait spéculer tout en remplissant les devoirs de l'hospitalité, plutôt que l'expression de la curiosité d'un étranger en présence d'une nouveauté.

Moi, au contraire, qui n'avais jamais entendu parler de cet usage, de ce moyen de recevoir convenablement son monde, je me serais considéré comme gravement coupable de violer ainsi les lois de l'hospitalité, ou bien encore, si j'avais été sûr que ces démarches étaient des provocations, je les eusse peut-être prises pour un piége, un prétexte pour me dévaliser.

Les éclaircissements que l'on venait de me donner furent pour moi un trait de lumière, à l'égard de la scène bizarre qui m'avait tant intrigué quelques jours auparavant, alors qu'après une conversation mimique avec une gracieuse Éthiopienne en grand négligé de toilette, son mari ou son maître était venu m'engager à accepter l'*hospitalité*. Oui, ce devait être avec des intentions analogues à celles du chef de Naga et en vertu des mêmes mœurs. Il n'y avait plus de doute pour moi, c'était bien là le mot de l'énigme que je n'avais pu m'expliquer. Telles sont les mœurs d'hommes qui traitent la femme comme une marchandise, une esclave; qui en prennent une ou plusieurs, selon leurs moyens, et qui, après en être rassasiés, les vendent, les livrent ou les répudient sans scrupule.

Lorsque, plus tard, je lus la relation d'un voyageur qui avait passé dans les mêmes contrées, je fus assez surpris d'y voir un récit de mœurs très-différentes, bien qu'ayant trait au même pays, écrit à quelques heures seulement du point où j'avais écrit moi-même mes remarques. Il est vrai qu'il s'agissait pour lui non des Berbery, mais des tribus arabes qui errent de pâturages en pâturages sur l'autre rive du fleuve. Le lecteur sera sans doute satisfait de connaître quelles différences de mœurs on peut trouver chez des peuples si rapprochés les uns des autres. Voici ce que dit M. Didier en parlant du peuple arabe : « Ses femmes sont belles, il les aime, les respecte et trouve en elles des compagnes fidèles dont il fait ses égales. L'adultère, cette lèpre impure qui ronge au cœur la famille européenne, cette trahison latente et toujours active, cet opprobre indélébile aussi honteux dans ses causes qu'irréparable dans ses conséquences, cet affreux partage, d'autant plus affreux qu'il est occulte et couvert du manteau de la fidélité, ce crime plus bas qu'un vice et qui engendre les plus vils : la lâcheté, l'astuce, le mensonge, la perfidie, souvent l'homicide et toujours le vol, car, outre les détournements domestiques presque inséparables des liens clandestins, est-il un vol plus effronté que d'introduire subrepticement l'enfant étranger, au préjudice de l'enfant légitime, dans l'héritage de l'époux, du père qu'on trompe, qu'on déshonore? L'adultère, en un mot, est inconnu sous la tente de l'Arabe; or, quand la famille est pure, la société est bien près de la perfection. »

Telles sont deux particularités très-saillantes des peuples berbery et arabe. Pourtant, on tomberait dans une grave erreur, si l'on appliquait ces particularités de mœurs à la généralité de ces peuples; ainsi, chez les Berbery de la basse Nubie on trouve une sévérité de mœurs qui contraste avec les faits que nous venons de rapporter. Au contraire, chez les Arabes Hassanieh, qui habitent la rive gauche du fleuve Blanc, on trouve ce que ces populations appellent le *quart-franc*, qui ressemble beaucoup aux mœurs des environs de Chendy.

Au point du jour, je me sentis tellement abattu par les fatigues du voyage et par l'insomnie, que je me jetai à terre pour faire un court sommeil, en recommandant au guide de m'éveiller après une demi-heure. Ce repos me rétablit, et nous nous remîmes en route. Je m'aperçus alors que mon escorte s'était accrue de deux hommes montés sur des chameaux et armés de lances. J'en demandai la raison, elle fut bientôt trouvée : c'était encore le prétexte de ma sûreté personnelle.

« Nous avons reçu l'ordre de vous protéger, dirent-ils avec assurance, et nous vous protégerons. »

Je vis bien qu'il n'y avait rien à faire, et j'en pris mon parti.

Peu après nous rencontrâmes des ruines, et l'on me dit : « Voici les ruines d'*El Sourat*, où nous avons ordre de vous conduire. »

Quel ne fut pas mon désappointement en voyant, à la vérité, des ruines; mais ce n'étaient pas ces vastes ruines, laissant encore debout une multitude de colonnes et de constructions, dont on m'avait parlé. Là, il y avait pourtant plusieurs monceaux de débris qui annonçaient l'existence d'une ville antique; mais il restait peu de choses. Ce qu'il y avait de plus intéressant, c'étaient deux piliers encore debout portant des Typhons sur leurs quatre faces, et des têtes d'Isis au-dessus. Un autre reste d'un pilier était également debout, mais il avait été déplacé; on voyait en outre quelques vestiges de portes, de murs et de fondations qui faisaient reconnaître en ce lieu l'existence d'un Typhonium. Hélas! les pauvres habitants eurent beau édifier des temples au dieu terrible, il n'en a pas moins enfoui sous les décombres et les tourbillons sablonneux de son domaine les édifices du peuple qui l'adorait.

Sur d'autres monticules, on voyait des débris de sculpture, d'hiéroglyphes, de pierres de taille, de grès et de colonnes qui me parurent être des restes de temples. J'eus bientôt pris note de ce qui pouvait m'intéresser en ce lieu, sans oublier une copie des hiéroglyphes.

Je fis remarquer à mes guides que ce n'était pas là le Méçaourat ou plutôt le Sourat, comme ils l'appelaient, où j'avais demandé à être conduit. Ils m'avouèrent, en effet, qu'il y en avait deux, mais que l'autre était loin dans le désert; nous ne pouvions nous y diriger sans avoir fait des provisions au prochain village.

Chemin faisant, je demandai à ces hommes ce qu'ils connaissaient des ruines que nous venions de voir. Ils me dirent que c'étaient les restes de l'église (kenicé) du fakir Hourat. Les souvenirs du christianisme dans ces contrées étant sans doute les plus anciennes traditions locales qui soient parvenues à eux, on conçoit qu'ils les attribuent à la plus haute antiquité de leurs traditions. Mais il est évident que ces ruines appartiennent à l'époque du paganisme éthiopien, tous les détails d'architecture le prouvent, tandis que je n'aperçus pas de traces du christianisme, si, comme cela peut être, ces monuments servirent postérieurement au culte catholique.

Après une marche d'un peu plus d'une heure, nous atteignîmes un autre village de Naga, Naga-el-Beït;

qu'on juge de mon étonnement en entendant le bruit d'une saki, qui m'apprit que nous étions encore près du Nil, quand j'aurais dû être à une demi-journée de marche dans le désert. La route, que nous avions faite presque entièrement de nuit, ne m'avait pas permis de m'assurer de notre direction.

Lorsque je demandai à être conduit aux ruines de Naga ou de Méçaourat, comme les désigne Cailliaud, on me répondit qu'il n'existait aucune ruine de Naga, et que pour celles de Sourat, nous avions vu l'un des lieux où elles se trouvent. L'autre était loin dans le désert, et il était impossible d'y aller avec des ânes, faute d'eau.

J'envoyai chercher le chef du village. Pendant ce temps, je mis pied à terre devant une cabane ouverte à tout venant (elle n'avait pas de porte), et était destinée à recevoir les voyageurs. On y apporta un ferche recouvert d'une natte; ce meuble, qui sert à volonté de divan ou de lit, me fut très-commode dans ce moment. Puis on m'offrit une boisson du pays dans laquelle on avait mélangé des miettes d'une sorte de pain feuilleté et qui avait un goût légèrement acidulé; je ne la trouvai pas désagréable, néanmoins j'en fis cadeau à mes hommes, pour lesquels ce fut un grand régal; je me contentai d'eau pure, et j'eus recours à mes provisions.

Toutes les filles, dans ce village, portent le raad, qui m'avait paru si séduisant la veille sur les brunes filles de mon hôte. Les femmes y sont encore moins vêtues qu'ailleurs; mais je commençais à m'habituer à cette nudité presque complète, et j'y prêtais moins d'attention.

Le chef du village arriva avec diverses personnes auxquelles je demandai des renseignements sur les ruines. On ne me fit que des réponses indécises et évasives : « Il y en a pourtant, me dit enfin l'un d'eux, mais elles sont fort loin dans le désert, personne du village ne les a vues ni n'en connaît le chemin :

« Sont-ce les ruines de Naga? demandai-je.

— Non, on les appelle Aredah.

— Fort bien, dis-je à mes guides, nous allons partir en passant par l'autre Sourat.

— Partir! s'écrièrent-ils en levant les mains, impossible, nous n'avons que des ânes, et il faut des chameaux pour porter l'eau et les provisions. »

J'en demandai au chef du village, qui me répondit qu'il mettait à ma disposition des chameaux et tout ce qui pourrait m'être nécessaire; mais en même temps il insistait très-vivement pour me faire renoncer à cette excursion : « Il n'y a pas de chemin connu, me dit-il, et personne ne peut vous servir de guide. »

Je me retournai alors vers mes gens, qui me dirent qu'ils avaient compté eux-mêmes sur les habitants du village pour leur indiquer la route.

« Eh bien, alors, c'est moi qui guiderai avec ceci, » leur dis-je en leur montrant la carte et la boussole.

Ce dernier instrument excita leur curiosité, pourtant ils ne parurent pas entièrement convaincus du savoir de cette petite machine qui, disaient-ils, ne devait pas connaître de quel côté étaient les ruines. Sans attendre un complet assentiment de leur part, j'ordonnai à deux hommes d'aller chercher les chameaux qu'avait promis le chef. Je vis bien que ce n'était qu'avec regret et lenteur qu'ils se déterminaient à m'obéir, malgré toutes leurs assurances de bonne volonté. Ils m'exprimèrent de nouveau leurs appréhensions, en m'engageant à retarder au moins jusqu'au lendemain. Cela ne faisait pas mon affaire, mon temps était compté, et j'avais débuté par perdre des moments précieux par suite de la fausse direction qu'ils m'avaient fait prendre. J'insistai donc pour qu'ils allassent de suite chercher les chameaux et les provisions nécessaires pour tout ce monde qui commençait à devenir plus embarrassant qu'utile.

En les attendant, je me mis à examiner les gens et les choses autour de moi. J'eus occasion de remarquer que la nudité presque absolue des femmes de ce village n'avait au fond rien de choquant, même pour des yeux européens, grâce à la simplicité de leur maintien et au naturel de leurs manières dans leurs relations avec leurs compatriotes et avec moi-même. La peau brune est d'ailleurs une sorte de voile dont les a gratifiées la nature, et qui rend la nudité moins apparente. De leur côté, elles ne semblent pas même s'apercevoir de leur déshabillé, ni supposer que cela puisse causer la moindre impression. Leurs formes sont belles, et les jeunes filles particulièrement ne prennent aucun soin de les dissimuler. Les femmes mariées montrent plus de réserve, et se couvrent davantage.

Le raad est un morceau de cuir découpé en lanières très-menues, de trente à quarante centimètres de longueur et qui ne restent réunies que par le côté qui forme ceinture. Posée sur les hanches, cette ceinture laisse tomber ses franges flexibles autour de la personne dont elles accusent les formes, en se balançant selon ses mouvements. Ce n'est que rarement qu'on voit ces franges s'entr'ouvrir sur les cuisses, et former momentanément une fente qui rappelle celle de la tunique grecque. Cette ceinture, d'un aspect mat sur la peau brune et polie, produit un effet gracieux par ses mouvements; les franges en sont aussi brunies par l'usage. Elle est ornée de petits coquillages blancs ou de verroterie de diverses couleurs et de quelques glands qui tombent jusqu'à mi-jambe. Le raad est ordinairement orné d'amulette par-devant; les filles y joignent un coquillage plus gros que les premiers, et qui est l'attribut de la virginité. On conçoit que ces belles filles ainsi parées, et dont aucun vêtement n'a jamais contrarié la grâce naturelle ni la souplesse des mouvements, soient une véritable curiosité pour l'Européen.

Au bout d'une heure d'attente, les hommes que

j'avais envoyés querir les chameaux vinrent me dire qu'on était allé les chercher dans leur pâturage; comme dix minutes eussent suffi pour me rapporter cette réponse, je vis bien que ce n'était là qu'un moyen dilatoire pour retarder notre départ jusqu'au lendemain. Je les renvoyai immédiatement pour ramener ces animaux. Au bout d'une heure, ne voyant encore rien venir, je perdis patience, et je dis à l'un des hommes de mon escorte de remplir les outres du seul chameau que j'avais à ma disposition. J'achetai du doura pour ce chameau; ensuite je donnai ordre de seller l'animal.

Le chamelier me regarda sans bouger, d'un air fort étonné; voyant son indécision, j'ajoutai, pour l'encourager, que, n'ayant qu'un seul chameau, nous nous en servirions alternativement. Enfin, je dis à mon homme que, s'il n'obéissait pas, il aurait à compter avec le bâton du gouverneur.

Cette dernière partie du raisonnement le décida, quoique à regret, et il se mit à attacher lentement nos effets sur la selle du chameau.

Pendant ce temps je m'occupai à fixer, au moyen de la carte et de la boussole, la direction que nous devions suivre pour atteindre le second Sourat ou Méçaourat; puis nous partîmes sans avoir égard aux instances d'une espèce de soldat, qui nous disait que le chef du village serait responsable de moi s'il m'arrivait malheur.

Nous nous dirigeâmes à l'est-nord-est en gravissant une montagne basse, dont les pentes sont très-douces; après l'avoir franchie, nous perdîmes de vue le Nil et les lieux habités, en nous dirigeant au sud-est, puis à l'est. Au détour d'un monticule rocheux, nous vîmes à plusieurs reprises de charmantes gazelles dont l'une nous regarda quelque temps avec curiosité. Nous cheminions sur des terrains légèrement inclinés où croissent de loin en loin quelques arbustes et des herbages, secs en ce moment. Vers le soir, nous atteignîmes une montagne à tête chauve que je mesurai de l'œil dans l'intention de gravir son sommet pour reconnaître les environs avant de nous trouver dans les ténèbres. J'espérais aussi découvrir les ruines au loin; mais j'explorai en vain tous les points de l'horizon, je n'en pus apercevoir aucune trace, malgré le secours du binocle dont j'étais muni, ce qui me rendit très-indécis.

A l'est, je vis une sorte de vallée tracée du sud au nord, entre des montagnes accidentées, mais elle n'offrait rien qui ressemblât à des ruines. Ce que j'avais de mieux à faire c'était de traverser cette vallée, et de gravir les montagnes qui sont au delà, pour reconnaître le pays plus loin; car notre marche n'avait, selon toute apparence, pas été suffisante pour nous faire dépasser les ruines. Avant de redescendre de cette montagne, je me dirigeai vers l'entrée d'une caverne que j'avais aperçue d'en bas, et qui m'avait paru, sinon faite, du moins arrangée par la main de l'homme.

Lorsque je pénétrai dans cette caverne, je fus assailli par une nuée de chauves-souris et d'oiseaux, volant avec bruit et cherchant à sortir de la grotte. A chaque mouvement que je faisais, cette population ailée se heurtait à moi de tous côtés, et pour garantir ma figure de son contact, j'agitai mon chapeau. Les oiseaux ou les chauves-souris que j'atteignais tombaient étourdis pendant un moment, puis reprenaient leur vol. Enfin grâce à mon immobilité, tout ce tumulte s'apaisa, mais pour recommencer de plus belle, quand je me remis en mouvement. Lorsqu'il me fut permis d'examiner ce qui m'environnait, je vis une quantité innombrable de nids accrochés aux anfractuosités de la voûte, et desquels s'échappaient à mon approche des oiseaux à à peu près semblables à des hirondelles; la gorge et le dos près de la queue, étaient blancs, le reste noir. Des nombreuses fentes sortaient aussi des chauves-souris. Les nids des oiseaux étaient à peu près de la couleur du rocher; leur entrée était si petite qu'on ne pouvait y passer qu'un doigt.

Ayant élargi l'ouverture d'un de ces nids, j'y trouvai un petit œuf blanc et de forme allongée, et un tout petit oiseau à peine éclos; il avait encore une partie du corps engagée dans la coquille. J'ouvris l'autre œuf, et aussitôt la voix du petit être qui y était enfermé se fit légèrement entendre, en même temps qu'il allongeait son petit bec. Je le replaçai délicatement dans son nid à côté de son frère, et aussitôt je les vis balancer leurs têtes, et, leurs petits becs roses et tendres s'étant rencontrés, ils se tinrent ainsi réunis pendant quelques instants. Leur faible cri était si émouvant, les plaintes de la mère qui voltigeait autour de moi étaient si douloureuses, que je lui cédai bien vite la place.

La grotte me parut être complétement l'œuvre de la nature, je n'y vis nulle part les traces de la main de l'homme.

En descendant je recueillis différents échantillons géologiques de cette montagne, dont la structure est très-intéressante, et aussi facile à saisir que si l'on en regardait la coupe sur un dessin. Les couches sont inclinées fortement de l'ouest à l'est; celles du haut dans lesquelles je trouvai la grotte sont formées d'un calcaire argileux très-foncé. Cette roche repose sur de fortes couches de pouding, formé par des graviers et des masses de galets de diverses natures, liés par un ciment de même composition que celui qui constitue la couche supérieure. Entre ces masses de pouding se trouve interposé un banc de grès tendre et sablonneux, qui, sur certains points, renferme aussi des galets comme ceux des couches de pouding. Ayant demandé à mon guide le nom de cette montagne, ainsi que de celles qui étaient devant nous, de l'autre côté de la vallée, et de quelques autres qui étaient à droite au loin, il me les désigna toutes sous le nom de Djebel-Aredah, ce qui m'inspira peu de confiance; mais il n'y avait plus à reculer, la nuit arrivait; néanmoins je voulais traverser la vallée et approcher aussi près que possible des montagnes que j'avais vues de l'autre côté pour en faire mon observatoire le lendemain matin.

En quittant ces lieux, nous aperçûmes dans un buisson un animal d'une soixantaine de centimètres de long, ayant la forme d'un crocodile, ou plutôt d'un gros lézard; plus loin nous fîmes fuir un nombreux troupeau d'antilopes; puis nous cheminâmes fort longtemps pendant la nuit au clair de la lune; tantôt nous marchions sur un sol graveleux et sablé, tantôt dans des herbages secs et dans des broussailles. Un instant nous eûmes une alerte; un trot multiplié d'animaux s'était fait entendre à côté de nous derrière des buissons épineux; mais les animaux s'éloignèrent sans qu'il nous ait été possible de les reconnaître. Enfin le sol devenait accidenté et embarrassé, et nous étions arrivés très-fatigués près des montagnes que nous avions l'intention d'atteindre. Il s'agissait de s'installer pour la nuit.

Un petit torrent à sec et sablé que nous rencontrâmes nous parut très-propre à devenir notre lit. Il y avait bien çà et là quelques broussailles, à l'abri desquelles nous eussions pu nous mettre, mais elles devaient servir de retraite à tant d'animaux, d'après ce que nous avions vu, que nous préférâmes le lit de sable. Je plaçai mes effets dans le lit du torrent, je m'allongeai tout contre, en m'enveloppant d'un épais burnous que j'avais apporté d'Algérie, je tirai le capuchon sur mes yeux, de manière à ne laisser qu'une faible fente en avant, et je plaçai sous ma main, dans les plis de ce manteau, mon poignard et mes pistolets. C'est ainsi qu'il faut dormir dans ces déserts.

Le lendemain, je fus sur pied de bonne heure. Après que nous eûmes cheminé quelque temps, je laissai le chamelier et le chameau au bas d'une montagne, et j'arrivai à son sommet avant le soleil levant. Je ne fus pas plus heureux que la veille, nulle part je n'aperçus de ruines; pourtant à l'est j'avais remarqué une autre vallée, ou plutôt une petite plaine dont je n'avais pu découvrir toute la surface et qui pouvait bien, qui me semblait même devoir contenir les ruines que je cherchais. Je redescendis donc vers mon compagnon de route avec l'intention de me diriger de ce côté.

Lorsque nous eûmes fait quelques centaines de pas, en nous engageant dans des buissons et de grandes herbes, soudain notre attention fut éveillée par un bruit singulier qui allait croissant en s'approchant de nous; ne sachant pas quelle pouvait en être la cause, nous attendîmes quelques instants en alerte. Bientôt nous vîmes déboucher près de nous un troupeau de gazelles effarées. Leur course était tellement précipitée qu'elles purent à peine se détourner de nous quand elles nous aperçurent. Évidemment elles fuyaient sous l'impression d'une grande terreur, et je me demandais ce qui pouvait l'occasionner. Bientôt après, j'entendis de nouveau des trots nombreux et saccadés qui ne pouvaient être produits que par des animaux puissants. Alors nous vîmes arriver avec une grande vitesse quatre hommes montés sur de grands chameaux.

Ces hommes, au corps souple et vigoureux, étaient armés de lances et de boucliers. En nous voyant ils poussèrent une exclamation, et, les uns nous montrant aux autres, ils vinrent droit à nous.

Le chef du village ayant appris que j'étais parti avec un homme qui ne connaissait pas le désert et un seul chameau, s'était ému et avait bien su trouver ces guides, qui semblaient ne pas exister auparavant. Deux montèrent immédiatement sur des chameaux et se joignirent aux deux lanciers de ma petite caravane pour se mettre à notre recherche. La nuit les avait surpris et empêchés de nous rejoindre la veille au soir. Aussitôt arrivés vers nous, ils confirmèrent l'opinion que j'avais conçue sur l'endroit où devaient se trouver les ruines, et nous y arrivâmes bientôt.

CHAPITRE VII

RUINES DU DÉSERT D'AREDAH

(Sourat ou Méçaourat, dans la vallée de Sofra)

Les Pontifes jugeaient les rois. — Aredah doit être l'antique Arrata. — Destination de Méçaourat. — Disposition des ruines. — Particularité des temples. — Variété de l'ornementation. — Origine du style. — Edifice extérieur. — Quelle était la toiture. — Le chemin d'Arrata.

En débouchant sur un versant qui domine les ruines de Méçaourat, nous les vîmes groupées au milieu d'une petite plaine encadrée de montagnes. Par son aridité, cette localité, où croissent çà et là quelques mimosas rabougris, me sembla peu propre à nourrir une population de quelque importance, et je m'étonnai de voir d'assez vastes ruines dans ce lieu. Cette remarque, jointe à celle de la distribution de ces restes, me confirma dans l'opinion qu'en avait conçue l'un des voyageurs qui m'avaient précédé. M. Cailliaud a pensé que ce sont les restes d'un lieu destiné à l'enseignement, d'un collége, ou plutôt d'un séminaire, car on sait que chez les Éthiopiens les prêtres étaient en même temps les dépositaires de la science. Il y a d'autres raisons que celles que donne ce voyageur à l'appui de cette opinion.

Nous avons vu que les ruines qui sont situées à deux ou trois heures au sud m'ont été désignées par les habitants de Naga sous le nom d'*Aredah*, et que le même nom a été donné au pays qui s'étend depuis en deçà et au delà de ces ruines.

D'un autre côté, nous trouvons dans Diodore le récit d'un usage remarquable de l'antique Éthiopie. Suivant cet usage, quand la caste sacerdotale jugeait le monarque indigne ou incapable de régner, elle lui envoyait un message significatif, en lui faisant observer que les dieux, dont les mortels ne pouvaient éviter la puissance, l'avaient condamné à se donner la mort; alors le roi n'avait plus qu'à s'exécuter de bonne grâce ou de force.

« Ergamenès, dit Diodore, dont l'esprit avait été nourri de la philosophie et de la littérature des Grecs sous le règne du second Ptolémée, recevant un pareil ordre, l'interpréta contre les prêtres eux-mêmes; il fit marcher son armée sur ARRATA, *la ville du temple doré, où se tenaient les pontifes*, et il les extermina jusqu'au dernier de leur race. »

N'est-on pas frappé tout d'abord de la ressemblance du nom d'Arrata avec le nom actuel d'Aredah sous lequel on désigne le pays, les ruines et les montagnes qui s'étendent au sud de ce point? En second lieu, n'y a-t-il pas à remarquer la destination de ce monument, qui semble en effet n'être autre que le séminaire ou le siége des pontifes éthiopiens dépositaires de la science et des préceptes de la religion ? D'ailleurs les ruines d'une certaine importance sont si peu nombreuses dans l'île de Méroé que ce double rapprochement paraît fournir moins une probabilité qu'une certitude. Ainsi ces ruines, et sans doute même celles de la cité qui se trouve à quelque distance au sud, cité dont elles ne seraient qu'une dépendance, doivent être celles de l'antique Arrata, et, s'il en est ainsi, le temple central qui ici domine tout le reste pourrait bien être le *temple doré*. A moins qu'on ne doive le chercher dans un de ceux de la ville même.

Selon ces données, la fondation de ce monument pourrait remonter bien au delà du temps d'Ergamenès, contemporain du second Ptolémée, qui vivait dans la première moitié du troisième siècle avant notre ère, puisqu'alors il aurait été le siége consacré de la religion. Ces remarques confirmeraient plutôt qu'elles n'infirmeraient l'idée d'Heeren, qui donne à ce monument une très-haute antiquité et en fait le siége de l'oracle de Jupiter Ammon. Il serait pourtant possible que ce monument, après avoir été endommagé par Ergamenès en attaquant les prêtres, eût été ensuite restauré ou rebâti par lui ou même par ses successeurs, car il ne paraît pas remonter à une haute antiquité. Si la fondation de cet édifice appartenait à Ergamenès, on serait porté à croire qu'après avoir détruit le siége des pontifes qui voulaient sa mort, il l'aurait rebâti dans ce lieu pour isoler le haut clergé de son peuple et lui ôter son influence.

Les plans et les vues d'ensemble de ces ruines ayant déjà été relevés par mes prédécesseurs, MM. Linant-Bey, Cailliaud et Hoskins, je m'attachai plus particulièrement à chercher à interpréter ce que ces restes archéologiques pouvaient révéler des temps anciens, qui sont restés obscurs particulièrement en ce qui touche l'existence de ces ruines.

Les différents temples et groupes de constructions réunis dans cette enceinte au moyen de corridors, les salles et les logements qui les accompagnent, les préaux, les cours ou jardins qui les séparent ne laissent guère de doute sur leur destination, et, s'il en existait, les noms, les phrases en caractères éthiopiens gravés grossièrement sur les murs, quelques autres en caractères grecs, des dessins d'animaux et d'autres tracés encore visibles, qui sont également l'œuvre de mains juvéniles, attesteraient cette destination.

D'ailleurs nous avons déjà remarqué que ces ruines ne sont pas situées dans une position convenable pour une population agricole ou industrielle, tandis que ce lieu convient parfaitement à l'étude, qui demande la retraite. Si l'on considère que les Éthiopiens faisaient de certains dogmes de la religion un mystère auquel les prêtres seuls étaient initiés, on concevra encore mieux le choix de ce lieu retiré pour y établir le sanctuaire de la théologie et de la science.

L'enceinte extérieure de ces ruines, qui formait un rectangle irrégulier d'environ deux cents mètres sur deux cent trente mètres de côté, paraît n'avoir offert qu'une seule petite entrée près d'un angle. Encore il fallait circuler par un corridor en zigzag, près duquel était une loge de gardiens, pour parvenir à la première cour; puis de cette cour reprendre encore un autre passage de même nature pour pénétrer plus loin. Cette disposition convient en effet au caractère mystérieux qu'on donnait à la religion pour en relever le prestige, et par suite aux études des initiés du dogme et de la science.

Aussi, non loin de la première porte, on voit, en dehors de l'enceinte principale, un autre édifice secondaire qui, selon toute apparence, était destiné aux gens de service et à recevoir les étrangers.

A quelques centaines de mètres au sud-est, on voit aussi les restes d'un petit temple qui paraît avoir été destiné à une faible population extérieure, que le grand établissement avait dû attirer dans ce lieu; circonstance qui tend encore à montrer l'inviolabilité du monument qui renfermait certainement plus de temples qu'il n'en fallait pour cette faible population.

Ces temples présentent quelques particularités de disposition qu'il est bon de faire connaître. On sait qu'un des caractères des temples des bords du Nil était d'être obscurs, pour donner plus de mystère aux cérémonies du culte. Ici la plupart de ces temples ont des ouvertures sur les côtés. Cette modification semble avoir sa raison d'être dans l'usage même de ces édifices; ils étaient destinés, non à agir sur le public, mais à servir à l'enseignement du culte. Une de leurs conditions était donc que les élèves pussent voir les pratiques de la religion, dont les dogmes se développaient sans doute dans ces temples.

Les angles de ces temples sont la combinaison ou plutôt l'accouplement de ceux que l'on voit en Égypte et en Nubie. Les bourrelets arrondis des temples égyptiens sont ici accompagnés des bordures ou pilastres rectangulaires employés dans plusieurs monuments de la Nubie. A l'un des temples de Méçaourat, cet assemblage est même augmenté par un autre encadrement de baguettes en saillies sur les faces, et plus éloignées de l'angle. Ce même temple, qui est le plus à l'est dans l'enceinte, présentait sous le portique, à demi renversé aujourd'hui, deux grandes figures d'hommes en pied, avec les mêmes costumes et les mêmes attributs que ceux que l'on voit sur les monuments égyptiens; mais le relief est plus fort et plus modelé, et en même temps d'un art plus imparfait.

Les portiques du temple central paraissent avoir été faits à deux reprises : les huit colonnes de la façade étaient richement ornées soit de cannelures variées dans leurs dispositions, soit de sculptures de style égyptien, en faibles reliefs, et de divers ornements sur les bases des socles. Les colonnes qui formaient les portiques latéraux et postérieurs ne comportaient pas d'ornements, si ce n'est dans les chapiteaux à campane qui étaient ornés de feuilles de lotus et autres, comme le sont les chapiteaux égyptiens. Les deux colonnes du milieu de la façade sont entourées de personnages ; sur l'une ce sont des figures ayant la tête de profil et les épaules de face ; sur l'autre ce sont des personnages entièrement de face, dans des attitudes très-différentes. Une femme, adossée à une représentation de porte avec disque et uræus, a les cheveux arrangés comme les portent aujourd'hui les Berbery. A côté est un homme accompagné de divers attributs égyptiens et armé d'un bouclier rond, comme on en trouve également en Abyssinie et sur les murs du palais de Médinet-Abou. Ses cheveux rappellent aussi ceux de quelques Berbery et de beaucoup d'Abyssins. On voit également à côté de ces figures quelques restes de cartouches.

Les décorations dont nous venons de parler régnaient sur la partie inférieure des fûts ; en contre-haut se trouvaient sur les unes des cannelures et sur d'autres de plus grandes figures en très-faible relief.

Parmi ces sujets on reconnaît la triade égyptienne : Osiris et Isis couverts de riches costumes, tenant la croix ansée et le sceptre, enfin Horus à tête d'épervier.

Le relief de ces figures est un peu plus fort et plus modelé qu'en Égypte, mais d'un style moins pur.

Les tambours des autres colonnes du second rang, quoique en partie renversés et disséminés, laissent voir qu'elles étaient ornées de personnages de même style. Les colonnes du temple du nord comportaient aussi des sujets disposés à peu près comme ceux des colonnes d'Amara, entre Soleib et Ibsemboul. A part ces colonnes, les murs de cet établissement ne sont pas enrichis de sculptures.

Ainsi le style et la variété d'ornementation de ces colonnes ne nous permettent guère d'y voir une imitation de ce qu'on appelle l'ordre corinthien des Grecs, mais bien le développement de la colonne à campane égyptienne combinée avec les cannelures de la colonne primitive, antérieure à la dix-neuvième dynastie.

Une autre remarque qui frappe ici, c'est que ces temples ont une très-grande ressemblance de dispositions avec les temples grecs et romains. Ils sont précédés de portiques de quatre ou de huit colonnes à simple ou double profondeur. De plus, celui du centre fut enveloppé d'un portique comme les temples périptères. Les colonnes elles-mêmes, tout en conservant les caractères de leur origine égyptienne par la forme de leur base, par la proportion de leur fût, par leur chapiteau à campane orné de feuilles, par la disposition de leurs ornements et par la généralité des ornements eux-mêmes; ces colonnes ont une très-grande analogie avec le genre dit corinthien; elles sont unies ou mipartie cannelées et décorées de figures. Faut-il voir là une influence de l'art grec, ou bien une source où les Grecs eux mêmes ont puisé? Ou bien encore, ce qui est plus probable, faut-il y voir la ressemblance de deux sœurs éthiopienne et grecque, nées d'une même mère égyptienne. Car la colonne égyptienne à chapiteau orné de feuilles semble en effet avoir donné naissance à ces deux variantes.

Si cet établissement a été fondé par Ergamenès ou après lui, on pourrait peut-être y voir l'influence de l'art grec; encore pourrait-on s'étonner que l'Égypte ait conservé son style à cette même époque, tandis que l'Éthiopie, plus éloignée, se serait laissée influencer par un art qu'elle était beaucoup moins à portée d'étudier. Mais il est à remarquer que la colonnade ajoutée postérieurement au temple du centre est encore une imitation de la colonne égyptienne à campane et à feuilles. Dès lors on est en quelque sorte obligé de reconnaître que cette modification de style découle directement de son origine égyptienne, d'ailleurs incontestable par bien des rapports. Diodore nous dit bien que l'esprit d'Ergamenès fut nourri de la littérature des Grecs; mais il est certaines remarques relatives à ces ruines qui semblent nous dire au contraire que ce sont les Grecs qui vinrent étudier la science en Éthiopie. Faut-il voir là encore le résultat des réticences connues des Grecs, par lesquelles ils ont voulu se donner l'initiative de la civilisation du monde? L'une de ces remarques, c'est que sur les murs mêmes de ce sanctuaire de la science et de la religion, on voit des noms et des griffonnages grecs qui se trouvent mêlés aux noms éthiopiens et qui ne peuvent être que l'œuvre inexpérimentée des écoliers. On serait donc plutôt porté à reconnaître que ce sont les Grecs qui, après avoir puisé la science en Égypte, vinrent encore l'étudier chez les Éthiopiens à l'époque où probablement ceux-ci avaient conquis la suprématie sur l'Égypte elle-même, c'est-à-dire à partir du huitième siècle avant notre ère. Pour ce qui regarde spécialement l'architecture, nous savons que les Grecs, après avoir emprunté leur ordre dorique à l'Égypte, y puisèrent encore l'ensemble de la colonne corinthienne; mais on ne saurait donner une part dans cette origine à l'Éthiopie, sans base plus positive; il semble donc plus probable que chaque peuple ait eu l'initiative des quelques détails qui lui étaient particuliers.

Un petit temple situé en dehors de l'enceinte comporte à l'intérieur six colonnes, qui étaient couvertes de sujets encadrés dans le genre de ceux que nous avons vus sur quelques monuments de la Nubie moyenne. Le peu de relief de ces sujets les a rendus plus sensibles à l'action destructive du temps; aujourd'hui on ne les saisit plus qu'imparfaitement; on y remarque des éléphants montés par des hommes. L'antique Éthiopie aurait-elle autrefois soumis ces animaux qui, aujourd'hui, vivent tous à l'état sauvage en Afrique?

Ce dernier temple semble, par le style de ses sculptures, être de la même époque que celui de Naga ou Arrata, qui est précédé d'un propylée romano-égyptien; il était entouré d'une enceinte autour de laquelle étaient quelques restes d'autres édifices ou de constructions particulières; mais rien n'annonce qu'il a existé en ce lieu une ville de quelque importance.

Les temples de cette localité ne nous ont pas paru avoir reçu une couverture en pierre, mais une toiture en charpente, et probablement avec deux égouts et frontons. Voici les remarques qui nous conduisent à cette conclusion :

1° Nulle part on ne voit des pierres assez grandes pour cet usage, et l'absence de localités bâties en pierre dans le voisinage ne permet pas de supposer qu'elles aient été enlevées.

2° Il n'existe aucun entassement de matériaux, même brisés, sur le sol du temple, qui fasse supposer la chute d'un toit en pierre.

3° La forte largeur des entre-colonnements et la disproportion des espaces compris entre les divers points d'appui ne permettent pas non plus de supposer une telle couverture.

4° La faiblesse et l'écartement des colonnes, par rapport à la masse de pierres qu'elles eussent dû supporter, ne leur eût pas permis de rester debout pendant la chute du plafond, comme l'ont fait des rangées presque entières; elles fussent tombées en même temps comme en Égypte, où cependant leurs proportions sont plus fortes.

5° La nécessité du climat, où il pleut deux ou trois mois de l'année, a dû montrer le besoin de couvertures inclinées.

6° L'exemple des constructions qui ont en général des toits inclinés, à partir de cette contrée, est encore une cause de présomption d'une disposition analogue pour ces temples.

7° Enfin les bois nombreux que l'on trouve dans le Sud ont dû faciliter l'exécution de cette toiture.

D'après ces différentes considérations, il semblerait difficile d'admettre que ces édifices aient reçu une couverture en pierres.

Nous quittâmes Méçaourat le 21 au soir, peu de temps avant le coucher du soleil, pour nous diriger sur les ruines de Djebel-Aredah; car, dans ces lieux, il est bon de changer souvent de campement pour dépister le plus possible les partis mal intentionnés, qui seraient disposés à venir vous attaquer. Nous cheminâmes pendant quelque temps entre des montagnes, d'abord au sud, puis en obliquant vers l'ouest. Après une assez longue marche, nous débouchâmes dans une vallée découverte, qui me parut être la continuation de celle que nous avions traversée en venant à Méçaourat. Alors, reprenant notre direction vers le sud, nous ne tardâmes pas à fouler le sol jadis animé où avait dû vivre la population d'une grande cité. Nous commencions à faire fuir de temps à autre des animaux que mes guides me disaient être des gazelles et des lièvres, ce qui me parut vrai, d'après ce que je pouvais entrevoir dans l'obscurité.

Craignant de dépasser les ruines sans les voir, à cause de la nuit, nous établîmes notre campement dans un endroit propice de cette vallée.

CHAPITRE VIII

RUINES D'ARRATA DANS LE DÉSERT DE NAGA OU D'AREDAH

Disposition des ruines. — Différentes époques. — Le grand temple. — Propylée. — Distribution du grand temple. — Temple de l'Est. — Temple de l'Ouest. — Sculpture et ornementation. — Construction. — Style romano-égyptien. — Temple du Sud et autres ruines. — Comme on vit au désert. — Dissentiments. — Seul dans les steppes du désert. — Nature du sol. — Derniers restes de la civilisation au Sud. — Ruines de Sauba.

Le lendemain, au point du jour, nous étions sur pied. Nous reprîmes notre route et nous vîmes bientôt sur le côté de cette vallée, à gauche, les ruines de Naga ou d'Arrata, situées près d'un plateau peu élevé, rocheux et aride. Le sol qui les entoure immédiatement paraît peu susceptible de fécondité; des parties rocailleuses alternent avec des parties où végètent quelques maigres arbrisseaux. La position de cette ville antique dans ce lieu désert et brûlé par un soleil tropical était encore une énigme pour moi.

Pendant que mes hommes déchargeaient nos chameaux, je me hâtai de parcourir les ruines, qui s'étendent sur un espace de mille à douze cents mètres du nord au sud, et un peu moins dans l'autre sens. J'y remarquai quatre temples : le plus grand au centre, le second à l'ouest, le troisième à l'est, contre la montagne, et le quatrième au sud. Ce dernier n'offre plus guère que des fondations à peine hors de terre. Outre ces temples, on voit beaucoup d'entassements de débris et quelques autres ruines d'édifices dont la destination est douteuse.

J'avais toujours entendu dire que l'Éthiopie était le berceau de la civilisation égyptienne, et je m'attendais à voir ici quelques monuments ou tout au moins quelques vestiges d'une haute antiquité; malgré mes recherches, rien de semblable ne s'offrit à mes yeux; toutes ces ruines, tous ces vestiges, accusaient des époques récentes, relativement à l'art égyptien.

En avant du temple ouest, le premier qui s'offrit à nos yeux et dans lequel nous installâmes notre campement, il existe un petit monument du plus haut intérêt archéologique. Il offre un mélange de style égyptien et romain; cette circonstance ne nous apprend pas jusqu'à quel siècle remonte la fondation de cette ville; mais elle nous dit clairement qu'elle était encore prospère à l'époque romaine. A la rigueur, le caractère de ses détails semble même la fixer à l'époque du Bas-Empire; mais il ne faut pas ici trop épiloguer sur les détails;

car il pourrait très-bien se faire que l'architecture d'une bonne époque, transmise dans un lieu si reculé, perdît quelque chose de son caractère. Nous nous contenterons donc de dire qu'il appartient à l'époque romaine. Toutefois nous ne pensons pas que les conquêtes romaines aient jamais atteint ce point; il s'agirait seulement d'une influence d'époque et de relation. Le temple voisin, auquel il paraît avoir servi de propylée, est très-bien conservé; mais son style est différent, il appartient entièrement à l'architecture égyptienne. Néanmoins, nous sommes bien forcés de reconnaître dans les monuments de la haute Nubie quelques différences sensibles avec les monuments de l'Égypte, bien qu'ils soient d'une disposition analogue, décorés des mêmes personnages mythologiques, portant les mêmes attributs, et qu'en outre on y trouve à peu près la même écriture hiéroglyphique, quoique beaucoup moins multipliée. Seulement cette écriture est mêlée de signes, de mots inconnus aux égyptologues.

Au premier coup d'œil l'édifice romano-égyptien semble plus détérioré, plus âgé que son voisin par l'usure du temps, bien que les matériaux soient de même nature. Pourtant, en y réfléchissant, on est amené à reconnaître que le monument de style égyptien doit la conservation de ses ornements à leur sculpture en creux, tandis que ceux de l'édifice romano-égyptien, étant en relief, ont dû atteindre un plus grand degré de détérioration dans le même temps; et l'on se trouve porté à leur accorder à peu près un même âge.

Au milieu des ruines de cette cité on remarque le plus grand temple; il offre un caractère de sculpture et des détails d'architecture d'une décadence moins prononcée et d'un aspect plus ancien, ce qui nous oblige à reconnaître là une époque antérieure à la précédente. Le petit temple au sud du plus grand, par sa disposition, par l'épaisseur de ses murs, ainsi que par l'usure plus grande de ses matériaux et son état de détérioration, semble remonter à une époque plus rapprochée de celle des monuments égyptiens.

On peut donc, à défaut des inscriptions hiéroglyphiques assez rares, et qui n'accusent que des noms inconnus, reconnaître dans les restes de cette ville plusieurs styles et plusieurs époques différentes, dont la plus récente paraît contemporaine de l'époque romaine et la plus ancienne pourrait remonter, au plus, aux dernières époques des dynasties de race égyptienne.

Ces ruines importantes étant des plus reculées que l'on trouve dans le sud, nous allons maintenant examiner chacun de ces monuments en commençant par le grand temple, qui offre les restes les plus considérables de cette cité. Les descriptions archéologiques n'offrant en général de l'intérêt qu'à un petit nombre de personnes, nous engageons le lecteur qui ne s'intéresse pas spécialement à l'archéologie à négliger les quelques pages qui suivent.

L'entrée du grand temple est tournée vers l'ouest. On y arrive en suivant d'abord une avenue de 14 mètres de largeur sur 35 de longueur, bordée de murs d'appui. Elle se prolonge entre des béliers disposés en sphinx et placés sur des piédestaux de 0^m.85 de largeur sur 1^m.72 de longueur et distants de 3^m.50. — Il y en a quatre de chaque côté, ce qui prolonge l'avenue de 21 mètres; mais ils sont tous renversés, mutilés et en partie enterrés. Ensuite, dans l'axe de l'avenue, on rencontre un portique formant propylée et présentant quatre colonnes de face et cinq sur les côtés, édifice de même forme et de même disposition que ceux qui furent en usage sous les Lagides et peut-être antérieurement. Il ne reste de ce propylée que la moitié inférieure des colonnes engagées dans un mur d'appui continu. La partie supérieure était isolée et a dû soutenir un entablement dont les lignes devaient jouer sur le ciel d'une manière agréable. L'Égypte offre plusieurs propylées de ce genre. L'île de Philæ seule en possède deux, l'un en avant du grand temple, l'autre sur la côte de l'île, où il servait également de propylée pour les personnes qui arrivaient par un débarcadère situé de ce côté. A Denderah on voit également un édifice de ce genre en dehors de l'enceinte, dans l'axe du temple; il a les plus grands rapports de forme et de destination avec celui d'Atrata, dont nous parlons. A Gartas, en Nubie, on en trouve également un qui, à tort probablement, a été considéré par M. Gau comme un temple, tandis qu'il n'en était qu'une dépendance.

A Arrata comme en Égypte on traverse ce portique par deux portes opposées, situées dans l'axe de l'avenue. Sur les murs latéraux, à l'intérieur, on voit les traces de beaucoup de petites figures sculptées en creux et qui semblent se diriger vers le temple. Elles tiennent des vases dont elles versent l'eau en filet fin et ondoyant partant de chaque vase à la hauteur des épaules. Le sommet de leur tête porte une touffe de fleurs de lotus. De pareilles figures symboliques, que l'on retrouve encore sur les parties inférieures des portes du temple, semblent indiquer que l'arrosement, sans lequel le sol est frappé de stérilité, était offert en hommage à la divinité. En sortant de ce propylée pour continuer à marcher vers le temple, on retrouve une deuxième partie d'avenue composée de six piédestaux qui portaient des béliers comme les précédents.

De là on arrive dans le pronaos en traversant une porte ou pylône richement ornée. Le toit de cette salle était supporté dans l'intérieur par huit colonnes, dont la disposition offrait trois entre-colonnements de profondeur et cinq de largeur. Ces colonnes, dont une seule est entièrement debout, étaient recouvertes de sculptures. Ensuite on rencontrait le naos, qui présente une profondeur moindre sur une largeur pareille à celle du pronaos. Cette seconde salle paraît avoir été couverte d'une seule travée, sans colonnes de soutien. Une troisième porte ornée de sculptures, comme les deux premières, paraît avoir communiqué à un passage ou antichambre qui donnait entrée en face, dans le sanctuaire, et, par les côtés, dans les diverses pièces secondaires dont il était entouré. Les murs intérieurs du sanctuaire semblent avoir été couverts d'hiéroglyphes et de différentes figures qui, aujourd'hui, sont presque entièrement effacées.

La longueur totale de cet édifice était de 114 mètres, compris l'avenue. Le temple proprement dit avait seul 32 mètres et quelques centimètres de longueur sur près de 20 mètres de largeur.

Le peu de pierres de taille restant autour de cet édifice et l'absence de population dans les environs qui aurait pu les enlever font supposer que la plupart des murs de ce temple étaient construits en briques et que les parties principales étaient seules construites en pierres de grès.

Les trois portes de ces temples, qui se succèdent en décroissant de grandeur, sont décorées à peu près de la même manière : sur le linteau on voit deux sujets d'offrande faite par les mêmes personnages à des dieux différents. Ces dieux, qui, par suite de la disposition des sujets, se trouvent assis dos à dos, sont, d'un côté, le dieu Ammon, à tête humaine, de l'autre, le dieu Knouphi, à tête de bélier; en face de chacun de ces dieux sont un roi, une reine et leur fils, qui lui offrent des présents. Sur les jambages de ces portes on voit ces mêmes dieux, qui, par la position de leurs bras et leur pose affectueuse, semblent protéger tantôt l'une tantôt l'autre des majestés dont nous venons de parler. Au-dessous de ces groupes sont les figures symboliques que l'on voit sur le propylée.

A l'est du grand temple, au pied de la montagne, ainsi que je l'ai dit, on en voit un troisième qui se compose d'une seule pièce de $5^m.80$ de largeur sur $9^m.60$ de profondeur, intérieurement. En avant existait un portique de $3^m.80$ de profondeur sur $5^m.40$ de largeur, adossé à son pylône. Ce portique est accusé par un mur à hauteur d'appui, dans les angles duquel existent, jusqu'au bas, les formes de deux colonnes d'angle. Vu les dimensions du vestibule, elles ne devaient pas être les seuls points d'appui de ce portique; d'autres piliers ou colonnes reposaient probablement sur le mur d'appui même.

Au fond de ce temple on voyait un piédestal bien conservé et orné de quatres figures, une sur chaque face; celle de devant représente un roi, celle qui lui est opposée une reine et les deux autres les déesses du Nord et du Midi. En arrière existe une niche carrée qui, par un de ses côtés, donnait entrée à un petit escalier pratiqué dans l'épaisseur du mur du fond. Ce temple, bien que bâti en grès, n'offre pas de sculptures qui puissent faire préjuger de son âge, relativement aux autres constructions de cette localité; seulement les bandeaux rectangulaires qui bordaient extérieurement les angles de son pylône et du sanctuaire nous font penser qu'il est moins ancien que le grand temple.

Revenons maintenant au temple de l'ouest, le premier dont nous avons parlé et que nous considérons comme postérieur au grand temple.

Le style de ce monument, aussi bien sous le rapport architectural que sous celui de la sculpture, rappelle celui des monuments de Méroé et de Napata qui nous ont paru les plus récents. Ce temple a les angles extérieurs ornés d'un double bandeau carré qui fait retour horizontal sous les corniches; les sculptures en sont lourdes et surchargées d'ornements.

Les deux grands sujets de la façade ne sont que des imitations de sujets analogues que l'on voit sur les monuments de l'Égypte, sauf les différences de style dont nous avons parlé. L'une de ces sculptures représente un roi d'une proportion colossale, soutenant d'une main, par les cheveux, en même temps qu'un poignard vertical, un groupe de trente et quelques personnes sur lesquelles il lève, de l'autre main, une hache pour les frapper. La première personne du groupe est agenouillée de profil et tourne la figure de face. Deux autres têtes de face se succèdent immédiatement au-dessus de la première, et sur les côtés de chacune de ces trois têtes on voit une série de profils très-rapprochés qui figurent le groupe nombreux de têtes auxquelles correspond un nombre égal de profils de corps, de bras et de mains levées vers le souverain en signe de supplication. Les deux tiers de ces captifs sont barbus et indiquent des peuples de race blanche ou d'origine caucasique.

Le costume du roi se compose de bracelets placés au bras, à l'avant-bras et aux jambes; de plusieurs colliers, de sandales, et d'un vêtement court roulé autour des hanches comme le ferdah nubien, avec cette différence qu'il est très-orné au lieu d'être un simple morceau de toile. Enfin son front est ceint d'une bandelette dont les extrémités flottent par derrière et que surmontent par devant deux uræus ou aspics, insignes du pouvoir. Au-dessus du souverain plane un épervier ayant sur la tête une coiffure symbolique d'un dieu et dans ses serres un anneau ou une couronne. Cet oiseau paraît être ici le symbole de la victoire. A côté est un cartouche hiéroglyphique trop détérioré pour être déchiffré. Enfin entre les jambes du monarque, représenté dans l'attitude de la marche, on voit un lion qui dévore la figure d'un homme qu'il tient, en même temps, renversé sous ses griffes.

Le second sujet du pylône est semblable à celui-ci, avec cette différence que le personnage colossal est une reine aux formes puissantes et dont les hanches sont beaucoup plus développées que ne le faisaient les Égyptiens et même les Éthiopiens dans leurs plus anciens monuments. Une robe très-richement ornée et resserrée par le bas l'enveloppe depuis la ceinture jusqu'auprès des pieds. La main levée pour frapper de même que celle qui soutient le groupe d'hommes est armée d'un long poignard. Enfin, derrière sa jupe, on aperçoit les deux extrémités d'une lionne qui pose ses griffes sur l'une des figures du groupe de captifs suspendus par les cheveux. Les insignes de la royauté que cette reine porte sur la tête montrent qu'en Éthiopie l'autorité souveraine était dévolue aussi bien aux femmes qu'aux hommes, ainsi que le disent d'ailleurs quelques documents historiques.

Au-dessous de ces groupes, dans la base de l'édifice, on voit de chaque côté sept figures bizarres ou sortes de bustes grossiers; ce sont des boucliers comme ceux des légions représentées à Thèbes, qui ne laissent paraître que la tête au-dessus, et des bras liés par derrière; ou plutôt je devrais dire un bras, car ce n'est que le lien qui fait supposer qu'il y en a deux. Ces boucliers étaient probablement, comme à Soleb, destinés à servir de tablettes pour recevoir les noms des peuples vaincus, dont la tête indiquait le type, et les bras liés la captivité.

La porte du monument est surmontée, selon l'usage égyptien, de l'ornement symbolique, de globes ailés accompagnés d'ureus; elle est décorée d'un ajustement de moulures et d'ornements dont il existe divers exemples en Égypte. L'un est la décoration de la niche carrée que l'on voit autour du sanctuaire du Thyphonium de Denderah; l'autre est la porte du monolithe en granit rose du temple de Philæ. Enfin on retrouve encore cette ornementation à Debout, à Tartas et à d'autres monuments plus anciens.

L'intérieur du temple dont nous parlons n'est composé que d'une seule salle. Les faces latérales, aussi bien à l'extérieur qu'à l'intérieur, sont ornées de personnages et de divinités dont les vêtements sont bien détériorés; pourtant on reconnaît qu'ils étaient surchargés d'une grande richesse de détails. Ces sculptures sont de même style et de même forme que ceux de certains sujets des pyramides de Méroé, qui paraissent les plus récentes. Elles rappellent aussi la richesse et même la forme de quelques-unes de celles de Denderah, bien que d'un travail encore moins parfait. Le pan jeté en écharpe sur l'épaule de quelques personnages nous semble être simplement une modification dans la manière de porter le même vêtement; tel, par exemple, que les Berbery le font de nos jours en jetant quelquefois sur l'épaule l'extrémité du ferdah qu'ils enroulent ordinairement autour des hanches.

Sur chacune des faces de murs les figures sont au nombre de huit à peu près, également espacées, et se partagent en deux séries tournées l'une vers l'autre. D'un côté, par exemple, ce sont cinq dieux, soit à tête humaine, soit à tête de lion, d'épervier ou de bélier, avec leurs coiffures attributives, etc. De l'autre côté trois femmes, l'une portant la coiffure du dieu qui est en face, les deux autres une simple bandelette avec l'ureus sur le devant; elles ont les mains levées. Sur un autre pan du mur les deux séries de personnes qui se regardent sont entièrement composées de femmes. Les cinq d'un côté portent la croix ansée d'une main et le sceptre de l'autre; les trois autres en face semblent offrir divers petits objets qu'elles montrent dans la main.

Les deux sujets des faces intérieures sont à peu près semblables, mais plus effacés. Celui du fond, en face de l'entrée, présente une principale figure de face dont les détails qui l'accompagnent sont trop usés pour pouvoir être bien décrits. A l'extérieur, sur la face postérieure, on remarque une figure étrange qui semble être un symbole de la force. Elle est armée de quatre bras et de trois têtes de lion sur le même corps. Les figures qui l'avoisinent sont du même genre que celles des autres faces. Sur les deux extrémités des pylônes, on voit un sujet très-remarquable qui occupe l'espace compris entre les bandeaux des arêtes dans toute la hauteur de l'édifice : c'est un buste humain ayant un bras et dont le corps se transforme en serpent et déroule ses plis depuis le haut jusqu'au bas du pylône.

Dans l'intérieur de ce temple nous n'avons pas reconnu les quatre colonnes figurées par M. Caïlliaud; cependant c'est le lieu même où elles auraient dû être qui nous a servi de demeure pendant notre séjour dans ces ruines. D'ailleurs, en admettant ces colonnes, leur espacement long et irrégulier comporterait difficilement l'admission d'un plafond en pierres. Nous pensons donc que, dans un cas comme dans l'autre, cette couverture, a du admettre le concours du bois dans sa construction. Nous avions d'abord pensé que ce temple était resté sans couverture; mais, en songeant au climat pluvieux de cette localité et en reconnaissant ici à peu près les mêmes raisons que nous avons signalées à propos des temples de Méçaourat, nous sommes amenés à supposer que ce temple était couvert de même. Nous ferons une remarque analogue à l'égard du petit temple adossé à la montagne. Quant au grand temple et à celui qui l'avoisine au sud et qui comportait trois sanctuaires à côté les uns des autres, leur disposition permet de supposer qu'ils ont eu des plafonds en pierre.

Le petit monument de style romano-égyptien qui est en avant de ce temple de l'ouest dont nous nous occupons paraît avoir été construit pour lui servir de propylée. Il n'est pas tout à fait dans le même axe, mais la similitude de disposition avec le propylée du grand temple, de même qu'avec d'autres exemples de ces propylées que nous avons rappelés ci-dessus, ne permet pas une autre supposition.

Son style, différent du monument principal qu'il accompagne, et sa position, sensiblement oblique, indiquent ou qu'il n'a pas été construit en même temps, ou bien qu'alors des obstacles ou des nécessités du moment commandaient cette déviation de l'axe; pourtant nous devons rappeler que, dans quelques-uns des édifices égyptiens où ce propylée est employé, il se trouve aussi hors du temple.

Ce petit édifice présente un rectangle d'à peu près sept mètres sur cinq et demi, percé de deux portes opposées dans la longueur selon l'axe de l'avenue, dont on ne voit pas d'autres traces aujourd'hui. Ces portes étaient accompagnées, de chaque côté, de petites fenêtres étroites et cintrées dans le haut; chacune des faces latérales était également percée de trois fenêtres.

Entre chacune de ces ouvertures, ainsi qu'aux quatre angles, il existe extérieurement des demi-colonnes adossées au mur. Au-dessus du couronnement de chaque ouverture, on voit des vides de même largeur dans la hauteur des chapiteaux, vides qui dégagent et isolent l'entablement. Il résulte de cette disposition un jeu de formes, de pleins et de vides, qui produit un bel effet en se détachant sur le ciel et sous la lumière éclatante du pays.

L'une des portes et les deux fenêtres du milieu de chaque face latérale sont de style égyptien et décorées comme la porte du temple. Elles sont surmontées de plusieurs globes ailés avec ureus placés au-dessus les uns des autres dans les différents membres de la décoration. Le listel supérieur est aussi orné d'ureus. La porte opposée au temple et les huit autres fenêtres sont, au contraire, couvertes en cintre et ornées de moulures, d'impostes, d'archivoltes et d'ornements de style romain d'une médiocre exécution. Les chapiteaux des colonnes engagées de ce petit édifice sont une sorte de composite formé de feuilles, de palmettes, de volutes, d'oves et de fleurons avec abaques curvilignes. Enfin la corniche est formée par la scotie égyptienne, surmontée de denticules romaines sous un fort listel. Deux lions en demi-ronde bosse étaient adossés intérieurement à chacun des couronnements des fenêtres latérales. Il est probable qu'en avant et en arrière de cet édifice l'avenue était prolongée par des sphinx aujourd'hui disparus.

Le quatrième temple au sud du plus grand ne laisse voir aucun détail qui puisse faire préjuger l'époque à laquelle il appartient. Cependant son état de vétusté, d'une part, de l'autre, les petites pièces subdivisées qui en composent l'ensemble, indiquent une timidité de construction ou plutôt une force de murs qui est de nature à lui faire assigner une époque ancienne. Sa distribution en deux pièces d'entrée, précédant trois cellules de front, rappelle celle de plusieurs petits temples de l'Égypte et celle des temples étrusques.

Les autres ruines, quoique assez étendues, ne présentent rien qui puisse les faire juger. Pourtant une ruine, qui est au sud, paraît laisser les traces d'un temple périptère; mais il serait difficile d'en préciser le plan sans faire des fouilles. Dans certains endroits on voit des débris de colonnes, dans d'autres quelques restes de murs parmi lesquels il est fort difficile de deviner l'ensemble des dispositions. Les constructions particulières qui étaient, sans doute, en terre se sont délayées sous l'action des pluies et aujourd'hui ne laissent aucune trace.

Les quelques jours que j'avais à passer sur ces ruines furent si bien remplis que c'est à peine si je pensais à prendre ma nourriture. Mes provisions personnelles étaient, il est vrai, fort peu abondantes, et, pour y suppléer, j'avais recours à la cuisine de mon escorte, qui était des plus simples et qui consistait en quelques poignées de graines de doura : on les plaçait à sec dans un vieux pot de terre qu'on soumettait pendant quelques instants à l'action du feu; puis on laissait le vase refroidir un peu et chacun y puisait à son tour avec la main. Le seul complément de ce frugal repas était un peu d'eau, déjà corrompue dans les outres et dont nous usions avec le plus grand ménagement pour ne pas être exposés à en voir trop tôt la fin. Pour mettre à profit tout le temps que j'avais à ma disposition, j'avisai un moyen qui me permit d'employer utilement la soirée. Un certain nombre de mimosas, déracinés et emportés par la tempête, s'étaient arrêtés contre les ruines. J'y mis le feu et j'obtins un magnifique éclairage, au moyen duquel je pus continuer à lever le plan du portique romano-égyptien.

Voyant que j'avais passé sur ces ruines plus de temps que je ne comptais leur en consacrer, je me décidai à prendre la direction d'Alfäy, au sud-ouest, au lieu de retourner au nord pour rejoindre le Nil à Naga. Quand j'annonçai à mes compagnons de voyage que mon travail était fini, ils se livrèrent à de joyeuses démonstrations; mais aussitôt que je leur eus indiqué la direction presque opposée à Naga que je voulais suivre, ils changèrent de mine et se montrèrent décidés à résister formellement. Ils voulaient tous parler à la fois pour me dissuader; mais ma décision était prise. Je m'étais déjà aperçu que le colonel russe ne se montrerait pas disposé à m'attendre pour remonter le fleuve Bleu, si je manquais au rendez-vous. J'essayai en vain de ramener ces hommes à de meilleures dispositions, ils me firent remarquer que nos provisions étaient presque à bout, et c'était vrai, car ils n'avaient compté que sur une visite aux ruines au lieu d'un séjour comme je l'avais fait. En outre, ils me dirent que nul ne connaissait le désert dans cette direction, qui n'est jamais suivie, et qu'ils seraient responsables de ce qui pourrait arriver. Alors je les engageai à retourner directement chez eux, sauf l'un d'eux qui m'accompagnerait. Ils secouèrent la tête et répondirent qu'aucun d'eux ne voulait risquer sa vie, qu'une route inconnue pouvait nécessiter des détours et prendre quatre jours au lieu de deux, et que je n'avais de provisions que pour un jour. Ils parurent si fermes dans cette résolution que je n'insistai plus, et je restai parfaitement décidé à faire la route seul. D'ailleurs j'étais déjà assez au fait des habitudes des chameliers pour me permettre de gouverner et d'équiper un chameau sans l'aide de personne.

Tous mes effets étant installés sur la bosse de ma monture, sans attendre que j'ouvrisse la marche, comme d'habitude, mes hommes se hâtèrent de prendre la direction de Naga, pensant que je n'oserais pas m'aventurer seul dans le désert. Pourtant ils ne tardèrent pas à être détrompés; je pris tranquillement, et sans me plaindre, la route opposée; mon chameau fit d'abord quelques difficultés en voyant ses compagnons retouner du côté de leur bercail, mais il se résigna bientôt à m'obéir.

Je me trouvais donc seul, cheminant à travers les domaines de Typhon, le mauvais génie, sans guide et sans aide en cas de mauvaises rencontres.

Bientôt je traversai une nouvelle zone où le sol paraissait noir et abondamment pourvu de principes fécondants; il était jonché d'une grande paille analogue à celle du maïs, quoique plus ténue, et de doura, qui croît sans culture dans ces lieux. Cette circonstance commençait à m'expliquer l'existence antérieure d'une ville dans ce désert.

Le sol était fendu comme le fond d'un marais desséché, circonstance due à l'action alternative des pluies tropicales et d'un soleil ardent. Les eaux devaient, en effet, se réunir dans le fond de la vallée peu accentuée que je traversais. Ainsi ce sol était abondamment arrosé pendant une partie de l'année, et le doura paraît, depuis que la ville est en ruine, s'être perpétué de lui-même.

Ce n'est donc pas la nature du sol qui a chassé les hommes de ce lieu; mais l'absence de l'eau. Celle que le ciel n'envoie que pendant deux ou trois mois chaque année devait faire défaut à chaque saison de sécheresse. Les hommes qui m'avaient accompagné ne connaissaient pas d'eau plus rapprochée que celle du Nil, qui est à un jour de marche, et le fond du vallon ne présente aucune trace de ruisseau, même à sec. Serait-ce donc la disparition des sources qui aurait causé l'abandon, par les hommes, de cette localité jadis si florissante?

Ce lieu serait certainement inhabitable actuellement dans ces conditions, et le niveau de la vallée, plus élevée que celle du Nil, ne permet pas d'y faire dériver les eaux du fleuve. Il faut donc supposer, ou que ces localités avaient de vastes réservoirs, ou que les sources jadis existantes auraient disparu à la suite de certaines perturbations physiques, ou bien encore qu'il existe sous ce sol une nappe d'eau que l'on peut atteindre par des puits aujourd'hui comblés.

J'appris par quelques personnes que je consultai plus tard que, sur la route qui va de Djebel Aredah, en Abyssinie, on rencontre des ruines au quart du chemin qui nous séparait d'Axum; d'autres à un jour de marche plus loin, et aussi dans un troisième endroit sur l'Albarah, à Gos-Regeb. Les unes et les autres seraient importantes et du même genre que celles que nous venions de visiter. D'un autre côté, à Ouad-Medina, on m'assura qu'elles ne consistaient qu'en restes de briques amoncelées dans la terre. Enfin on sait maintenant, par les frères Wernes, que les ruines de Gos-Regeb, qu'ils ont visitées, ne sont en effet que des amas de briques, n'offrant aucun détail qui puisse intéresser l'archéologie. D'après la tradition, cette ville aurait été aussi grande que le Caire et habitée par des chrétiens. Ainsi il ne faut guère compter rencontrer d'autres ruines importantes au sud de ce lieu. J'eus occasion de voir moi-même les ruines les plus reculées que l'on aie trouvées dans la direction du sud; ce sont celles de Sauba, dont nous pouvons dire un mot dès maintenant.

Ces ruines sont situées sur la rive orientale du fleuve Bleu, à une petite demi-journée de son confluent avec le fleuve Blanc. La cité qui exista dans ce lieu paraît avoir été grande; mais, à cause de l'éloignement de matériaux convenables, elle fut construite presque entièrement en briques. Aujourd'hui il n'en reste que de vastes décombres informes. Les seuls débris remarquables que j'y aie rencontrés sont un piédestal de style égyptien, surmonté d'un bélier mutilé et d'une mauvaise exécution, à peu près comme ceux du grand temple que nous venons de voir, et deux chapiteaux simples et de médiocre dimension, qui rappellent le mauvais style byzantin ou celui des églises chrétiennes du Dongolah. Toutefois, on n'y voit pas de croix; mais seulement des filets médiocrement travaillés, qui figurent de grossières volutes sous une abaque rectangulaire.

CHAPITRE IX

LES STEPPES D'AREDAH

Le royaume des herbivores. — L'Onagre. — Compagnons inattendus. — Vertu de la boussole. — Triste perspective. — Une découverte.

En quittant les parages de l'antique cité du désert de Naga, ou plutôt d'Aredah, je commençai à voir fréquemment des gazelles, et surtout des lièvres, en très-grande quantité. Ces derniers étaient si multipliés que, sur un espace de deux à trois kilomètres que je parcourus dans des herbages secs et dans des broussailles, je ne pouvais faire trente à quarante pas sans en faire lever un ou deux.

La multitude d'animaux herbivores vivant dans ces lieux commençait à me faire douter de la disparition complète des sources de cette contrée; car ils devaient trouver quelque part l'eau nécessaire à leur alimentation. Pourtant, après un examen plus approfondi, l'absence de source me fut démontrée. Voici par quel genre de remarque je fus éclairé à ce sujet : je croisais de nombreux sentiers pratiqués par ces animaux qui tous avaient une direction dans le même sens, du côté du Nil; mais ce pouvait aussi être vers une source moins éloignée. Je relevai donc la direction de ces sentiers à la boussole, et après avoir marché assez longtemps, je m'aperçus qu'ils ne convergeaient pas vers un même point, mais qu'ils conservaient une direction à peu près parallèle; j'en conclus deux choses : d'abord, que ces sentiers ne se dirigeaient pas vers une source particulière; mais bien vers les bords du Nil, ensuite qu'il existe plus loin dans le désert des lieux susceptibles de fertilité, mais privés d'eau, comme celui que je venais de voir et où pouvaient vivre une très-grande quantité d'animaux herbivores.

Je continuai à cheminer à travers des sites faiblement montueux, le sol était alternativement graveleux ou couvert de pelouses sèches parsemées de divers arbustes et principalement de mimosas. Dans certains endroits peu étendus la végétation devenait plus dense, plus élevée, et prenait presque l'aspect d'une forêt clairsemée et entrecoupée de nombreuses clairières. Après trois heures de marche, je fis rencontre de quatre beaux ânes sauvages; je ne m'attendais nullement à trouver ces animaux dans ce désert à l'état sauvage, et je me demandai un instant s'ils n'appartenaient pas à un troupeau sous la surveillance de quelque pâtre. Lorsque je fus mieux à portée de les examiner, je ne tardai pas à être détrompé. Ils étaient d'une belle taille, leur pelage me parut plus fin et plus fourni que celui de l'âne domestique. Leurs jambes étaient déliées; celles de devant sensiblement plus hautes que celles de derrière, ce qui donnait à leur allure quelque chose de fier et de leste. La croix noire du dos était bien marquée, sur un poil cendré clair; une des particularités les plus remarquables était l'existence de zébrures noires, devant la poitrine et devant les quatre jambes. Ces animaux me regardèrent d'abord d'un air étonné; me voyant approcher de plus en plus, ils prirent la fuite, puis s'arrêtèrent à distance pour me regarder de nouveau. Ils répétèrent plusieurs fois ce manége, fuyant quand j'approchais, puis s'arrêtant pour m'attendre encore, tout en piétinant d'un air indécis; enfin ils prirent la fuite et ne s'arrêtèrent qu'à trois ou quatre cents pas en dehors de ma direction pour me laisser passer. En rencontrant dans ces parages un animal qui tenait en même temps de l'âne et du zèbre, cela me rappela que la contrée où il vit est également située entre l'Égypte, patrie de l'âne par excellence, et l'Afrique méridionale, patrie du zèbre, et qu'il y a ainsi une certaine corrélation entre ces animaux comme entre les pays où ils vivent.

A ce moment, je m'arrêtai contre une petite montagne pour prendre un peu de nourriture et laisser reposer mon chameau. Lorsque je l'eus fait coucher, et qu'une de ses jambes de devant fut liée sous lui pour l'empêcher de se relever et de prendre la fuite, je gravis la montagne pour reconnaître les environs et recueillir des échantillons de minéraux.

En regardant du côté d'où j'étais venu, je vis approcher un chameau que je crus monté par une seule personne; lorsqu'il fut plus près, je m'aperçus qu'il était monté par deux hommes et qu'ils pressaient sa marche. Si j'avais été moins préoccupé des ânes ou onagres, je les eusse sans doute aperçus plus tôt, car ils n'étaient guère éloignés et se trouvaient eux-mêmes en face de ces animaux. Ma première pensée fut qu'ils leur faisaient la chasse; mais je ne tardai pas à voir qu'ils se préoccupaient fort peu des onagres et qu'ils venaient droit à moi; je craignis alors d'avoir affaire à quelques malfaiteurs, et je me hâtai de rejoindre mon chameau pour défendre au besoin mes effets et ma monture, sans laquelle j'aurais couru risque de ne jamais sortir du désert. Au lieu de s'écarter du lieu où j'étais, ces hommes se dirigèrent droit sur moi. Je pris mon fusil et leur fis signe de s'éloigner. Alors, ils me crièrent ensemble quelques mots que je ne compris pas; mais ils avançaient toujours; voyant cela, je renouvelai mon injonction. Enfin ils arrêtèrent leur monture, et l'un d'eux se laissa glisser à terre pour venir seul à ma rencontre. Les hommes de ce pays, sous leurs peaux brunes et leurs vêtements uniformes, se ressemblent si bien de loin, que ce n'est que lorsque le nouvel arrivant fut tout près de moi que je reconnus en lui l'un de ceux qui m'avaient accompagné aux ruines.

En voyant ma persistance, dans mon dessein, ces hommes s'étaient décidés à me suivre pour ne pas encourir les châtiments du gouverneur; ils m'avaient épié de loin, espérant toujours que je reviendrais sur mes pas.

Je fus médiocrement satisfait de l'arrivée de ces deux hommes; car elle nous mettait dans la nécessité de vivre trois pendant deux jours sur une provision qui était à peine suffisante pour le repas d'un seul. Ils renouvelèrent encore leurs instances pour m'engager, sinon à retourner à Naga, au moins à rejoindre le Nil par le chemin le plus court. Ils ne voulaient que me sauver, disaient-ils. Je ne me faisais pas d'illusions sur le genre d'intérêt qu'ils me portaient, et je savais que la crainte d'un châtiment en était le seul mobile.

Mes provisions étaient loin d'être suffisantes : elles consistaient en trois biscuits, une carcasse de poulet, desséchée par l'air sec du désert, et un peu d'eau trouble et corrompue dans le fond d'une outre. Aussi notre repas fut des plus modestes ce jour-là; nous partageâmes un de ces biscuits, qui était gros comme quatre doigts, et nous bûmes chacun une gorgée d'eau.

Avant de nous mettre en route, j'essayai de rassurer mes compagnons et de leur donner confiance dans la direction que je voulais suivre. Pour cela, j'étendis ma carte sur le sol, et après l'avoir orientée au moyen de la boussole, je leur déclinai les noms, les distances et les directions des principaux lieux des environs. Ils restèrent ébahis, et parurent se tranquilliser en regardant avec étonnement cette petite machine qui, à leurs yeux, semblait me montrer la direction de chaque pays et m'en dire le nom et la distance sans que je les eusse vus ni que j'en eusse entendu parler. Dès lors ils ne me firent plus aucune objection, et me suivirent avec confiance.

Chemin faisant, ils m'apprirent que les ânes sauvages que nous avions vus, s'appellent *homar seed*, âne de chasse, ou plutôt âne sauvage. Ils ajoutèrent que quand cet animal est attaqué, il se défend vaillamment de la bouche et des pieds; qu'on le chasse quelquefois au moyen de chevaux et de lacets dont une extrémité leur est jetée en nœuds coulants autour du cou. Quand on est parvenu à le priver, ce qui est assez difficile, l'onagre fait une monture excellente et infatigable. Ce désert doit contenir une bien grande quantité d'animaux ruminants, dont il paraît le domaine exclusif. Nous continuâmes à voir les nombreux sentiers qu'ils pratiquent et qui se dirigent tous vers le Nil, où ils vont se désaltérer. De temps à autre nous faisions fuir des gazelles, des antilopes, des lièvres et quelques autres animaux.

Vers le soir nous fîmes halte vers des montagnes de granit qui dominent la plaine environnante. Je gravis d'abord le flanc de l'une de ces hauteurs dans l'espoir de découvrir quelque chose qui pût me faire juger de la proximité de la vallée du Nil. Mon inspection fut décourageante; je ne vis rien, si ce n'est une chaîne de montagnes bleues qu'on apercevait à peine à l'horizon, à l'ouest-sud-ouest. Mais, dans le cas où le Nil eût coulé au pied de ces montagnes, il me paraissait impossible de l'atteindre en un jour. Déconcerté par cette perspective, je m'assis sur ces masses granitiques, et je me laissai aller à des réflexions peu consolantes. La soif et la faim qui se faisaient déjà sentir vivement, que seraient-elles le lendemain soir? Du haut de mon rocher je contemplais d'un œil triste l'effrayante solitude de tout ce qui m'entourait. L'incertitude sur l'éloignement du Nil, l'insuffisance de notre reste de provisions, auquel nous n'osions toucher, étaient les seules choses qui me préoccupaient. La faim passe encore, me disais-je, quelques herbes pourraient la calmer; mais la soif si vive dans ces régions, comment la supporter?

Tout en faisant ce triste monologue, je mesurais du regard l'espace que nous devions parcourir. En cherchant à reconnaître les détails de la plaine que nous avions à suivre, soudain j'aperçus dans les buissons et les herbages roux brûlés par le soleil, se mouvoir des animaux, qui, étant de même nuance, se confondaient avec eux. Je les examinai attentivement, et je reconnus des chameaux : oui! un vaste troupeau de chameaux qui paissaient au sein de cette végétation desséchée. Aussitôt je fus debout et je descendis la montagne en toute hâte, pour faire part de la nouvelle à mes compagnons. Nous nous remîmes sans tarder en marche, dans la direction du troupeau de chameaux que nous rejoignîmes promptement. Les gardiens, à notre approche, se hâtèrent de nous traire une grande coupe de lait de chamelle; jusqu'alors j'avais refusé de boire de ce lait, de plus, la coupe en bois dans laquelle on me le présenta était noire et crasseuse sur les bords; mais tout cela passa presque inaperçu, j'en bus avec délices.

Ces gardiens nous dirent que nous n'étions qu'à une petite journée du Nil, et nous engagèrent à nous rendre immédiatement à leur campement, qu'ils nous indiquèrent dans un petit groupe de montagnes visibles dans le lointain. Malgré la fatigue de nos chameaux, nous cheminâmes encore pendant d'interminables heures, que l'obscurité nous rendait plus pénibles. Enfin, au détour d'un monticule, nous vîmes briller les lumières du campement.

Cette journée si remplie de fatigue et de tristesse était le 24 février 1848. J'étais loin de me douter des agitations dont ma patrie était le théâtre au moment même où je cheminais tristement dans ces steppes déserts.

CHAPITRE X

UN CAMPEMENT DES PASTEURS

Entourage indéfinissable. — Une visiteuse. — Complément de l'hospitalité. — Conséquences de la vénalité de la femme. — Mésaventure et perplexité. — Perte irréparable. — Dénûment. — Région des pluies. — Arrivée à Kartoum.

Quelques instants après, nous nous installions au milieu d'un espace libre, entouré d'une quinzaine de huttes de pasteurs, qu'à la lueur incertaine de quelques feux j'apercevais disposées en cercle autour de nous. Après avoir détourné les fientes sèches qui couvraient le sol, on apporta un ferche pour moi et une natte qu'on étendit à terre pour mes compagnons. Quelques instants après, on nous servit pour souper un plat qui, à la lumière vacillante d'un feu, notre seul éclairage, semblait être composé d'herbages hachés cuits, et autour desquels on avait versé du lait.

J'avais faim, mais ce mets me sembla détestable par son amertume et par un goût particulier que je ne pouvais définir. Je me fis donc donner du lait pur qui, avec le reste de mes provisions, me fit un excellent repas.

En arrière des cabanes, un monticule de granit projetait presque à pic, sur la transparence du ciel et dans l'ombre, les bizarres silhouettes de ses rochers. J'avais peine à me rendre compte des choses dont j'étais entouré; je ne sais quelle impression étrange j'éprouvais de me sentir dans ce milieu indéfinissable. Je n'avais jamais rien vu qui ressemblât à ces sortes de demeures, où les habitants semblaient en même temps s'élever sur quelque chose et s'accroupir pour y pénétrer. Autour de ces huttes je voyais glisser des espèces de fantômes, des ombres qui allaient et venaient dans diverses directions. Tout cela paraissait changer de forme à mesure que la lune, en sortant de l'horizon, venait mêler sa lumière blafarde aux dernières lueurs rougeâtres et vacillantes de quelques feux mourants. J'éprouvais de ce spectacle pittoresque et saisissant je ne sais quelle impression profonde. Pourtant, la fatigue me fit assoupir, mais mon sommeil fut agité, et mon imagination surexcitée le remplit de mille chimères.

A trois heures, j'étais complétement éveillé; mais je vis mes hommes si bien plongés dans le sommeil, que je me fis scrupule de les déranger. Le clair de lune était magnifique, il projetait les ombres fantastiques des rochers de granit sur les huttes les plus rapprochées de la montagne et sur l'espace libre qui était en avant. L'entrée des huttes était encore fermée de quelques pans de nattes qui, suivant les besoins, étaient destinés à les démasquer plus ou moins. Tout reposait en silence, et malgré le désir que j'avais de me rendre compte de la forme bizarre de ces huttes, je n'osais pas aller me promener autour d'elles, dans la crainte d'être pris pour un maraudeur.

J'employai donc mon temps à écrire mes notes à la lumière faible, mais pourtant suffisante, de l'astre de la nuit. A quatre heures, j'éveillai les hommes pour les envoyer à la recherche des chameaux que nous avions laissés paître autour du campement, ainsi que cela se fait ordinairement, en leur mettant des entraves aux pieds. La célérité est dans ce pays, moins qu'ailleurs encore, une vertu domestique; aussi les hommes prirent-ils leur temps. Aller à la recherche des animaux dans les environs était une besogne trop élastique pour qu'ils n'en prissent pas prétexte afin de se permettre quelques distractions; aussi je m'étonnai peu de voir venir l'aurore et même se passer la première heure du jour sans qu'ils reparussent. Mais je n'eus pas lieu de trop m'impatienter, les moments furent abrégés par une distraction inattendue.

A peine le jour eut-il paru, qu'une femme vint vers moi et me fit le salut amical du pays en me tendant la main, que je touchai du bout des doigts et qu'elle porta ensuite à ses lèvres et à son front; je fis comme elle. Voyant qu'elle restait debout devant moi, je l'invitai à s'asseoir en lui montrant l'autre extrémité du ferche, ce qu'elle fit immédiatement; mais en se contentant de s'asseoir par terre sur une natte qui était devant moi, puis elle me fit un gracieux sourire de remercîment. Les premiers moments de ce vis-à-vis furent quelque peu embarrassés; j'ignorais qui elle était : mais je ne pus me méprendre longtemps sur le motif qui l'amenait vers moi. Mes faibles connaissances de l'arabe et le peu d'habitude qu'elle paraissait avoir elle-même de cette langue nous firent une nécessité du langage mimique pour compléter le sens de nos paroles. Je n'eus bientôt plus aucun doute sur l'objet de cette visite, je n'étais nullement disposé à répondre à de pareilles avances; cependant je laissai ma visiteuse dans l'incertitude à cet égard, afin de pouvoir continuer l'entretien, qui piquait ma curiosité. Voyant que je ne lui disais rien de positif, elle me proposa enfin de l'aller rejoindre vers un lieu un peu boisé qu'elle m'indiquait, m'assurant du reste qu'elle serait fort peu exigeante.

J'avoue que je fus un peu surpris de cette proposition à brûle-pourpoint, qui ne pouvait passer inaperçue des personnes qui déjà sortaient en grand nombre des huttes ouvertes, circulaient autour de nous, et aux yeux desquelles nous n'étions nullement cachés; mais je fus bien plus surpris encore en voyant l'homme qui habitait la même hutte que cette femme venir à sa rencontre lorsque celle-ci s'éloigna, pour lui demander le résultat de sa démarche. Sur un signe négatif de cette femme, il vint à moi, et, après les mêmes préliminaires de salut, me fit connaître que sa femme était complétement à mon service.

Pendant ce temps, les chameliers arrivèrent enfin, et nous partîmes.

Chemin faisant, la conversation tomba sur ma petite aventure du campement : mes hommes m'assurèrent que pour n'être pas désintéressée, l'offre qui m'avait été faite n'en était pas moins une politesse et un témoignage de considération.

Ordinairement, dit l'un d'eux, on ne fixe aucun prix; le cadeau est en rapport avec la position de celui qui le fait. Le plus souvent il suffit, à défaut d'autres objets, de quelques *paras* (seize paras valent dix centimes). Trente ou quarante paras font une offre très-présentable.

Ceci était, sauf la différence des personnes, une seconde édition de la scène de la nuit que j'avais passée chez le chef de Naga. Ainsi, non-seulement les récits, mais une expérience renouvelée ne me laissèrent plus aucun doute sur le complément de l'hospitalité bien entendue dans ce pays.

Il me restait encore un point douteux : quelle était la position des femmes qui remplissaient cette partie de l'hospitalité barbarine? Pour m'en assurer, je demandai s'il n'y avait pas des femmes spécialement chargées de faire ce genre de *politesse*. Ils me répondirent négativement; les femmes ne voient là que l'accomplissement d'un devoir. Cela paraît être ainsi en effet chez ces pasteurs, où le luxe ne va pas jusqu'à posséder plusieurs femmes. Pourtant j'appris plus tard que là où règne la polygamie et l'aisance, la chose se passe autrement. C'est ordinairement une femme, dont le rôle de favorite est passé, et que néanmoins le maître ne veut pas réduire à un état trop pénible, qu'il destine à cet usage. Quelquefois même elle est mise dans une partie distincte de la maison, où elle supplée, pour vivre, à l'insuffisance des cadeaux par un petit commerce, qui est le plus souvent la vente du bouza, boisson du pays.

Ainsi, cette liberté de mœurs vient de la situation dégradée qu'occupe la femme. Là où elle n'est guère plus qu'une esclave, qu'on prend et qu'on répudie sans grande formalité, on conçoit que l'homme en fasse peu de cas et soit assez peu scrupuleux à son égard pour la prêter comme on ferait d'une bête de somme.

Néanmoins, si l'on se rappelle la sévérité des mœurs des pays plus rapprochés de l'Égypte, de même que celle de plusieurs populations voisines du lieu où je me trouvais, on reconnaîtra qu'il y a sur ce point une grande différence entre les diverses contrées d'un même pays.

Nous traversâmes de vastes pâturages où nous rencontrâmes de loin en loin des troupeaux de chèvres, de moutons, de bœufs et de chameaux. Cette circonstance nous fit reconnaître que nous nous rapprochions sensiblement de la vallée du Nil. N'ayant plus rien à craindre pour notre nourriture, non plus que sur la direction à suivre, je renvoyai l'un des hommes avec un chameau, pour ne pas lui faire faire un chemin inutile. Il prit une direction nord-ouest afin de regagner le Nil, qu'il devait suivre jusqu'à Naga; et je continuai à marcher avec l'autre dans la direction d'Alfay.

Nous atteignîmes la rive du Nil le même soir, au-dessous de cette ville; mais cette jonction si désirée, ce moment qui eût dû être pour moi un moment de joie, puisque je retrouvais l'eau pure à discrétion et des provisions, fut au contraire signalé par un accident des plus pénibles.

Mon chameau était très-altéré, n'ayant rien bu depuis longtemps. Le premier soin du chamelier eût dû être de le faire boire; mais il pensa d'abord à lui-même; sans s'inquiéter de la bête, il se mit à quêter de maison en maison les choses dont il pouvait avoir personnellement besoin. Le chameau, qui n'avait pas bu depuis que nous avions quitté le second Naga, sentant le Nil près de nous, tirait malgré moi du côté de la berge fort escarpée en cet endroit. Je craignis qu'il ne me précipitât dans le fleuve. Avisant donc un endroit où l'eau du Nil était abordable, j'y dirigeai ma monture, et je l'y laissai s'abreuver à son gré. L'animal but longtemps sans s'arrêter, ce que je trouvais très-naturel, après une longue abstinence. J'étais perché sur sa bosse et assis entre les malles contenant mes effets. J'ignorais l'habitude qu'a le chameau de rester plusieurs heures au bord de l'eau après chaque séjour dans le désert. Lorsque je le vis dresser la tête pour regarder autour de lui après avoir bu, je crus qu'il en avait assez, et je voulus lui faire regagner le chemin. Il se retourna volontiers, mais il refusa de quitter le bord, et, sur mes excitations, au lieu d'avancer il recula dans le Nil. A peu de distance, sous l'eau, se trouvait dérobée aux yeux une arête à pic au delà de laquelle le fleuve avait une très-grande profondeur. Aussitôt que les jambes de derrière de l'animal atteignirent en reculant ce vide dissimulé sous l'eau, il fléchit de ce côté et je fus précipité du haut de sa bosse dans le fleuve, suivi de toutes mes malles et du chameau lui-même, qui tombèrent à la renverse sur moi, et me poussèrent à une assez grande profondeur.

Le fleuve formait un véritable gouffre en ce lieu. En revenant à la surface tout étourdi, je vis ma monture qui se débattait sur le flanc, sans pouvoir se remettre d'aplomb, à cause des malles qui, attachées à sa bosse, tendaient à la maintenir submergée. Le courant l'entraînait aussi à la dérive. Je rattrapai mon chameau à la nage, et m'emparai de sa longe pour essayer de le ramener près de la rive; j'y réussis. Une fois que j'eus pied à terre, je pus le gouverner comme on gouverne une barque au bout d'une corde; mais, là, un autre embarras se présenta : aussitôt que ses longues jambes couchées horizontalement effleuraient le sol, il se roidissait, et, en se repoussant dans l'eau, m'entraînait moi-même. Il était tellement altéré que, dans cette position critique, il songeait encore plutôt à boire qu'à reprendre son aplomb.

Après différents essais, je parvins à le mettre en équilibre; mais je n'étais pas encore au bout de mes peines. La rive présentait dans le fleuve, comme je l'ai dit, une face à peu près verticale, contre laquelle les jambes de l'animal n'avaient pas de prise pour sortir de l'eau. J'étais donc debout à côté de ce chameau, dont les jambes pendaient dans le gouffre; mais il ne paraissait nullement s'émouvoir de cette situation, et pensait avant tout à s'abreuver et à barboter. J'en étais là de ces singulières tribulations et j'essayais de le diriger vers un lieu plus propice pour le faire sortir, lorsque le chamelier arriva en courant. Sans attendre la moindre observation, il se jeta sur une courroie qui maintenait nos effets, et la trancha subitement pour enlever un sac qui lui servait de valise et dans lequel il avait gardé, à mon insu, le doura que j'avais acheté pour le chameau; la crainte que je ne m'aperçusse de ce petit larcin fut sans doute le principal mobile de cette action.

Par ce fait, l'équilibre fut de nouveau rompu, et le chameau retomba sur le flanc; mais, cette fois, le lien qui retenait mes effets étant coupé, ils furent précipités dans le Nil; je les vis s'échapper de toute part, les uns plongeant dans l'eau, les autres surnageant encore. Aussitôt j'abandonnai le chameau à la dérive et je me jetai de nouveau à la nage pour essayer de sauver mes malles, qui contenaient non-seulement mes effets et mes instruments, mais encore les notes et les travaux que j'avais déjà faits. Je voyais avec un cruelle anxiété mes malles se submerger progressivement à mesure que l'eau s'introduisait dans l'intérieur, et tout allait bientôt être englouti; je parvins pourtant à en atteindre une au moment où elle cessait de surnager, et je me hâtai de l'attirer sur la rive. Lorsqu'elle fut à terre, je me retournai vers les autres objets, mais tout avait disparu!...

Malgré le serrement de cœur que j'en éprouvai, il fallut de suite penser à autre chose. Le chamelier était dans une triste position. Après avoir détaché son sac il s'était trouvé engagé entre les grandes jambes du chameau retombé sur le flanc, et dans cette position, où je l'avais aperçu; il avait été entraîné avec l'animal qu'il voulait retenir. Cet homme ne paraissait pas savoir nager, et se tenait anxieusement accroché au chameau. Je ne sais comment ils s'étaient débattus tous les deux pendant que je sauvais ma malle; mais, dans le moment où je les revis, le chamelier était cramponné aux longs poils de la bosse du chameau, qu'il avait probablement fait chavirer une seconde fois de son côté, en voulant monter dessus, et les efforts qu'il faisait pour se tenir en partie hors de l'eau empêchaient l'animal de reprendre son aplomb. Il fallut donc, au lieu de faire des reproches à ce malheureux, me jeter encore une fois à l'eau pour le sauver. Ce ne fut pas sans précautions que je l'abordai cette fois, car je craignais que, par peur ou par sottise, l'homme ne s'attachât à moi et n'entravât mes mouvements, ce qui infailliblement aurait amené notre perte. J'abordai donc le chameau du côté de la tête pour saisir sa longe. Bien me prit de ma prudence, car l'homme tendait déjà un bras vers moi; mais je l'évitai, et je parvins à ramener à la rive chamelier et chameau.

Tous ces soins urgents m'avaient empêché de réfléchir aux conséquences qu'avait pour moi ce fâcheux événement; mais lorsque je me vis debout sur la rive, mes vêtements ruisselants d'eau, lorsque je songeai que je n'avais plus de quoi me changer, car la seule malle sauvée ne contenait que quelques-uns de mes dessins et principalement les objets destinés à être donnés en cadeaux dans la Nigritie; quand je songeai sérieusement que tous mes instruments, sauf une boussole qui, heureusement, était dans ma poche, mon argent et une grande partie de mes dessins étaient engloutis dans le fleuve, et que je n'avais aucun moyen de réparer ces pertes dans un tel pays, je restai quelque temps plongé dans les plus tristes réflexions, ne sachant que faire. Je ne pouvais m'habituer à l'idée de cette perte, et j'envoyai dans les environs chercher des plongeurs plus habiles que moi pour essayer de retrouver mes effets au fond du Nil, mais personne ne voulut venir. Pourtant quelques hommes survinrent et essayèrent de plonger. Le fleuve était très-profond dans cet endroit, et leurs efforts furent vains. D'ailleurs la nuit approchait, j'étais mouillé, sans vêtements pour me changer, et il fallait chercher un gîte; je me souciais peu d'ailleurs d'endosser le ferdah graisseux des Nubiens. Nous cheminâmes pendant quelque temps pour choisir un lieu convenable. Nous ne vîmes rien de mieux qu'une petite meule de paille dans un champ; nous allâmes nous y blottir.

Le lendemain, en me réveillant, je me trouvai seul avec le chameau à côté de moi; le chamelier, ayant probablement compris par mes traits altérés toute la peine que me causait cette perte dont il était l'auteur, et craignant sans doute d'être puni en arrivant à Kartoum, avait disparu; j'eus beau chercher, attendre, j'étais seul, seul au milieu des champs, dans cet étrange pays.

Dire les pénibles réflexions qui m'assaillirent serait chose difficile. Après être demeuré quelques instants affaissé au pied de la meule de paille où j'avais passé la nuit, ce vieux proverbe chrétien : « Aide-toi, et le ciel t'aidera, » me revint à la mémoire. J'équipai donc mon chameau, et je repris la direction de Kartoum.

En cheminant du côté d'Alfay, je remarquai que sous cette latitude je ne rencontrais plus que des maisons dont les toits étaient coniques ou inclinés. Depuis l'Égypte jusqu'à Berber, au contraire, ils sont en terrasse. La transformation s'était donc complétement opérée avant ce lieu, c'est-à-dire entre 16° 30' et 18° de latitude nord. Ce changement m'indiquait que j'entrais dans la région des pluies tropicales. Bien qu'au nord de Berber on ne voie que des maisons couvertes en terrasse, on serait cependant dans l'erreur si l'on se figurait un pays complétement privé de pluies; elles sont très-rares et n'ont lieu que pendant une courte partie de l'année; quelquefois même elles manquent complétement certaines années. Mais d'autrefois ce sont des pluies torrentielles bien que de courte durée. Partout on reconnaît leur trace, confirmée d'ailleurs par les témoignages des hommes.

Au point où j'étais parvenu, je voyais la végétation reprendre de plus en plus son empire sur le sol qui naguère était nu. Les herbages avaient peu à peu succédé à l'aridité du désert, puis quelques buissons rabougris s'étaient montrés pour faire place au delà à quelques bosquets et à une végétation plus continue et plus vigoureuse à mesure que j'avançais vers le sud.

J'allais donc parcourir un nouveau pays : derrière moi, je laissais une vaste zone sablonneuse et déserte, l'empire de Typhon, une grande horreur de la nature.

En traversant Alfay, qui n'est à proprement parler qu'un grand village, je demandai pour moi et pour mon chameau quelque nourriture qu'on ne me refusa pas, et je continuai ma route.

A cette hauteur, le fleuve présentait une largeur imposante; c'est le point où il est le plus volumineux; car, en poursuivant son cours vers la mer, il ne fait que décroître, ainsi que je l'ai dit. Son débit a été trouvé, d'après des mesurages de M. Linant-Bey, de 456 mètres par seconde pendant les basses eaux, et de 12,009 pendant l'inondation à Alifoun, où sa section était de 6,982; ces chiffres montrent l'énorme différence de produit qui résulte de l'alternative de la saison sèche avec celle des pluies tropicales. La hauteur, au confluent, a été trouvée par Russegger de 477 mètres au-dessus du niveau de la mer, ce qui donne une pente moyenne d'environ 13 centimètres par kilomètre.

J'arrivai de bonne heure au confluent du fleuve Bleu et du fleuve Blanc, dans l'angle duquel est situé Kartoum, ville moderne construite depuis la conquête de Méhémet-Aly et qui maintenant est devenue la capitale du Sennaar, ou plutôt le lieu de résidence du gouverneur général de tous les pays conquis par Méhémet-Aly au delà des déserts.

Cette capitale du Soudan oriental est sous la même

latitude que le Sénégal, et à deux degrés plus au sud que Tombouctou, capitale du Soudan occidental. On trouve dans ces différents pays à peu près le même sol, les mêmes végétaux, la même faune, et l'on peut dire aussi les mêmes populations. C'est sous ces latitudes que commence à s'opérer la transition des peuples de race blanche aux peuples nègres; pourtant à l'égard de Kartoum ce point de transition, autrefois exact, se trouve maintenant reporté plus au sud.

En arrivant en face de cette ville, je me trouvai seul sur la rive opposée, sans savoir où ni comment traverser le fleuve. Cependant, à force d'appeler, je fus entendu par des personnes qui prévinrent un batelier, et je ne tardai pas à faire mon entrée dans Kartoum, dont nous parlerons plus tard.

CHAPITRE XI

DÉSERT DE BAHIOUDA

Autre temps autres hommes. — Faune des steppes de Bahiouda. — Route de Mitameh. — Retenus au désert. — Sorte d'hallucination. — Nous reprenons notre marche. — Acropole chrétienne. — Ruines de basilique. — Les torrents.

A notre retour de la Nigritie et du Soudan [1], notre caravane avait bien changé d'allure et de composition; plusieurs de ses membres étaient restés en route, d'autres étaient très-abattus. Le colonel russe, malgré tous les soins et les ménagements qu'il avait pris pour sa personne, était très-malade et véritablement inca-

---

[1] Afin de réunir dans ce volume tout ce qui concerne l'Éthiopie et la région occupée par l'antique civilisation, nous plaçons ici notre retour vers l'Égypte par le désert de Bahiouda et le Dongolah, comme si notre voyage ne s'était prolongé que jusqu'à Kartoum. De la sorte tout ce qui concerne soit la région des déserts, soit le Soudan ou la Nigritie, se trouvera réuni dans le même volume.

pable de supporter une seconde traversée du désert de Korosko. Son corps n'avait pas seul subi l'influence des fatigues d'un tel voyage, le moral en avait aussi ressenti les atteintes, et, sous ce rapport, M. Kovalewski était vivement affecté. Il se défiait de tous les remèdes que lui présentait notre docteur. Celui-ci était un réfugié polonais : M. Kovalewski était officier d'un souverain qui, comme on le sait, s'adjugea la part du lion dans la patrie du docteur après l'avoir démembrée. Le docteur pouvait donc voir dans M. Kovalewski, devenu depuis cette époque ministre des affaires asiatiques en Russie, l'un des principaux membres du gouvernement qui était cause de son exil et de l'anéantissement de sa patrie. Cette situation semblait être la cause première des craintes de M. Kovalewski, et il en était déjà résulté des scènes étranges.

Ainsi atteint au moral comme au physique, la position de M. Kovalewski était véritablement des plus tristes. A vrai dire, notre docteur, excellent homme du reste, n'était pas un Hippocrate de premier ordre, ce qu'on ne saurait exiger dans ces contrées. Un pharmacien français, par exemple, fut longtemps médecin en chef des armées du soudan égyptien. Ce docteur d'ailleurs nous avait été adjoint presque autant à titre d'interprète qu'à celui de docteur, double fonction qu'il avait déjà remplie dans le Hedjaz. Ce dernier seul n'eut pas trop à se plaindre des fatigues et des privations du voyage. En quittant le Caire, il possédait un abdomen d'une proéminence qui le gênait un peu. Pour combattre cet embonpoint, il se cerclait de plusieurs ceintures. Une fois en voyage, les fatigues et les abstinences forcées modifièrent son bien-être, et les ceintures présentèrent bientôt de l'excédant. Elles furent d'abord serrées d'un cran, puis de deux, puis de trois; enfin elles devinrent trop grandes et par conséquent inutiles; de sorte que le docteur trouva dans cette réduction abdominale une compensation à ses fatigues et à ses souffrances, circonstance sur laquelle il plaisantait lui-même à l'occasion.

M. Cinkowski, le naturaliste dont j'ai parlé, était devenu d'une faiblesse qui inspirait des craintes et demandait du repos; mais comme il avait montré le désir de rester quelque temps sur les bords du fleuve Bleu, afin d'étudier la flore qui allait devenir intéressante, le docteur en profita pour l'engager à prendre du repos à Roseiros. Il fut donc laissé sur ce point en attendant une barque qui devait descendre le fleuve plus tard; dans ces conditions, il accepta assez volontiers le repos qui lui était nécessaire. Je me trouvais ainsi privé d'un compagnon de voyage qui était devenu pour moi un véritable ami et dont l'intimité m'avait été bien chère dans des régions aussi reculées.

Quant à moi, j'étais entre tous mes compagnons de voyage celui qui avait supporté les plus rudes fatigues et couru les plus grands dangers. Aussi n'avais-je pas été exempt de maladies; j'avais ressenti d'abord une dyssenterie, puis les fièvres, dont je venais encore d'éprouver un accès. Néanmoins, je ne me croyais pas aussi sérieusement atteint que mes autres compagnons européens.

Dans cette situation, la traversée du désert de Korosko, dont nous connaissions les difficultés et les dangers, nous faisait peur; personne ne se sentait le courage ni la force de l'affronter de nouveau, et il fut décidé qu'après être descendus de Kartoum à Mitameh en barque, nous prendrions la voie du désert de Bahiouda, qui est une route plus longue mais moins fatigante que la première.

D'ailleurs, on nous disait que ce désert, très-différent de ceux que nous avions vus, nous présenterait de l'intérêt; qu'on y voyait toujours quelque végétation, et qu'on y rencontrait souvent de l'eau. De plus, nous avions lu quelque part que, pendant le jour, l'aspect de cette nature sauvage produisait un continuel étonnement; qu'à travers les arbres disséminés dans la plaine, on voyait tantôt passer des bandes d'autruches effrayées et fuyant à votre approche; tantôt une girafe légère ou des gazelles bondissantes, qui s'éloignaient rapidement et sans jamais vous perdre de vue. Après les gazelles et les girafes, c'étaient des bœufs sauvages aux longues cornes, hôtes errants de ces contrées brûlantes, que la présence de l'homme vient troubler un instant. A la nuit apparaissaient des bêtes féroces qu'on entendait plus souvent qu'on ne les voyait; on trouvait encore dans le désert de Bahiouda, l'un des plus animés et des plus intéressants, des serpents, d'énormes lézards, des tortues, des tigres, des lions, des éléphants...

Tous ces récits étaient de nature à nous encourager.

Le 9 juin, nous partîmes de Mitameh, village situé en face de Chendy, sur la rive gauche du Nil, pour nous diriger sur le mont Barkal, où nous devions rejoindre ce fleuve. A peine eûmes-nous fait quelques lieues dans le désert que notre force commença à nous trahir. La rude allure des chameaux nous fit vivement regretter la douceur des barques qui nous avaient descendus jusqu'à Chendy. Mais que faire? Nous étions en marche, le désert nous enveloppait déjà, il fallait suivre jusqu'au bout cette pénible route. Pendant trois jours nous cheminâmes dans une sorte de plaine assez peu accidentée, où l'on voyait souvent quelques arbustes épineux, quelque maigre végétation. Rien d'assez saillant ne put me tirer de l'apathie où j'étais tombé.

Le quatrième jour, je fus de nouveau atteint de la fièvre, et, ne pouvant plus me tenir en selle, je dus me coucher sur la charge la plus volumineuse d'un de nos chameaux comme sur un lit ambulant. Mais, hélas! c'était un autre genre de supplice. Après quelques heures passées dans chaque position, le côté en contact avec les effets devenait rouge vif par suite du mouvement de tangage du chameau, et, après avoir épuisé toutes les positions, je ne savais plus que faire; c'était un véritable martyre. J'éprouvais une grande faiblesse et des cuissons douloureuses de toute part. La continuité de cette douleur devint telle que mes sens, mes facultés, et jusqu'à ma pensée, tout était engourdi. Ce jour-là nous atteignîmes de bonne heure des montagnes, entre lesquelles les défilés pierreux sont parfois très-difficiles. Mes souffrances étaient à leur comble. J'étais vivement affecté de voir qu'aucun de mes compagnons de route ne semblât compatir à ma position et ne proposât de nous arrêter quelque temps. Parfois il me prenait envie de me laisser choir de cette affreuse monture pour mettre fin à cette torture, au risque d'être abandonné par ces compagnons inhumains. (Je laisse cette plainte telle qu'elle a été écrite sous l'impression de la souffrance, mais on sait qu'eux aussi avaient à souffrir et qu'une caravane ne s'arrête pas facilement.) Nos marches pourtant étaient divisées de manière à faire une longue halte pendant les plus fortes chaleurs.

Heureusement pour moi, nous fûmes atteints par une petite caravane où il y avait deux ânes, et je pus obtenir l'usage de l'un d'eux en échange de mon chameau. Grâce à cette nouvelle monture, dont l'allure est infiniment plus douce, et grâce aussi à l'aide d'un chamelier je me sentis renaître un peu.

Depuis notre départ de Mitameh, nous rencontrâmes

presque chaque jour des puits et des citernes, aussi bien dans la plaine qu'entre les montagnes; mais de tous les animaux que nous espérions voir aucun ne s'était montré. Pourtant, à l'exception de l'éléphant qui se tient plus dans le sud, ces animaux paraissent exister dans ce désert; seulement, pour trouver l'occasion de les voir, il faudrait plutôt y séjourner un an qu'une semaine, et, de plus, s'éloigner de la caravane comme je le faisais quand je me portais bien.

Le 13 juin, cinquième jour de notre départ de Mitameh, nous continuâmes à cheminer entre des montagnes comme celles que nous avions parcourues la veille.

Nous arrivâmes le soir à un torrent que nous devions suivre jusqu'à Méraoueh, sur les bords du Nil; mais le lendemain matin, quand il fallut nous remettre en route, la maladie de M. Kovalewski s'était aggravée. Il lui fut impossible de partir; force fut donc de suspendre la marche de la caravane. Tout le jour se passa ainsi sans qu'il pût recouvrer assez de force pour se tenir sur sa monture, même avec l'aide des hommes. Nos tentes restèrent donc dressées sur le bord du torrent.

La seule occupation qui pût me distraire dans ce triste lieu fut d'étudier les effets de mirage, quand il s'en présentait.

Le lit sablé de ce torrent se relie aux sables environnants par des berges arrondies et sans figures bien précises. Dans ce lit on avait creusé deux trous de la profondeur d'un mètre et demi à deux mètres, qui nous fournissaient toute l'eau dont nous avions besoin. A cette profondeur, il régnait une nappe d'eau abondante sous tout le lit du torrent. Sur les rives on voyait quelques arbres et des buissons épineux, autour desquels les chameaux cherchaient leur nourriture.

Un jour, deux jours, trois jours se passèrent ainsi sans qu'il nous fût possible de partir. Le colonel Kovalewski avait des accès de fièvre très-rapprochés, et entre ces accès il était souvent atteint de vomissements qui l'affaiblissaient encore. Sa position était affreuse; il souffrait et il refusait les remèdes du docteur. Parfois il tombait dans une sorte d'apathie, d'engourdissement, et l'on profitait de ces moments pour lui faire avaler ses médicaments. Le quatrième jour de cet arrêt forcé, j'eus aussi un accès de fièvre qui m'accabla de nouveau. Quelques boutons étant sortis ensuite sous l'épiderme, ils furent pour le docteur un signe que la fièvre ne reviendrait plus. Néanmoins, le sixième jour, je tombai dans un abattement moral qu'il me serait difficile de dépeindre. Il me semblait que le lieu morne où nous croupissions depuis six interminables journées allait devenir notre tombeau, et que les chaudes bouffées de sable et de poussière dont le vent nous enveloppait presque sans interruption, allaient nous servir de linceul.

On voyait pourtant quelques arbres, quelques végétaux autour de nous; mais ici le mois de juin est la saison morte; leur aspect était si triste, les montagnes noirâtres et pierreuses qui nous entouraient étaient d'une aridité si désolante, que je ne pouvais me défendre d'un état qui ressemblait à un anéantissement moral. C'était plus que de l'ennui, plus que le spleen, c'était un morne abattement que je ne saurais décrire. Les murmures de voix des domestiques et des chameliers qui m'environnaient, les grognements des chameaux, frappaient à peine mon oreille, et ma pensée paresseuse ne pouvait suivre aucune idée fixe. Les jours ainsi passés étaient pour moi des jours perdus, une vie morte. France, ô ma patrie! que tu es loin, pensais-je quelquefois. Je passe légèrement sur les mille rêves noirs de ces longues journées de cauchemar, dont le récit deviendrait un ennui pour le lecteur.

Le septième jour, le colonel était encore dans le même état; mais nous nous trouvâmes à bout de provisions; force nous fut donc de partir. On organisa une sorte de brancard sur lequel il fut installé et porté tour à tour par les chameliers.

En questionnant nos guides, j'appris qu'il existait des ruines sur le cours du torrent que nous devions abandonner pour nous diriger, au plus court, sur le Nil. Le bonheur de quitter ce lieu désolé et la pensée de trouver des ruines, non connues, à explorer ranimèrent en moi quelques sentiments de vie et d'activité.

Je profitai de notre première station pour aller examiner ces ruines, accompagné de quelques-uns des nôtres; nous ne tardâmes pas à les découvrir à notre gauche, sur le bord du torrent dont le lit, parfaitement à sec, fut notre lieu de campement.

Je m'attendais à voir des ruines de style égyptien, et je fus quelque peu surpris de leur trouver un tout autre caractère; mais elles n'en étaient pas moins intéressantes.

Ces ruines sont situées sur une sorte d'acropole peu élevée et allongée dans le sens du torrent, sur sa rive même; la partie sud est occupée par un monument, dont les arceaux à jour laissaient voir un grand pan de mur percé de fenêtres, à travers lesquelles brillait le ciel bleu; je reconnus bientôt que ce monument était une basilique chrétienne des premiers temps du christianisme, édifice que nul voyageur encore n'a indiqué; la partie nord de l'acropole est couverte des restes de maisons particulières et de ruelles étroites et tortueuses. Ces maisons ont résisté jusqu'à nos jours, parce que, contrairement aux habitations modernes qui sont en terre, celles-ci avaient été construites en moellons, grossièrement ajustés, il est vrai. On ne trouve aucune trace d'art ni de soin dans ces maisons; la construction de leurs murs ressemble à peu près à celle des Pélages, moins la dimension des blocs, ou à l'*opus incertum* des Romains, sauf le soin. L'escarpement des rochers est complété par un mur d'enceinte irrégulier qui en suit tous les contours; une seule porte a été ménagée du côté de la rivière; elle est défendue par une sorte de redan. La construction de cette enceinte présente le même caractère que celle des maisons; toutefois, les matériaux sont plus grands et aussi plus solidement ajustés.

Il est à croire que le torrent qui passe au pied de cette acropole doit présenter aussi sous le sable une couche d'eau persistante, qui a dû servir à l'alimentation de la petite cité. Le peu d'espace qu'occupent les ruines des maisons particulières, relativement à la grandeur de la basilique, ne permet pas de supposer que cet édifice était à l'usage seul des habitants que renfermait cette cité. Il faut admettre que dans le voisinage il existait d'autres villages ou d'autres tribus, qui trouvaient également leur point de défense dans cette acropole, en même temps que la jouissance du monument religieux.

Le plan de cette basilique présente un rectangle de quatorze mètres de largeur sur vingt-neuf mètres et quelques centimètres de longueur. Il est divisé en trois nefs, séparées les unes des autres par deux rangées de larges piliers, soutenant cinq arceaux de chaque côté. La nef principale est terminée, du côté du chœur, par un hémicycle qui était voûté en demi-calotte, élevée d'environ huit mètres. Les nefs latérales sont terminées par des sacristies communiquant l'une à l'autre par derrière le chœur. A leurs autres extrémités, ces nefs sont terminées l'une par une chambre rectangulaire, l'autre par un escalier ayant un fort noyau carré. Dans les faces latérales du monument, près de ces pièces, paraissent avoir existé deux portes d'entrée. Toutefois celle de droite seule est certaine, car le côté gauche, dans cette partie de l'édifice, est détruit.

Les quatre façades extérieures étaient couronnées par une petite corniche en gorge, surmontée d'un attique, dans la hauteur duquel une charpente a dû exister. Ces façades sont unies, sans saillies ni arrière-corps; elles sont percées de petites fenêtres très-élevées, dont l'appui est en contre-haut de la naissance des grands arceaux.

Une croix, dont les quatre branches sont égales et plus larges aux extrémités, a été ménagée en relief sur la clef de l'une des archivoltes des portes de sacristie. Une partie des cintres des grandes arcades séparatives des nefs, ainsi que les murs qui les surmontaient, sont renversés. Selon toute probabilité, ces ruines appartenaient à l'ancien royaume copte, qui fut très-puissant dans ces contrées et dont le siége était à Dongolah. Aujourd'hui elles sont complétement abandonnées. C'est à la solitude qui règne autour d'elles, et au peu de valeur de leurs matériaux que nous devons probablement leur conservation assez complète. Les linteaux en pierre de taille des fenêtres paraissent seuls avoir été arrachés pour être réemployés dans d'autres constructions.

Le torrent, sur lequel sont ces ruines, s'étend jusqu'aux dernières montagnes que nous avons traversées, néanmoins il ne saurait, quoi qu'en dise M. Kovalewski, être considéré comme un affluent du Nil. Il en existe un autre beaucoup plus important qui débouche au Nil près de Korti, et dont le bassin et les ramifications s'étendent au sud jusqu'à la hauteur de Kartoum. Il aurait certainement plus droit à ce titre, mais ce n'est encore qu'un torrent; bien que plus étendu il ne coule que pendant la saison des pluies.

Après que j'eus relevé le plan et les détails de ces ruines, nous prîmes la direction du Nil pour nous rendre à Méraoueh, sur les bords du fleuve, lieu où nous devions séjourner pour nous reposer et visiter les ruines qui sont plus haut, sur la rive droite, avant de redescendre le Nil.

Le chef du village, ou plutôt du bourg de Méraoueh, où nous arrivâmes à une heure assez avancée, fit mettre à notre disposition une maison qui avait une sorte de premier étage, ce qui n'est pas peu dire dans cette localité. Chacun de nous avait grandement besoin de repos, et la jouissance d'une maison où l'on semblait être chez soi, ne fût-ce que pour deux ou trois jours, était quelque chose de précieux. Mais la vie est ainsi faite : à peine a-t-on ce que l'on désire que l'on pense à autre chose, et le lendemain matin je ne ne pus goûter aucun repos en songeant qu'il y avait des ruines très-intéressantes à petite distance de moi, près du mont Barkal. Je ne fus donc satisfait que lorsque je me sentis sur un baudet, cheminant à pas précipités vers les restes de l'antique Napata.

CHAPITRE XII

RUINES DE NAPATA

Illusions et néant. — Sanctuaire des pyramides. — Destination des pyramides — Voûtes remarquables. — Forme et âge relatif des pyramides. — Les temples. — Les plus anciennes ruines. — Animaux symboliques. — Sacrifices humains. — Le typhonium. — Similitude d'usages anciens et modernes. — Destruction de Napata. — Nécropole de Nouri. — Chaleur accablante. — Sous les palmiers. — Agréable surprise.

Une heure après mon départ de Meraoueh, j'arrivai en face d'un rocher qui dresse majestueusement son front chauve au milieu d'un espace privé de végétation et derrière lequel s'étend le vide infini des déserts. Sa coupe hardie montre de loin au voyageur le lieu où gisent des ruines mélancoliquement couchées autour de sa base ou évidées dans ses flancs abrupts. A quelques cents mètres en avant, un rideau de palmiers qui longe les bords du Nil et quelques parcelles de terres cultivées annoncent seuls un reste de vie près de cette antique capitale.

Dévastation, bouleversements, mort; tels sont les sensations que font naître ces ruines, dont les monuments les plus saillants sont des pyramides; fastueux tombeaux ne rappelant que la mort, seulement la mort qui survit, si l'on peut s'exprimer ainsi, aux agitations et aux splendeurs éphémères de la puissance humaine. Voyez quelle dérision du sort! Ces monuments, faits pour perpétuer le souvenir des personnages qui les élevèrent, ont conservé quoi? de muets entassements de pierres, et quelquefois un nom hiéroglyphique tout aussi muet et qui ne retrace que l'assemblage de quelques syllabes tout à fait inconnues dans l'histoire. Voilà à quoi ont servi tant de pénibles travaux. Pourtant ces monuments sont aussi bien conservés qu'on pouvait l'espérer. Quelques-unes de ces pyramides sont encore d'un aspect si neuf, si peu détérioré, qu'on les croirait plutôt récentes qu'antiques; leurs surfaces, rehaussées par une lumière équatoriale et protégées par un ciel clément, étalent coquettement leurs arêtes et leurs parements encore bien dressés. Quelques constructions secondaires, renversées sur le sol et à demi enfouies sous les sables, trahissent seules l'abandon et l'antiquité de ces édifices. Des huit pyramides qui composent ce groupe, cinq ont conservé plus ou moins bien leur sanctuaire avec pylône en avant. En approchant du Nil, on trouve un autre groupe de ces monuments;

mais ils sont en général plus en ruines. Les hommes paraissent avoir porté une main dévastatrice sur ce que la clémence du ciel s'était plu à conserver; celles du Sud n'offrent plus guère aujourd'hui que des entassements de blocages, parmi lesquels on ne trouve que de faibles traces de revêtements. Ces dernières pyramides paraissent avoir été plus simples de forme, et probablement plus anciennes que leurs voisines.

Les pyramides de l'un et l'autre groupe sont de différentes grandeurs; leurs dimensions varient entre dix et vingt mètres de hauteur, avec une base proportionnelle. Les temples ou sanctuaires qui les précèdent sont de petite dimension; deux mètres de largeur intérieurement sur quatre de profondeur environ. Les portes d'entrée ou pylônes regardent le côté du Nil, où était probablement une partie de la ville antique; ces petits édifices sont en général assez bien conservés à l'intérieur. A l'extérieur, il manque diverses parties des parements, ainsi que les sommets des pylônes; quelques-uns de ces derniers sont détruits ou à peu près. Les sanctuaires qui existent encore sont décorés sur les faces latérales intérieures de bas-reliefs d'un peu plus d'un centimètre de saillie. Les scènes qu'ils représentent ont la plus grande analogie avec celles de Méroé. Un souverain, protégé par une déesse, reçoit les offrandes d'un ou deux personnages suivis d'une multitude, représentée dans de très-petites proportions relativement aux autres figures. Ces personnages portent les attributs usités dans les monuments égyptiens; mais le travail montre une grande décadence de l'art; les formes sont lourdes et le dessin incorrect.

Le plafond d'un des sanctuaires a reçu un enduit sur lequel a été faite une décoration en peinture. Ce sont des enroulements de rinceaux peints en ton plat. Cette décoration manque de finesse, n'a rien de remarquable comme composition, et n'indique pas une époque reculée. Sur les sujets latéraux de ce même sanctuaire, on aperçoit aussi quelques vestiges de peinture qui paraissent appartenir à une imitation des peintures égyptiennes, comme le sont les bas-reliefs eux-mêmes.

La face de ces sanctuaires, adossée à la pyramide et qui regarde l'entrée, est ordinairement décorée d'une fenêtre ou d'une porte simulée au moyen de traits gravés dans la pierre. Un personnage occupe l'espace restant de chaque côté entre cette porte et les angles de la cella. La partie qui représente le vide de cette ouverture est aussi occupée par quelques personnages. Ces représentations rappellent les chapelles monolithes en granit que l'on trouve dans les temples égyptiens. Dans presque tous ces petits sanctuaires, on a fait des arrachements dans l'espace occupé par ces ouvertures feintes, pour savoir s'il n'y avait pas quelques issues dissimulées pour communiquer de ces pièces à l'intérieur de la pyramide; mais toutes ces tentatives ont laissé voir une construction pleine dans sa masse.

Si quelques vides existent, ce doivent être des souterrains situés sous les pyramides, ainsi qu'on les trouve dans quelques-unes de celles de l'Égypte. Les traditions du pays disent aussi qu'il existe sous ces pyramides des caveaux dans lesquels reposent des momies, et que la pyramide a été construite au-dessus pour les rendre plus inviolables. Quelles que soient les précautions prises pour assurer l'inviolabilité des cercueils, elles sont demeurées infructueuses. A Napata comme à Méroé, on reconnaît encore, en avant des pyramides, des bouleversements de terrain qui montrent que des recherches, des fouilles, ont été faites pour pénétrer sous ces pyramides et en extraire les objets précieux qu'on y enfermait avec les personnages défunts. Ces violations ne sont pas faites seulement par les indigènes. On raconte que récemment un médecin italien, qui exécuta des fouilles à Méroé, fut récompensé de ses travaux par la découverte d'un bœuf Apis en or, de petite dimension, il est vrai, mais massif. Ce fut donc une grande imprudence des anciens, qui recherchaient avec tant de soin l'inviolabilité des tombes, d'introduire dans leurs sépultures des bijoux ou d'autres objets en métaux précieux.

Un des sanctuaires du groupe nord, dans lequel je pénétrai pour me réfugier contre les ardeurs du soleil, me présenta un autre genre d'intérêt. Habitué que j'étais à entendre dire que la voûte est d'origine étrusque et romaine, tout au moins dans son emploi général, je fus surpris de nouveau de me trouver sous une voûte faite avec un art et des soins tout particuliers.

La bonne conservation des faces de taillage de ces monuments, quoi qu'ils ne soient pas sous une zone exempte de l'action des pluies tropicales, m'avait déjà fait voir qu'ils n'étaient pas très-anciens; mais ici la voûte semblait indiquer que ces dernières pyramides au moins sont d'une époque voisine de la domination romaine en Égypte. Nous savons, en effet, que ce fut le général romain Pétrone qui détruisit Napata, qui était alors la capitale de la reine Candace. A l'exception de quelques petites voûtes en briques, que l'on voit dans les tombeaux d'Égypte, presque toutes les voûtes en pierres qui ont précédé cette époque n'étaient que des espèces d'encorbellements, tels que la trésorerie d'Atrée, à Mycène. Mais ici c'est une véritable voûte, remplissant des conditions remarquables. La courbure surhaussée est à peu près celle de la chaînette, c'est-à-dire celle qui, pour une largeur et une hauteur données, présente le plus de solidité; seulement chaque assise, au lieu d'être horizontale, suit le sens de la courbure et forme voûte de quatre à cinq claveaux par elle-même, avec joints normaux à la courbure; de sorte que cette voûte a pu être bâtie avec très-peu d'échafaudages. Un des autres sanctuaires était aussi surmonté d'une voûte; mais celle-ci avait une courbure surbaissée.

FORME ET AGE RELATIF DES PYRAMIDES.

A l'extérieur, ces pyramides n'offrent pas moins d'intérêt. Elles sont d'une proportion plus élancée que celles de Giseh, et reposent sur un socle composé de trois ou quatre assises. A partir de ce socle, les assises forment, en se rétrécissant sur chaque face, autant de gradins sur lesquels on peut monter jusqu'au sommet, qui est terminé par une assise formant palier ou plate-forme ayant à peine un mètre de côté. Les quatre angles de ces pyramides sont ornés de bandeaux unis, dont la largeur diminue de moitié en s'élevant de la première à la dernière assise, sur laquelle ce bandeau se retourne pour circonscrire les quatre faces. Au milieu de la plate-forme, il existe un trou rectangulaire, d'une vingtaine de centimètres de côté, qui a pu recevoir un objet d'amortissement ou un sujet symbolique.

Dans les pyramides le plus au sud, on ne reconnaît pas de traces de bandeaux. Plusieurs raisons nous portent à leur attribuer un âge différent; ces dernières étant plus simples de construction, plus ruinées, et leurs parements moins bien conservés, quoique faits avec les mêmes matériaux, elles doivent être plus anciennes. Ces raisons nous portent à voir dans ces pyramides au moins deux époques, dont l'une ne paraît pas très-reculée. Un concours de circonstances, à peu près semblable que nous avons observé à Méroé, tend à confirmer cette opinion.

Lorsque M. Hoskins nous dit qu'il considère la pyramide à bandeaux comme le monument le plus ancien, nous pensons qu'il commet deux erreurs; l'une, c'est de ne pas remarquer une chose qui frappe les yeux : c'est que les pyramides à bandeaux rectangulaires sont évidemment les monuments les mieux conservés comme ensemble et comme surface de taillage dans toute l'Éthiopie; l'autre, c'est de comparer une forme de la pyramide avec une forme du temple, au lieu de mettre en regard la pyramide la plus compliquée avec d'autres plus simples. Dans ce dernier cas, son observation le conduirait précisément au résultat opposé, c'est-à-dire qu'il conclurait par ses propres raisons que cette forme de pyramide, étant la plus compliquée, doit être la plus récente.

Le mont Barkal laisse entre lui et le Nil une plaine de un à deux kilomètres de largeur. Cette montagne est taillée à pic, comme une falaise, de trois côtés, et présente un plan plus ou moins incliné du côté opposé au Nil; c'est au pied de la face qui regarde le fleuve, et en s'étendant dans la plaine, que s'étalent les ruines de l'antique Napata. Parmi ces ruines, on remarque celles de plusieurs temples dont l'entrée était tournée au sud et du côté du fleuve, et le sanctuaire du côté de la montagne ou empiétant dans la montagne elle-même. L'un de ces temples présentait une grande étendue; sa longueur était d'environ cent soixante mètres, sans compter un reste situé en avant dans son axe; mais il est presque entièrement renversé. On y pénétrait par deux pylônes, séparés par une cour entourée de colonnes et précédés d'une avenue de sphinx; sorte de béliers actuellement enfouis, mais dont cinq sont visibles.

Ces béliers appartiennent à la plus haute antiquité dont l'Éthiopie supérieure nous ait laissé des traces; les hiéroglyphes qui entourent leur socle portent une dédicace d'Aménophis III, de la dix-huitième dynastie égyptienne. Les inscriptions tronquées semblent dire que ce fut ce souverain qui éleva ce grand temple à Ammon, qu'il l'avait orné de grands obélisques, etc., obélisques qu'on ne retrouve plus aujourd'hui. En avant de cette avenue, on voit un pilier, et, plus loin encore, une colonne; ces restes paraissent indiquer qu'il y avait là des constructions accessoires du temple. Après avoir traversé la cour d'entrée, on pénétrait dans une salle hypostyle, dont une seule colonne entière reste debout et donne à penser, par la forme de son chapiteau, que ce monument remonte à une époque reculée de la prospérité de l'Éthiopie. Ce chapiteau a la forme d'un bouton de lotus tronqué et couronné d'un bandeau rectangulaire, disposition qui appartient, en effet, à l'époque de la dix-huitième dynastie qu'indiquent les inscriptions des béliers et un nom de cette colonne. La salle suivante était soutenue par deux rangées de colonnes alternées avec des piédestaux. De chaque côté de cette salle, il existe deux autres pièces destinées à compenser sa différence de largeur avec celle de la salle hypostyle et de la grande cour. De cette seconde salle, on pénètre dans le sanctuaire où se trouve un bel autel en granit, couvert de sculptures et d'hiéroglyphes représentant Taharaka, avec son cartouche et une dédicace au dieu suprême Ammon-Ra; cet autel serait par conséquent très-postérieur au temple et de l'époque de la vingt-cinquième dynastie à laquelle appartient ce monarque. Autour du sanctuaire, on voit divers restes des chambres ou cellules qui paraissent avoir servi à recevoir les animaux sacrés qu'on vénérait dans ce temple.

A propos de ces animaux sacrés, il est utile de relever une erreur trop communément répandue. On dit, assez ordinairement, que les Égyptiens adoraient des animaux, et de là on en conclut que c'était une assez singulière religion que celle qui prescrivait le culte d'animaux, quelquefois immondes. Les habitants des bords du Nil n'adoraient pas plus les animaux que nous n'adorons les tableaux, les statues et autres images religieuses. Devant une statue de la Vierge, nous n'invoquons pas la statue, mais la mère de Dieu qu'elle nous rappelle; de même, chez les Égyptiens, chaque vertu, chaque principe avait son symbole dans les animaux dont les qualités s'en rapprochaient le plus, et ce n'était que comme emblème de telle ou telle vertu et comme œuvre de la divinité insaisissable que ces animaux étaient entretenus et soignés dans les temples. Ce n'était donc pas l'animal en lui-même qu'on adorait, mais les qualités, les vertus qu'il représentait, et dont il n'était que l'emblème vivant. Les soins que les Égyptiens prodiguaient à ces animaux étaient tout aussi naturels que ceux dont nous entourons certains objets de notre culte, qui ne sauraient être profanés sans sacrilége. Ainsi, entre les objets saints de notre culte et ceux des Égyptiens, il n'y avait que cette différence : les nôtres sont les œuvres des hommes, tandis que les leurs étaient les œuvres de la nature. Il n'y a donc pas de raison pour que ces derniers soient moins estimés théologiquement; l'homme ne devant pas priser son œuvre infime en raison de la peine qu'elle lui donne.

Sur l'un des côtés du sanctuaire, on voit une petite cour enclavée dans le monument faisant pendant à une partie des cellules dont nous venons de parler; c'est là que, selon diverses remarques, se seraient passées les scènes les plus étranges, les plus lugubres de ces temps reculés. Au fond de cette cour, qui avait environ huit mètres de largeur sur quinze de profondeur, on voit un grand autel en granit ayant une frise ornée d'hiéroglyphes. Cet autel, précédé d'un petit escalier, aurait été, selon divers récits, destiné à des sacrifices humains ou à immoler les hommes réputés *Typhoniens*. Cette supposition paraît justifiée par des bas-reliefs figurés sur les côtés de l'escalier, dont une partie a été déplacée. Ces bas-reliefs représentent des hommes liés et garrottés, comme pour être immolés;

ils sont accompagnés de vautours qui semblent déjà attendre leur proie. En outre, le dessus de l'autel est percé de quelques trous qui pourraient avoir été destinés à recevoir un appareil en métal nécessaire à l'accomplissement d'un aussi cruel et aussi barbare sacrifice.

Certains passages de Diodore sembleraient confirmer cette supposition : il *paraît*, dit-il, que les anciens rois égyptiens sacrifiaient sur le tombeau d'Osiris tous les hommes qui avaient le poil roux. Plutarque aussi assure, d'après Manéthon, que les Égyptiens brûlaient, dans la ville d'Éléthyia, des hommes vivants qu'ils appelaient *Typhoniens* et dont ils jetaient les cendres au vent.

Les Égyptiens croyaient que Typhon avait les cheveux roux; et tous les hommes dont les cheveux étaient de cette couleur étaient réputés Typhoniens. Un autre passage de Manéthon, conservé par Porphyre, dit qu'on immolait aussi trois hommes par jour à Héliopolis, et que cette coutume dura jusqu'à Amosis.

Ainsi, ces trous qui paraissent propres à recevoir un appareil métallique, ont fait supposer que cet autel était destiné à brûler des hommes vivants; et cette circonstance que l'autel est dans une cour découverte, d'où pouvait s'échapper la fumée, semblerait venir à l'appui des récits que nous venons de citer, et indiquer que l'Éthiopie avait adopté cette coutume barbare.

Remarquons tout d'abord que cet autel porte le nom d'un souverain nommé Piânkhi, successeur de Taharaka, et sous lequel l'Égypte échappa à la domination éthiopienne, qui s'y était implantée depuis quelque temps. Dès lors cette époque serait bien postérieure à Amosis, sous le règne duquel auraient cessé ces prétendus sacrifices. D'autre part, différentes circonstances remarquées en Égypte nous permettent de douter de ces faits, rapportés d'ailleurs d'une manière dubitative, et ici même les vautours figurés au-dessus des captifs garrottés, montreraient que ceux-ci étaient destinés à devenir leur proie plutôt qu'à être brûlés vifs; ou mieux encore, le vautour étant le symbole de la domination, et ces captifs diversement coiffés présentant plutôt des types de populations vaincues que des hommes typhoniens, il est permis de penser qu'il s'agit simplement de prisonniers de guerre. Les rois ou les reines de stature colossale, qui, tenant de nombreux groupes de captifs d'une main, de l'autre, lèvent la hache comme pour les immoler, ne sont que des allégories; ce qu'indique suffisamment l'impossibilité matérielle d'un pareil fait. Elles expriment seulement la puissance du monarque qui détruit ses ennemis, et non pas le fait de sacrifices humains comme l'a pensé M. Costaz, membre de l'Institut d'Égypte. D'ailleurs les types des différents peuples vaincus sont très-nettement indiqués dans quelques-unes de ces représentations. Ici, il est vrai, le cas n'est pas tout à fait le même, ces hommes garrottés figurés sur le socle de l'autel ont une signification plus précise; mais, d'après les remarques que nous venons de faire, il est probable qu'il ne s'agissait que de la mise à mort de malfaiteurs ou d'ennemis vaincus, dont le sacrifice aux dieux pouvait très-bien s'allier avec les idées de la justice antique.

Au pied même du mont Barkal, à l'ouest du grand temple, existe un typhonium, moitié creusé dans la montagne moitié construit à l'extérieur. Ce monument est l'un des plus intéressants qui nous reste de l'ancienne Napata; il est mieux conservé que le précédent. La partie construite laisse encore debout six colonnes avec de larges têtes d'Isis sculptées dans les chapiteaux, et un Typhon adossé à un pilier. Ces colonnes et ce pilier appartiennent à une salle hypostyle formée par deux rangs de quatre piliers chacun, auxquels étaient adossés les typhons bordant le passage du milieu. Parallèlement à ceux-ci et en arrière, deux rangs de colonnes portant les têtes d'Isis complétaient la largeur de la salle hypostyle.

Cette salle était précédée d'un pylône, en avant duquel existaient quelques constructions qui paraissent révéler l'existence d'une cour antérieure. La salle hypostyle était suivie d'une autre pièce de même largeur, ayant trois entre-colonnements de profondeur. A partir de ce point on pénètre dans la partie taillée dans la montagne, qui se compose de cinq pièces, toutes décorées de sculptures et de légendes hiéroglyphiques.

La première de ces salles est soutenue par deux forts piliers, auxquels sont adossés des typhons supportant une sorte de haut chapiteau fort simple. De cette première salle on pénètre directement dans trois autres qui se présentent de face. Celle du milieu, qui est la plus grande, forme le sanctuaire, richement décoré sur toutes ses faces.

La partie construite de ce temple avait un peu plus de vingt mètres de profondeur sur une quinzaine de largeur, et la partie taillée dans le roc, environ quatorze mètres de profondeur, sur une largeur un peu moindre pour l'ensemble des cinq pièces.

Ce monument est dû au roi Taharaka, le troisième de la dynastie éthiopienne qui envahit l'Égypte; il régna pendant une période de vingt années, au huitième siècle avant notre ère. Ce roi, accompagné de son cartouche, est représenté dans beaucoup de sujets des sculptures qui décorent ce monument; dans les uns, il fait des offrandes au dieu Ammon suivi de quelques autres dieux égyptiens. Sur l'un de ces bas-reliefs, ce monarque présente un enfant, probablement son fils, qu'il recommande au dieu Ammon.

En considérant les monuments taillés dans le roc, et en particulier celui-ci, il ne faut pas s'exagérer la difficulté de cette œuvre. Ce roc est un grès blanc tendre, et si friable qu'avec la main et les ongles, on peut le désagréger. Il faut donc toute la clémence du climat sous lequel sont construits ces édifices, pour qu'ils puissent résister ainsi à l'action destructive du temps. En appuyant deux morceaux de grès de certaines couches l'un contre l'autre on les réduit en sable, de même nature que celui du désert.

Il existe encore quelques édifices moins importants que ceux que nous venons de décrire, au pied du mont Barkal. L'un d'eux est en quelque sorte un diminutif du typhonium. Un second était un petit temple très-détérioré; quant aux autres, leurs restes sont encore moins importants et leur destination incertaine.

Dans les costumes des personnages représentés sur les bas-reliefs des monuments de Napata, on trouve une grande analogie avec les vêtements des habitants actuels. Le ferdah roulé autour des hanches des Berbery, est reproduit sur ces monuments d'une façon indubitable. La chemise portée aussi par eux aujourd'hui est également le vêtement d'une partie du peuple figuré sur les monuments, avec cette différence qu'elle paraît un peu plus collante; mais ce doit être simplement une tendance de la sculpture, comme cela se fait encore de nos jours. Le costume des souverains et des principaux personnages est naturellement plus riche, plus capricieux; pourtant on en retrouve encore les éléments dans le costume de la *dame* d'Abeidieh, que nous avons décrit, dans celui des chefs des pays que nous avons visités, et entre autres dans celui du chef de Senadaoui qui avait la chaussure un peu délériorée des antiques majestés éthiopiennes. Le poignard que tient le principal personnage du sanctuaire voûté est encore celui que le Berbery porte au coude. Enfin, à part les détails, les coiffures, négligées dans ces sculptures mais très-bien détaillées dans d'autres, sont aussi, dans leur ensemble, d'une forme semblable à celles que nous avons vues, et les franges, ajoutées à celle de la dame d'Abeidieh, sont une recherche également retrouvée sur les monuments.

D'après un passage de Strabon on serait porté à croire, ainsi que nous l'avons fait remarquer, que la destruction de Napata date du temps des Romains et que cette ville ne fut jamais relevée; voici ce passage : « Les Éthiopiens, profitant d'un moment où l'Égypte était dénuée de troupes, tombèrent sur la Thébaïde et sur les trois cohortes qui gardaient les environs de Syène. Dans cette attaque subite et imprévue, ils eurent le temps de s'emparer de cette ville, d'Éléphantine et de Philae, d'en faire prisonniers les habitants et de renverser la statue de César Auguste; mais Pétrone, survenant avec moins de dix mille hommes et huit cents chevaux, attaqua leur armée composée de trente mille hommes, poursuivit les Éthiopiens, prit d'assaut la ville de Pselcis, atteignit Premis, l'emporta d'emblée et s'avança jusqu'à Napata, capitale du royaume de Candace. A l'approche de Pétrone, cette reine se retira dans une forteresse des environs, et ce général prit Napata, qu'il détruisit de fond en comble. »

On cite aussi dans les traditions un nom de Handake, qui paraît correspondre à celui de la Candace des Grecs, et qui rappelle beaucoup en effet celui de Kantahè, que l'on voit sur l'une des pyramides de Méroé. Cette tradition relie en quelque sorte la transformation du nom hiéroglyphique de Kantahè avec celui de Candace, et rend l'identité probable. On dit que le nom de Candace devait plutôt signifier *reine* que d'être un nom propre. Nous devons faire remarquer que le nom hiéroglyphique de Kantahè a la forme d'un nom propre accompagné d'un prénom. Dans ce cas, la confusion pourrait venir de ce qu'il y aurait eu plusieurs reines du nom de Candace, ou plutôt de Kantahè.

Le 23 juin, troisième jour de mon séjour à Napata, je pris la direction de Nouri, où l'on trouve d'autres pyramides. Elles paraissent avoir formé une seconde nécropole de Napata, située sur la rive gauche du fleuve, à huit kilomètres plus haut que le mont Barkal.

Nous arrivâmes devant une assez grande réunion de pyramides et de monticules de blocage. Toutes les surfaces taillées, tous les parements ont disparu et les bases sont enfouies sous le sable. Ces pyramides avaient des dimensions à peu près semblables à celles que nous avons décrites. Seize sont encore debout; à gauche, en arrivant, on en voit quatre assez grandes et quelques autres moins importantes. La principale en contient une plus petite, dont la pointe sort intacte à travers les monceaux de débris de celle-là, qui fut faite après coup, de manière à faire disparaître la première en la recouvrant entièrement. Les parements de cette pyramide, ainsi enveloppés pendant des siècles, sont les seuls qui aient résisté jusqu'à nos jours. A droite, on en voit cinq qui sont situées presque en ligne droite, une autre un peu plus en arrière et trois plus petites presque dans le prolongement des cinq grandes.

D'autres entassements plus ruinés paraissent aussi avoir appartenu à des pyramides. On ne voit pas de sanctuaire adossé à ces pyramides, si ce ne sont quelques vestiges vers certaines faces du sud, car cette partie de l'édifice est toujours celle qui disparaît la première, et les monticules de sable entassés autour de ces pyramides pourraient bien recouvrir des ruines plus précises de ces sanctuaires.

Les quelques restes de revêtement que l'on trouve indiquent que ceux-ci étaient d'un grès rouge dont on voit les gisements dans les environs. Ce grès est aussi très-friable, ce qui paraît être la cause du mauvais état des parements de ces pyramides, qui sont profondément altérés. Quant à l'intérieur, il est construit au moyen de blocages en pouding de sable et de gravier quartzeux en forme de galet, qui fut extrait du sol même sur lequel reposent ces édifices.

N'ayant pu trouver aucun détail intéressant autour de ces pyramides, je me bornai à faire une vue d'ensemble et je repris la route du mont Barkal, où je désirais passer le reste du jour.

Il existe encore d'autres nécropoles de pyramides dans les environs de Napata, à Kourou, à Zouma et à Tankassi, au-dessous de Meraoueh, non loin des bords du fleuve; mais elles ne présentent plus que des monceaux informes. Pourtant, à défaut d'autres indications, ces restes de pyramides montrent, comme les autres, par leur disposition sans règle et leurs situations variées, combien peu elles répondent aux théories de ceux qui ont voulu en faire, tantôt un monument astronomique, tantôt une barrière contre les sables, tantôt un phare, etc. La pyramide est un monument funèbre qui, appliqué dans certains cas à des souverains déifiés, devient naturellement une sorte de monument religieux; voilà l'origine, le but de la pyramide, ainsi que nous essayerons de le justifier dans le texte relatif à notre parallèle des monuments africains.

Bientôt la chaleur fut extrêmement forte; le sable sur lequel piétinaient nos ânes était si brillant, si étincelant sous la lumière du soleil, que je dus renoncer à diriger ma monture, ne pouvant tenir les yeux ouverts. De loin en loin seulement je les entr'ouvrais pour m'assurer de la route que nous suivions. J'avais voulu me mettre en route malgré les observations du guide, et bientôt je m'en repentis; mais tout notre horizon était nu, sans abri, c'était une mer de sable et de lumière, et il fallait bien se résigner à continuer notre route malgré cette chaleur accablante : s'arrêter sur cette arène brûlante sans aucun moyen de s'abriter, c'était prolonger notre souffrance; hâter le pas de nos montures était donc notre seule ressource. Enfin nous atteignîmes heureusement quelques cabanes, et ce n'était pas trop tôt, car je me sentais terrassé.

Dans l'une de ces cabanes je trouvai, sinon la fraîcheur, du moins de l'ombre. Une femme que j'y vis seule vint aussitôt m'engager à m'asseoir sur un *enguereb* ou ferche (ici ce lit a changé de nom), et bientôt après elle reparut avec une grande coupe de lait aigre dans les mains. L'hospitalité est si bien dans les mœurs, qu'elle l'aurait crue incomplète si je n'avais accepté que l'abri de son toit; aussi, sans me demander avis, elle arriva munie de ce laitage, qui était bien certainement la chose qui pouvait m'être la plus agréable dans cette circonstance.

Nos jours en ce pays étaient comptés; nous devions reprendre une barque le soir même pour descendre le Nil. Je me dirigeai donc au plus tôt vers les ruines de Napata, que je désirais revoir encore. Le bac nous ayant jetés sur l'autre rive, nous y arrivâmes bientôt; ce n'est qu'après avoir revu de nouveau les points les plus intéressants que je m'aperçus que, sauf le lait de l'hospitalité, j'avais oublié de manger ce jour-là. Je me dirigeai sous les palmiers des champs qui bordent le

Nil, où il y avait quelques cabanes. Là, nous fûmes reçus par un homme dont la femme était absente; il nous dit qu'elle allait bientôt revenir pour nous préparer à manger.

Mon guide lui fit remarquer que nos montures n'étaient pas plus restaurées que nous; alors elles furent installées à côté d'un chameau que possédait cet homme. Bientôt notre hôte disparut, puis reparut avec la pâture de ces trois animaux, qu'il portait dans un petit sac. Je commençais à craindre pour nous-mêmes, en voyant la parcimonie de la provision qu'il leur apportait. Mon étonnement changea de nature quand je le vis répandre le contenu de son sac sur le sol, devant nos montures, qui se mirent à croquer de belles dattes, qui eussent fait honneur à la table la mieux servie d'Europe. Incontinent je me mis à disputer à ces animaux une partie de leur nourriture. Alors ce fut notre hôte qui, à son tour, manifesta de la surprise; il me crut mort de faim, et, sans attendre la ménagère, il apporta des œufs et un vieux débris de vase en terre cuite, noir et plus épais que la main; cette espèce de poêlon fut posé sur deux pierres, entre lesquelles mon hôte fit du feu. Comme il se préparait à faire un ragoût de sa façon, avec force plantes aromatiques, dont je me défiais toujours, je pris en main la queue de la poêle ou plutôt l'angle du morceau de terre cuite, pour préparer ce que l'on appelle des œufs sur le plat. Lorsqu'ils furent cuits à point; je les retirai, mais j'avais compté sans l'épaisseur de cette poêle nubienne, qui était de plusieurs centimètres. A défaut d'autre récipient, force me fut de laisser les œufs sur le tesson où ils avaient cuit, lequel contenait une telle réserve de calorique dans sa masse, que les œufs, bien que sortis de dessus le feu, devinrent secs et presque immangeables. Néanmoins l'appétit fut plus fort que la raison, et les œufs furent mangés, mais non pas impunément. Pour la première fois de ma vie j'appris ce que voulait dire le mot indigestion, et je me sentis très-mal après ce repas. Qu'on me passe ce détail en faveur de l'avis que je veux donner aux voyageurs : ne faites pas trop cuire vos œufs.

Le soir, au moment où je me disposais à me rendre à Meraoui, j'aperçus une voile latine remontant le Nil; c'était notre barque prête pour le départ, et de laquelle M. Kovalewski, qui se trouvait en partie rétabli, avait profité pour venir jeter un coup d'œil aux ruines. Pour moi, ce fut une véritable joie: cette circonstance me permit de donner encore quelques heures à mes études. Puis je congédiai bien vite guide et monture pour m'abandonner aux douceurs de la navigation, dans cette barque qui m'avait paru si lente, si insipide au début de ce voyage, et qui, maintenant, me paraissait si douce, si agréable. Le voyage par eau, et surtout par mer, n'est rien en comparaison du voyage par terre dans ces régions, quand il doit se prolonger. En effet, sur mer, par exemple, on fait cent lieues par jour, en jouant aux cartes à la table d'un navire à vapeur; dans le désert, on ne fait sur un chameau que sept ou huit lieues dans le même laps de temps, en supportant des chaleurs inouïes et toutes sortes de privations. A ce titre, le Soudan est dix fois plus loin que la Chine, dix fois plus loin que les antipodes.

CHAPITRE XIII

LE DONGOLAH

Douce navigation. — L'ancienne Dongolah. — La douleur exprimée par la danse. — Les contrastes. — Les bords du Nil. — El Ordah. — Les fourmis blanches. — Populations et mœurs. — Victimes de l'esclavage. — Conversions faciles. — Comme on juge le nègre. — Cause du maintien de l'esclavage.

Aussitôt que je me sentis installé de nouveau dans une barque, il me sembla que tous mes maux étaient finis et que j'étais presque en Europe; car je croyais n'avoir plus de ces longues journées à passer sur le dos d'un chameau sous un soleil accablant. Le colonel turc nous faisait espérer que nous passerions la plupart des cataractes en barque, et le Nil devait ainsi nous transporter jusqu'au bord de la mer. Le colonel se trompait, ainsi que nous le verrons.

Mollement emporté par le courant du fleuve, je

m'abandonnai à toutes les douceurs de cette navigation. La chaleur du jour était tombée; la nuit commençait à nous envelopper d'un voile transparent, j'étais heureux de songer que le lendemain je ne verrais pas mon repos interrompu par les cris des chameaux que l'on charge le matin, et qui pour moi signifiait: « Allons, en route! il faut marcher, toujours marcher! » Étendu sur une peau, les yeux tournés vers le ciel toujours serein, je laissai couler les heures avec un calme qui n'avait d'égal que celui de notre navigation.

Après un sommeil dont je ne calculai pas la longueur, je vis passer devant mes yeux, sur la transparence du ciel, un château! oui, un château élevé sur un rocher escarpé et couvert de créneaux! Sans avoir eu le temps de me rendre compte du lieu où je me trouvais, je me crus d'abord en présence d'un de ces châteaux du moyen âge comme on en voit sur les bords du Rhône, ou plus exactement encore sur le Bosphore ou aux Dardanelles. Puis je songeai que j'étais au Dongolah et que cela était intéressant. Mais j'étais trop bien pour troubler mon repos d'un pareil détail, et je laissai disparaître cette fortification sans plus amples renseignements.

Le lendemain, je vis succéder le village au village, la rive couronnée d'un rideau de palmiers à la rive déserte, le site sans attrait au site varié et pittoresque; tout cela sans y prêter beaucoup d'attention. Quand l'homme est saturé de changements, quand la fatigue du corps vient engourdir l'esprit, il lui faut du repos pour retrouver sa sensibilité. J'eus donc besoin de toute cette journée et de la nuit suivante pour recouvrer quelque faculté sensitive.

De loin en loin, on voyait quelques ruines chrétiennes. Notre barque glissait doucement devant elles sans que je me sentisse le courage de les visiter plus en détail; je me bornai à demander des renseignements aux gens du pays qui étaient avec nous. Ils m'assurèrent qu'elles ne contenaient aucune sculpture, ni autres détails intéressants, si ce n'est parfois quelques colonnes marquées de croix dans le haut (le chapiteau). Nous arrivâmes ensuite devant l'ancienne Dongolah, jadis capitale du puissant royaume chrétien qui avait succédé au paganisme et qui, à son tour, avait disparu devant la religion de Mahomet, demeurée en possession du pays.

Cette ancienne cité, aujourd'hui abandonnée de ses habitants, est d'une tristesse profonde. Les vents du désert ont amoncelé le sable dans ses rues silencieuses et autour des habitations dévastées et plus ou moins enterrées. Cette ville déserte est élevée sur un rocher de même nature que celui du mont Barkal; il paraît avoir été, du temps de la domination chrétienne, une sorte d'acropole, autour de laquelle s'étendaient des faubourgs plus importants que la cité même. Un couvent ou église, situé au nord de cette acropole, est assez bien conservé; mais il faut principalement attribuer ce résultat à l'usage qu'en ont fait les musulmans en le transformant en mosquée. Au sommet, on voit encore une partie des constructions en arcades qui formaient l'ancien campanile chrétien. Grâce à sa transformation, cet édifice a été respecté, malgré l'abandon de la ville. La mosquée est restée close, comme si elle était encore sur le point de s'ouvrir aux croyants.

Avec les habitants a disparu également la végétation autour du vieux Dongolah. Sans arrosement, dans ce pays, plus de jardins, plus de terres fertiles; le sable du désert reprend son empire sur la conquête passagère de l'homme.

Nous nous éloignâmes de ces ruines en jetant un dernier coup d'œil sur leurs crêtes désolées, dont les cimes se découpent sur l'horizon entremêlées à des espèces de tours en pain de sucre qui servaient jadis de pigeonniers.

Plus bas, nos bateliers mirent pied à terre pour renouveler leurs provisions. J'en profitai pour faire une tournée dans cette localité. Ayant entendu des chants et des cris du côté opposé au village, par derrière des bouquets de palmiers, j'y dirigeai mes pas. Je vis que c'était une cérémonie funèbre, elle touchait à sa fin; néanmoins j'en vis assez pour reconnaître qu'elle avait la plus grande analogie avec celle dont j'avais été témoin au village d'Abeidyeh Cette fois, moins surpris par l'étrangeté de détails qui n'étaient plus nouveaux pour moi, je me sentis bien plus vivement touché de cette scène. La réunion était moins nombreuse qu'à Abeidyeh, mais bien certainement plus sincèrement affectée.

Les cris partant de cette assemblée étaient si émouvants, les attitudes si désespérées, si suppliantes, les regards tantôt levés vers le ciel, tantôt baissés vers la terre, étaient si touchants, que je ne pus me défendre d'une profonde émotion. Les mouvements de la danse accentuaient véritablement d'une manière saisissante l'expression de la douleur.

Pendant que j'étais absorbé par cette scène, un de nos hommes vint me prévenir que l'on m'attendait pour partir. Je le suivis machinalement en songeant à tous les contrastes, à toutes les choses étranges de la vie orientale. Il n'y a véritablement que les habitudes consacrées dans nos mœurs qui puissent nous faire croire que la danse est incompatible avec l'expression de la douleur; de même que nous nous figurons difficilement la pudeur dans la nudité. Pourtant il est difficile de voir une expression plus candide, plus réservée, que celle de ces jeunes filles qui circulent ici à peu près nues au milieu de la foule.

Tout est contraste entre le monde d'Orient et le monde d'Occident. Ici on se découvre la tête par politesse; là, pour le même motif, on se la couvre avec précaution. L'Égyptien se déchausse pour entrer dans un saint lieu ou chez quelqu'un qu'il respecte; l'Européen, au contraire, se chausse avec soin. Celui-ci se garderait de toucher le premier à un mets ou à une boisson qu'il veut offrir. En Orient, la politesse veut qu'on mange ou qu'on boive le premier, et qu'on offre ensuite à son hôte. Par exemple, pour moi qui n'aimais pas le marc du café des Orientaux, je buvais la partie limpide et j'offrais ce marc à mon voisin, qui trouvait toujours que c'était trop de bonté de ma part. Cet usage veut dire : Buvez ou mangez avec confiance, cela est bon, ou plutôt cela n'est pas empoisonné puisque j'en goûte le premier; et ce raisonnement ne manque pas d'à-propos dans des contrées à demi barbares, où l'homme vit souvent isolé et sans contrôle. En Europe, la femme se couvre complétement, excepté la figure. Au contraire, la femme d'Orient se couvre avant tout le visage, puis le reste si elle le peut. Dans certains pays elle va presque nue, et trouve néanmoins un lambeau de linge à lever devant sa figure en présence des hommes, etc. On n'en finirait pas si l'on voulait énumérer tous les contrastes, toutes les choses qui semblent étranges, ridicules, avant qu'on en ait saisi le sens.

Nous continuâmes à nous laisser aller au gré du courant. Dans certains endroits, les bords du fleuve étaient chargés d'une belle végétation. Nous passâmes devant le village d'El-Handak, qui paraît animé et très-étendu. On y voyait une forteresse bâtie par les musulmans, et qui a une certaine importance pour l'endroit où elle se trouve. Ce lieu est un point de départ pour diverses localités du désert. Plus bas, la végétation continue à être variée : tantôt elle est belle, tantôt on ne voit que quelques palmiers clair-semés sur les rives. Les îles du fleuve que nous rencontrâmes de temps à autre paraissaient jouir d'une riche végétation. Nous remarquâmes surtout celle de Guertot, dont les arbres se déversaient presque sur l'eau; pourtant on y remarquait beaucoup d'acacias. Plus loin, le fleuve prit tout à coup la largeur d'un lac. Nous venions de dépasser plusieurs îles, et nous vîmes à notre gauche une petite ville ou plutôt une sorte de citadelle sur un rocher qui dominait les environs. C'était Annak : au loin, on apercevait sur des hauteurs quelques-uns de ces petits monuments religieux que les musulmans élèvent à leurs personnages vénérés.

Nous arrivâmes à El Ordah (Dongolah nouvelle), sans autre incident remarquable ou qui différât sensiblement de ce que nous avions vu plus haut. El Ordah est appelée aujourd'hui officiellement Dongolah, parce que ce lieu est devenu la capitale du pays de ce nom, par suite du camp, ou, si l'on aime mieux, de l'espèce de forteresse qui fut établie près de ce village pour recevoir les troupes égyptiennes après la conquête du Soudan. Par suite, ce village déjà important est devenu la principale cité, la nouvelle capitale du pays de Dongolah. En dépit du nom officiel qu'on lui impose, ce pays continue à être appelé El

Ordah, du nom asiatique, tribut, apporté par les mameluks qui vinrent s'établir en ce lieu, ce qui attira autour d'eux une population à laquelle ils donnèrent ce nom.

Nous débarquâmes à Dongolah pour prendre quelques jours de repos, en attendant qu'on nous eût préparé un autre moyen de transport; mais nous étions si fatigués, qu'aucun de nous ne voulut prendre la route de terre et marcher de nouveau en caravane. Le gouverneur, les mariniers, les gens du pays, chacun nous disait que le fleuve était impraticable à cette époque pour les barques, à cause des cataractes et des nombreux rochers qui en obstruent le cours. Alors nous nous décidâmes à rester quelques jours à Dongolah, en attendant que nous ayons pu nous procurer des mariniers qui pussent et qui voulussent nous conduire par eau.

Nous fûmes logés dans une assez grande cour, entourée de bâtiments construits avec un pisé mêlé de paille hachée. La pièce dont nous fîmes notre demeure de préférence fut une espèce de grand hangar, dans lequel l'air pouvait circuler plus librement. Seulement ce local eut un grand inconvénient : les termites (fourmis blanches) mangèrent les effets que nous laissâmes à terre sans les isoler du sol. Toutes les parties en contact immédiat avec la terre se trouvèrent dans une seule nuit labourées de petits sentiers, comme ceux que tracent les fourmis d'Europe sous les pierres où elles établissent leur demeure; galeries au moyen desquelles elles dévorent ce qu'on a l'imprudence de laisser sur le sol. Leurs innombrables phalanges sont un véritable fléau pour le pays. Lorsque les fourmis envahissent une maison, elles en percent les murs de terre, s'attaquent à tout, et y font des dégâts tels, qu'elles forcent les habitants à déménager. Quand elles sont peu multipliées, les habitants s'en défendent en suspendant ou en isolant leurs effets par des pierres lisses, que les fourmis gravissent difficilement.

Du haut des terrasses de cette maison, ou plutôt de ces magasins, on jouit d'une belle vue. On voit le Nil dérouler ses contours bordés de frais jardins et de terres cultivables qui l'avoisinent en s'étendant au sud. De l'autre, les jardins disparaissent sous une forêt de palmiers, derrière laquelle se perd aussi le fleuve. Sur les deux autres côtés, la vue s'égare sur des terrains arides qui ont pour premier plan, ici le Nil, là le camp avec son enceinte de boue sèche, qui a la prétention d'être fortifiée.

Bien que nous fussions dans une capitale, il fallait se créer quelques occupations pour ne pas mourir d'ennui, car j'étais fort abattu, et je ne me sentais plus la force de courir sans cesse d'un côté et de l'autre, comme je le faisais précédemment. Pour me reposer un peu, pendant notre séjour à Dongolah, je pris des renseignements sur les usages du pays et sur divers autres sujets.

Le peuple, le costume et la plupart des usages du Dongolah sont à peu près les mêmes que ceux des Berbery de la haute Nubie. Au milieu de ces indigènes on trouve une population mélangée d'Égyptiens, de nègres, de Coptes et même d'Européens, qui tous ont conservé en partie leurs usages, ce qui donne un peu de variété à cette localité. Il est aussi quelques coutumes particulières qui attestent que dans cette contrée on est tout aussi accommodant sur les mœurs qu'en haute Nubie. Un homme qui avait d'abord consenti à nous accompagner jusqu'à une certaine distance, en descendant le Nil, vint ensuite rétracter son engagement, quand il apprit que notre départ était différé. Et, pour motif, il nous déclara que ce serait à son tour de posséder sa femme sous une huitaine de jours, et que notre retard l'empêcherait d'être de retour à ce moment. Cette étrange révélation nous surprit beaucoup; nous lui demandâmes quelques explications sur ce sujet, et il nous apprit que, n'ayant pas de quoi nourrir à lui seul une femme, il s'était adjoint un camarade pour en acheter une à eux deux. Nous crûmes d'abord que ceci était un fait particulier, une bizarrerie; mais nous apprîmes ensuite que ce cas n'était pas insolite dans cette contrée; que c'est un usage adopté par ceux qui ne peuvent seuls acheter une femme, usage qui a ses règles, ses conditions déterminées. Ainsi chaque mois ou chaque période de mois la femme, ou plutôt l'esclave qui se trouve ainsi appartenir à plusieurs maîtres, passe de l'un chez l'autre, de manière qu'en cas de grossesse il n'y ait pas d'incertitude sur la paternité.

Dans le monde entier, chez les peuples barbares comme chez les peuples civilisés, la reconnaissance de la paternité fut toujours la cause naturelle qui fit un crime de l'infidélité. Au Soudan il est mitigé, le vrai père peut toujours être mis en possession de son enfant; mais il n'en est pas de même chez les peuples civilisés : la loi, l'inflexible loi repousse le résultat comme la faute; seulement, si elle a tout pouvoir d'un côté, elle ne l'a pas de l'autre; c'est ce qui aggrave encore la faute; car, malgré la probabilité ou la certitude, l'Européen voit l'enfant de l'adultère partager, voler son bien, et s'imposer même à ses caresses.

D'après ce que nous venons de dire, l'excuse de notre marinier était trop naturelle pour qu'il ne fût pas délié de son engagement vis-à-vis de nous.

Un jour, en arrivant sur le bord du Nil, près de la ville, je vis quelques personnes occupées à charger sur des ânes deux cadavres. M'étant approché, je reconnus que c'étaient deux nègres; l'un était un homme n'ayant guère dépassé l'âge mûr, mais que la contraction des traits faisait paraître plus âgé. Ses bras amaigris et sa tête pendaient d'un côté du bât; il était presque entièrement nu, sauf un chiffon sale autour des hanches : encore celui-ci paraissait-il d'emprunt; car il était de même étoffe que le vêtement des gens du pays. L'autre était une jeune fille à peine formée, et guère plus vêtue que le précédent. Je remarquai que ses pieds nus paraissaient meurtris et l'un d'eux enflé par la fatigue.

Ayant demandé d'où venaient ces cadavres, on me montra des barques chargées d'esclaves qui descendaient le Nil en ce moment et qui étaient encore en vue. Ce convoi avait laissé ces deux cadavres; il venait de stationner sur la rive pour laisser manger ces malheureux; car il paraît que les barques étaient tellement encombrées qu'on ne pouvait s'y remuer. On voyait sur le sol des restes de feu; la poussière conservait encore l'empreinte des personnes qui s'étaient accroupies autour de certains points pour prendre leur nourriture. Je regrettais de n'être pas arrivé plus tôt pour étudier ce triste sujet. Néanmoins l'occasion de cette double mort avait réuni un cercle de commérages; chacun avait causé et s'était enquis de son côté des causes de ces décès. J'appris donc que les deux malheureux qui venaient de mourir de fatigue et de misère étaient des êtres privilégiés parmi leurs semblables. Ils avaient embrassé l'islamisme sans résistance, et, pour les récompenser, on allait les conduire au champ funèbre des vrais croyants; tandis que leurs camarades qui meurent en voyage sont simplement jetés dans le Nil si l'on est en barque, ou abandonnés aux vautours du désert si l'on est en caravane.

Une chose pourtant me semblait difficile; c'était le

moyen de faire entendre des explications abstraites de métaphysique religieuse à des gens qui n'entendent encore que peu de mots arabes, et par des djellabs qui eux-mêmes ne connaissent guère plus la langue nègre, si toutefois ils la connaissent. Je sentais trop par moi-même combien il est difficile, quand on connaît peu une langue, de sortir des sujets qui touchent aux choses les plus usuelles et les plus matérielles de la vie ordinaire, pour ne pas éprouver quelques doutes sur la sincérité de ces conversions, et je me permis de les exprimer. La réponse ne fut pas longue : un de mes interlocuteurs souleva le morceau de linge qui couvrait le nègre et se prépara à me montrer une preuve selon lui sans réplique, c'est-à-dire l'opération de la circoncision, que protégeaient encore des compresses. Celles-ci étaient imbibées d'un onguent fait avec du beurre et des feuilles sèches et pulvérisées. En apercevant l'inflammation et le triste état de cet homme, il n'en fallait pas connaître davantage pour être édifié.

Sachant d'ailleurs que les esclaves ont plus de valeur quand ils sont musulmans ou tout au moins circoncis, et que les hommes d'un certain âge supportent difficilement cette opération; en songeant que dans cet état cet homme avait dû traverser le désert à pied, je ne doutai plus que telle ne fût la cause de sa mort.

Quant à la jeune fille, elle avait naïvement supplié s djellabs de ne pas l'emmener loin de son pays.

Voyant leur insensibilité, elle avait même essayé de fuir dans le désert; puis enfin elle refusait de prendre la nourriture et gardait sans cesse une tristesse qu'elle communiquait aux autres; en un mot, elle avait été une mauvaise esclave. Enfin, se sentant très-mal, elle était, par la volonté de Dieu, devenue plus obéissante, et avait consenti à sauver son âme avant d'expirer. En d'autres termes, elle était morte de regrets, de désespoir et de fatigue! Qui sait quels regrets, quels douloureux sentiments se sont agités dans le cœur de cette jeune fille? Les regrets du pays qu'il fallait quitter pour jamais, la perspective de l'esclavage, l'abandon d'une mère, d'un père, de parents aimés ou d'un fiancé peut-être. Adieu tous les rêves d'un jeune cœur détruit! et là-bas, là-bas, l'esclavage à perpétuité! Adieu pays, montagnes, forêts profondes, adieu belle nature qui vis mes premiers pas! Affection, amour, il faut tout quitter pour jamais!...

Hélas! les pauvres êtres que l'on traite de la sorte ne peuvent même pas être mis en communication d'idées avec leurs possesseurs, dont ils ne connaissent pas la langue; et le pourraient-ils, que le djellab, endurci par ce commerce et par l'amour du lucre, qui émoussent les sentiments, serait encore insensible. Puis, pour soulager sa conscience, l'asservisseur trouve si commode de dire : Ces gens-là ne sentent pas comme nous.

Malheureusement on juge le plus souvent le nègre

d'après les échantillons les moins favorisés de la nature, qui nous arrivent et d'après les générations abâtardies qui se produisent sous le joug de l'homme blanc. Et l'on en conclut ensuite que ce peuple est très-faiblement partagé sous le rapport moral. C'est comme si les nègres prenaient pour type du blanc les tristes échantillons humains qui, le plus souvent, disgraciés dans leur patrie, s'en vont au loin cacher leurs vices ou leurs infamies. Ils ont là de beaux spécimens; aussi doit-on être peu étonné des idées bizarres qu'ils se forment sur notre compte. Ceux qui nous suivront dans la suite de ce récit pourront voir que le nègre est véritablement bon chez lui, qu'il a des égards même pour l'oiseau qui vient s'établir près de sa demeure. Là plus qu'ailleurs j'ai vu des pères tenir et caresser de tout petits enfants comme le ferait la mère chez nous.

Les malheureux esclaves dont nous venons de parler arrivaient du Kordofan, où ils étaient restés quelque temps en entrepôt, venant de plus loin

Depuis que le gouvernement égyptien est maître de cette contrée, le Kordofan est devenu un centre pour le commerce de l'esclavage, et le gouverneur de cette province ne manque jamais lui-même une occasion ou un prétexte pour exercer ses troupes sur les contrées voisines, où il espère faire une bonne chasse et ramener beaucoup d'esclaves.

On disait que Méhémet-Aly avait donné des ordres

pour que cette chasse aux hommes n'eût plus lieu; mais il y avait déjà longtemps qu'on disait cela, et les esclaves du gouvernement arrivaient toujours; car les nécessités d'État ont aussi leurs exigences, et tant que le gouvernement égyptien aura besoin de troupes nègres sur lesquelles il puisse compter pour garder au besoin son indépendance vis-à-vis du grand sultan ou contre la convoitise anglaise, il ne faut pas espérer voir disparaître cet affligeant spectacle [1].

Nous commencions à nous ennuyer du séjour de Dongolah, pourtant rien encore n'avait été fixé pour notre départ; aucun marinier ne voulait se charger de nous faire passer les cataractes en barque, pour nous conduire jusqu'à Ouadi-Halfah. D'un autre côté, le colonel turc, aussi bien que les autres, se sentait abattu, et dans l'impossibilité de supporter cette route en caravane. Il fit donc venir le reïs qui avait été indiqué comme le plus expérimenté, et cette fois il lui dit tout simplement : « Vous allez vous préparer à nous conduire en barque demain matin, ou sinon je vous ferai administrer deux cents coups de bâton ! » Les Turcs sont prodigues de ce genre de raisonnement; quoi qu'il en soit, le reïs répondit : *Allah kebir, min Allah!* Dieu est grand, c'est la volonté de Dieu ! et il fit ses préparatifs.

---

[1] Pourtant, j'ai ouï dire, que depuis l'époque où j'ai fait ces remarques, ce triste commerce de l'esclavage avait beaucoup diminué, et n'était plus reconnu officiellement. Du moment où il ne sera plus avoué officiellement et moralement, il faut espérer qu'il marchera à grands pas vers son extinction.

CHAPITRE XIV

RÉGION DES PIERRES ET DES CATARACTES

Passage d'une cataracte. — Notre barque violemment emportée. — Influence du point de vue. — Nouvelle cataracte. — Ruines de Secé. — Soleb ou Abuncis. — Doch Néloun. — Amara. — Les phases de la génération. — Cataracte de Dal. — Le pays des pierres. — Un monde exceptionnel. — Semné. — Temple de style primitif. — Pauvre pays. — Plus d'espoir. — Le chaos. — Souvenir et réalité.

Enfin nous partîmes, le courant du Nil nous emporta de nouveau du côté de l'Égypte. Ses rives étaient charmantes et son cours paisible. Rien ne pouvait nous faire présager le chaos où devait se précipiter notre barque. Nous voguions entre de nombreuses îles couvertes de culture, d'une belle végétation, et parmi lesquelles on nous signala celle d'Argo, que nous longeâmes pendant longtemps. Dans cette île, deux colosses couchés sur le sol près de quelques ruines, et un autre couché dans la carrière, disent au siècle présent que ce lieu fut florissant et plus tard troublé dans sa prospérité; mais aucun de nous ne songea à interrompre une si douce navigation pour jeter un coup d'œil à ces témoins des temps passés.

Le lendemain, 3 juillet, dès les premières heures, les figures de nos matelots devinrent soucieuses; pourtant rien n'était plus calme que la surface unie du fleuve autour de nous; mais on entendait en avant un vague bruissement : « C'est Hadji-Bar, c'est la rivière de pierre, dit notre reïs. Min Allah, que celui qui a femme, enfants et amis, mette pied à terre s'il veut être sûr de les revoir, ajouta-t-il; nous allons aborder pour cela, car je ne réponds de rien. » Chacun avait fait le courageux alors que nous étions loin du danger; mais à ce moment que l'air était rempli d'un bruit sinistre, que devant nous le gouffre béant dressait une forêt de rochers sombres et d'écueils menaçants, la réflexion fut plus sérieuse, et je vis avec quelque étonnement que je restais seul dans la barque avec les matelots les plus déterminés. Mes compagnons de voyage avaient donc à peu près une lieue à faire à pied sur le bord du Nil, pour aller nous rejoindre au bas de la cataracte, distance qui allait être parcourue sur le fleuve avec une vitesse prodigieuse.

Lorsque le bateau fut ainsi allégé de la presque totalité de son chargement, que chaque marinier fut à son poste, nous avançâmes contre une multitude de rochers qui dressaient leurs têtes hors de la surface liquide. A mesure que nous approchions, un vaste murmure de l'eau bouillonnante semblait envahir tout l'espace. Pourtant la barque avançait encore doucement sur une large surface d'eau calme; on eut dit qu'elle craignait de s'approcher du passage redouté. Cette tranquillité présente avait quelque chose d'émouvant, le fleuve semblait nous laisser en repos, comme pour mieux nous faire sentir le danger qui nous attendait.

Devant nous se présenta une barre blanche et transversale qui séparait l'eau en deux parties bien distinctes : en amont, elle était calme et réfléchissait le ciel; en aval, elle bouillonnait comme si la barre de granit qu'elle venait d'atteindre eût été un corps incandescent. Aussitôt que la barque fut engagée sur ce point elle frémit sous les premiers chocs, et précipita sa marche à travers les tourbillons; chacun se sentit frissonner!...

Un instant il semble que la proue va sortir de l'eau : elle s'élève, puis replonge dans les flots écumeux qui nous emportent à travers un brouillard de vapeurs humides au sein d'un labyrinthe de passages étroits, hérissés de rochers. L'eau s'amoncelle de toute part et ne présente plus de surface unie; notre frêle esquif serpente avec la rapidité du poisson, on entend mille bruits confus; c'est à peine si l'on a la conscience de sa position.

Il y eut un moment où nous fûmes entraînés dans un passage étroit où l'eau se précipitait avec furie sur des rochers : on ne voyait plus d'issue ni à droite ni à gauche, la barque fut lancée droit sur un rocher; à ce moment les uns levèrent les bras en signe de désespoir, d'autres cherchaient déjà du regard les pointes de rochers où ils pourraient s'accrocher. Puis, au milieu des écumes, nous sentîmes une vive commotion : c'était le flot qui, rebondissant lui-même sur le rocher, enleva notre barque, la fit virer et la lança dans une autre direction, d'abord dérobée à nos regards, pour nous précipiter sur de nouveaux écueils.

Notre barque semblait manœuvrée par une puissance surnaturelle, elle courait en zig-zag, effleurait les rochers, plongeait et se relevait d'elle-même. Parfois nous arrivions sur une eau plus tranquille; mais ces moments étaient de courte durée, et présageaient un barrage de rochers où nous allions être précipités de nouveau.

Quand je songeai que nous avions une lieue à faire de la sorte, je commençai à regretter mon imprudence; car la réussite de notre traversée était à peu près confiée au hasard, si ce n'est le choix du point où l'on s'engage. Une fois lancé dans cet effrayant désordre des éléments, l'homme n'a véritablement rien à faire qu'à attendre son salut de la Providence. Après mille tressaillements, de continuelles angoisses, nous arrivâmes enfin au bout de cette cataracte. Chacun se sentit déchargé d'un rude poids; la barque elle-même semblait se reposer de ses efforts, sur la surface aplanie de l'onde encore frémissante. Les regards qui se rencontraient semblaient dire : « Dieu soit loué! nous venons de l'échapper belle ! » Les marins se mirent à faire leur prière, et le reïs en particulier adressa une fervente action de grâces au grand Allah, « Allah kérim! » Puis nous abordâmes à la rive où nous devions reprendre les voyageurs débarqués et les effets portés à dos de chameau, aussitôt qu'ils seraient arrivés; car nous, nous n'avions pas navigué, nous avions volé sur des flots d'écume.

En attendant mes compagnons de voyage, je cherchai une hauteur pour examiner l'effet d'ensemble de cette cataracte, que je me figurais être beaucoup plus importante que celle de Syène, à laquelle je n'avais pour ainsi dire donné qu'un regard de dédain, tant elle m'avait paru au-dessous de sa renommée. D'après les émotions que je venais d'éprouver, je m'attendais à voir en ce lieu quelque chose de bien plus imposant; aussi ne fut-ce pas sans surprise que je vis, comme à Assouan, une multitude de rochers qui semblaient sortir d'une eau presque tranquille et horizontale. Je n'aurais jamais pu me figurer, si je ne l'avais éprouvé moi-même, que cette longue surface blanchâtre, en apparence si peu agitée, eût une aussi impétueuse vélocité! Tout dépend du point de vue, me disais-je; ici, loin du danger, l'amateur du pittoresque ne trouve rien d'assez accentué au gré de son imagination; mai là-bas, quand on est secoué par ces flots tumultueux, enveloppé par leur vapeur agitée, l'effet est tout autre. Cette différence de point de vue me fit excuser les narrateurs qui ont décrit emphatiquement les cataractes du Nil, surtout s'ils les ont vues du bord d'un esquif lancé sur leurs flots.

Lorsque mes compagnons de voyage et nos effets furent arrivés et réembarqués, nous reprîmes notre route en descendant le Nil; le lendemain, à une journée au-dessous de cette cataracte, avant Kouké, nous entendîmes de nouveau un lointain murmure, malgré le bruit des hommes et des rames nécessaires pour résister au vent contraire à notre direction. C'était une nouvelle cataracte dont nous étions encore à une lieue environ. Nous y arrivâmes au crépuscule. Celle-ci n'est, pour ainsi dire, qu'un grand barrage de rochers de granit occupant toute la largeur du Nil, qui est à peu près de quatre à cinq cents mètres dans cet endroit. Cette cataracte n'a que cent et quelques mètres dans le sens de la longueur du fleuve, et malgré ce peu d'étendue elle est très-difficile à franchir : elle produit un grand bruit, parce que sa chute est rapide et qu'elle est hérissée d'une foule de petits rochers qui fendent et refendent le courant. Aussi, le lendemain matin, déchargea-t-on complétement la barque et on invita les voyageurs à descendre. Cette fois je ne me fis pas prier. La barque étant entièrement allégée, on y attacha de longs cordages, qui furent remis entre les mains de plusieurs groupes d'hommes placés çà et là, sur des rochers, pour la retenir et la diriger, afin qu'elle ne se brisât pas sur les pointes de rochers. Le passage de la barque fut ainsi effectué sans accident, mais avec beaucoup de précautions et de peines. Quand les eaux du Nil sont plus élevées, cette cataracte ne doit pas présenter de grandes difficultés à la descente; car alors ces rochers, qui se montraient à fleur d'eau lors de notre passage, sont entièrement recouverts et l'on ne risque pas de voir les barques se fendre sur ces écueils.

Vers midi, nous passâmes devant les ruines du temple de Secé, dont il ne reste plus debout que quatre colonnes, que l'on voit de loin se détacher sur un ciel bleu. Celles-ci ont un aspect lourd, leurs chapiteaux forment une couronne en feuilles de palmier, sans autres ornements ni moulures. Une pierre de sommier, portant les entablements, reste sur chacun des chapiteaux. Le terrain qui constitue cette contrée est presque partout de grès, comme au-dessus de Dongolah.

Le 5, dans l'après-midi, nous arrivâmes près de Gourieu-Taoua, hameau non loin de Soleb, où se trouvent les ruines d'un des plus beaux édifices de la Nubie. Il paraît appartenir à l'ancien Abuncis, que Ptolémée place à trois degrés et demi au-dessus de Philæ. Ce monument laisse encore debout de belles colonnes et divers pans de murs ornés de sculptures. Il était précédé d'une avenue de sphinx, dont on voit encore quelques débris. Le premier pylône, en grande partie renversé, avait reçu un développement plus grand que d'habitude, par rapport à la longueur de l'édifice, qui était d'environ trente-trois mètres, tandis que le pylône en avait presque le double. La porte était richement ornée de bas-reliefs et donnait entrée à une cour à peu près carrée, entourée de portiques simples sur trois de ses faces, et doubles du côté qui se présente en avant. Sept belles colonnes de ce magnifique péristyle sont encore debout, et beaucoup d'autres montrent une partie de leurs fondations. Ces colonnes, richement travaillées, sont formées par un faisceau de huit demi-colonnettes jointives, composant la circonférence de la colonne. La richesse même de cette forme est la cause de la petite quantité de bas-reliefs dont elles furent ornées; car cette disposition se prêtait mal à recevoir des décorations.

Le chapiteau est formé par un renflement, rétréci ensuite en forme de fleur de lotus tronquée. Les nervures de la colonne se continuent dans le chapiteau, et leurs jointures reçoivent pour ornements, en contre-haut et en contre-bas du renflement, d'autres faisceaux plus petits. Ce chapiteau est couronné d'un abaque rectangulaire. Les murs du pourtour paraissent avoir été couverts de bas-reliefs; mais la friabilité du grès dont ils sont bâtis est cause de leur disparition presque totale.

De ce péristyle on passe dans une salle hypostyle,

dont presque toutes les colonnes sont renversées et disparues. Ce qui en reste indique que ces colonnes étaient les mêmes que celles de la belle ordonnance du péristyle. Le manque d'indications plus certaines permettrait de supposer que cette partie de l'édifice formait encore une cour comme la précédente; pourtant la similitude de ce monument avec d'autres ainsi que les convenances, nous portent à la considérer comme une salle. En continuant à avancer, on traverse un portique de douze colonnes, qui paraît avoir été à jour, entre deux petites cours, pour pénétrer dans la partie postérieure de l'édifice, dont la distribution laisse beaucoup de doute par le peu qui en reste. Les colonnes de ce dernier portique étaient cylindriques, avec des chapiteaux en branches de palmier; trois sont encore debout, presque entières. Sur le bas de leur fût, on voit des figures de captifs ayant les bras liés derrière le dos. Parmi ces captifs, on distingue le type nègre et plusieurs types de race blanche plus ou moins barbus ou imberbes. Ces bustes paraissent offrir les physionomies d'une quarantaine de peuplades conquises. Un grand écusson, derrière lequel se perd la partie inférieure de chaque buste, contient des inscriptions hiéroglyphiques, qui sont probablement les noms des provinces soumises et l'indication des batailles gagnées. Mais ces inscriptions sont en grande partie détériorées, l'une d'elles donne le nom de Mésopotamie.

Parmi quelques inscriptions hiéroglyphiques placées sur les fûts des colonnes du péristyle et dans les bas-reliefs du pylône, on lit le cartouche répété d'Aménophis III, le huitième roi de la dix-huitième dynastie égyptienne, ce qui a fait attribuer ce monument à ce roi, qui régna de 1687 à 1657 avant notre ère. On sait que ce furent les derniers rois de la dix-septième dynastie et les premiers de la dix-huitième qui délivrèrent l'Égypte des Arabes pasteurs; il semble probable pourtant qu'une partie des captifs à barbe figurés sur ce monument appartiennent à ces peuples arabes. Ce qui indiquerait la continuation de guerres avec eux.

Le temple dont nous parlons étant un des plus beaux édifices de la Nubie, donne lieu à un rapprochement de circonstances significatives : c'est la prospérité de l'Éthiopie, aussi bien à Napata qu'ici, liée à celle de l'Égypte, et sous les mêmes souverains qui élevaient Karnak. Et cette époque de prospérité correspondant également à un siècle de puissance et de gloire militaire, ces données se confirment donc en quelque sorte les unes par les autres. Les rois de la dix-septième dynastie, n'ayant trouvé de sécurité que dans la basse Éthiopie, s'attachèrent dès lors, ainsi que leurs successeurs de la dix-huitième dynastie, à cette contrée, pourtant peu favorisée de la nature.

En quittant Soleb, nous atteignîmes bientôt Doch Néloua, ruines où l'on trouve le nom d'Aménophis III.

Ici on ne voit qu'une seule colonne, s'élevant au milieu des décombres; mais cette colonne est d'un grand intérêt archéologique, elle nous montre un style de transition entre la colonne cannelée de l'époque primitive et celle à chapiteau plus compliqué qui vint ensuite. Le fût de la colonne est orné de cannelures comme celles de la colonne ancienne, mais plus multipliées, et le chapiteau, au lieu d'être un simple abaque rectangulaire, est composé de quatre têtes d'Hathor, surmontées d'un couronnement, qui comporte quatre grandes consoles formant volute.

Nous passâmes ensuite à Amara. Là, on voit six colonnes ayant à peu près les deux tiers de leur hauteur, et quelques autres n'ayant que leurs fondations. Il y a si peu de débris autour de ces colonnes, qu'on serait tenté de croire que ce monument est resté inachevé; ce qui tend encore à le faire penser, c'est qu'au lieu de voir ces colonnes engagées dans les décombres, leurs bases sont au contraire dégagées et élevées sur un tertre et les hiéroglyphes n'ont pas reçu d'exécution. S'il fut achevé, on ne s'expliquerait guère cette absence de débris, même en admettant que le corps du temple fût en briques.

Les colonnes sont couvertes de petits tableaux sculptés, dont les personnages ont à peine une grandeur moitié de nature. Ils rappellent une époque récente. Le plus grand nombre des sujets, composés de deux personnes, représentent, comme la plupart des sujets égyptiens, des offrandes ou des hommages de l'une à l'autre.

Pourtant il est une série de ces tableaux qui présente un intérêt particulier. Ils semblent retracer les diverses phases de la génération humaine. Dans chacun, on voit un personnage qui présente l'embryon au dieu Osiris debout, tenant d'une main la croix à anse et de l'autre un sceptre; sauf le premier, où Osiris est remplacé par le dieu régénérateur avec les attributs qui le caractérisent. Ici, l'offrande est faite par un homme qui présente un petit récipient placé sur sa main; sur le second tableau, le dieu est à tête de lion, l'offrande, faite par une femme, est encore sous la forme d'un petit récipient placé sur la main. Sur le troisième, le dieu est à tête d'épervier, et la main de la femme qui fait l'offrande supporte un tout petit rudiment de forme comme celle d'un enfant accroupi. Sur le quatrième, le dieu est à tête d'ibis, l'offrande est encore faite par une femme, sous la forme d'un très-petit enfant toujours tenu dans le creux de la main. Dans le cinquième tableau, le dieu est à tête de bélier, l'enfant est placé dans un récipient à deux lobes, que présente un homme. Enfin, sur le sixième, l'enfant, assis dans le même récipient, est présenté par une femme à Isis avec tête humaine, qui remplace ici Osiris. Isis représentant la terre, ce dernier tableau serait le symbole de sa venue au monde. Elle tient également dans ses mains la croix à anse et le sceptre.

Au-dessus de chacun de ces tableaux, une place avait été ménagée pour des inscriptions hiéroglyphiques, qui n'ont pas reçu d'exécution. Dans les légendes verticales on lit quelques noms inconnus, et qui paraissent appartenir à l'époque la plus récente de l'art égyptien.

Le 8 juillet, nous étions à Dal, en tête d'une longue cataracte, que les géographes ne comptent pas, bien qu'elle soit plus longue et qu'elle présente des points plus difficiles à franchir, dans cette saison, que celle dite troisième cataracte. Pour traverser cette cataracte, de même que pour franchir plusieurs points situés entre celle-ci et celle de Ouadi-Halfah, il faut employer les cordages comme à Kouka, circonstance que ne manquèrent pas de faire valoir nos mariniers pour nous décider à nous mettre en caravane jusqu'à Ouadi-Halfah. D'ailleurs, le vent contraire qui entravait notre navigation n'était pas engageant. Souvent nous ne pouvions avancer, dans le sens même du courant, qu'à force de rames. En outre de la multiplicité des obstacles, l'expérience que nous avions acquise par le passage des cataractes précédentes nous rendit aussi moins sourds aux prières du reïs. Enfin, les jours de repos que nous avions goûtés sur les barques avaient un peu éloigné l'appréhension que nous avions du chameau. Toutes ces considérations réunies nous firent prendre la décision de nous remettre encore une fois en caravane, à la grande satisfaction du reïs, qui se trouvait dès lors dispensé de la plus dangereuse partie de la tâche qu'on lui avait imposée, sans avoir rien à craindre pour l'épiderme de ses reins, qui avait à redouter le bâton turc en cas d'insuccès.

Le 8 et une partie du 9 juillet furent employés à de nouveaux préparatifs pour nous mettre en caravane. Le pays qui s'étendait devant nous jusqu'à Ouadi-Halfah, se nomme *Beled-el-Adjar* (le pays des pierres), nom parfaitement mérité. Le Nil coule dans un lit hérissé de rochers; ses rives ne sont guère plus favorisées, et tout le reste du pays n'est que rochers et sable.

On n'y trouve que quelques misérables hameaux, dont les habitants cultivent d'étroites parcelles de terre enclavées dans les rochers que laissent les caprices du fleuve. La faible population de cette contrée n'est pas plus dénombrée qu'ailleurs; mais on peut l'évaluer à peu près, d'après le nombre des saki nécessaires à l'arrosement du sol; on ne compte guère que cent vingt-cinq de ces machines sur tout ce pays. Ailleurs, cent vingt-cinq saki représentent encore une culture capable de nourrir une certaine population. Mais ici, obligé que l'on est d'en établir une quelquefois pour de très-faibles surfaces de terre cultivable, elles ne représentent qu'une population d'environ six à sept cents habitants.

Le pays qui s'étendait devant nous est pittoresque; mais d'un bien triste aspect; ce ne sont que sables et rochers nus. Dans les flancs des montagnes, on aperçoit des couches horizontales de grès, pareilles à celles des montagnes de la première partie du désert de Korosko. Aussi loin que la vue peut s'étendre du côté de l'ouest, le pays est le même; c'est toujours ce grès en partie ferrugineux, dont les couches sont en général très-friables. Un homme, auquel je demandais si les sables et les grès comme ceux qui nous entouraient s'étendaient loin au couchant, me répondit : Jusqu'au bout du monde! c'est-à-dire qu'il n'en connaissait pas la fin.

En voyant que je m'intéressais à ces renseignements géologiques, il pria un de ses voisins de m'apporter un bois curieux qui était aussi lourd et aussi dur que du fer, me disait-il; je m'attendais à voir quelques-unes de ces massues en ébène du Soudan; mais il arriva portant dans les mains des morceaux de bois pétrifié, de même nature que celui du Caire. Il m'apprit qu'on en trouvait dans certains endroits jusqu'à huit jours de marche et même plus loin; mais que ces morceaux venaient de moins loin, un peu plus d'un jour de distance près de montagnes comme celles qui nous environnaient. Le vaste gisement de grès friable repose en cet endroit, de même que dans la basse Nubie, sur des roches primitives, comme près des deux premières cataractes.

Non loin de Dal je remarquai une ancienne fortification, élevée comme une lourde tour carrée au sommet d'un rocher qui, lui-même, ressemble à une construction; toutes ses faces sont taillées à pic. Cette masse me parut appartenir aux roches primitives et non au grès.

Notre marche s'effectua sur des terrains variés : on y trouve, parmi le grès, des granits, des schistes micacés et des fragments de quartz hyalin. Malgré l'aspect misérable de cette région pierreuse, on rencontre à différentes reprises des ruines qui paraissent avoir appartenu aux chrétiens, ainsi que des ruines égyptiennes. Parmi ces dernières, celles de Semné sont les plus remarquables et les mieux conservées. Tous les pays que nous parcourûmes pendant plusieurs jours semblent véritablement déshérités des bienfaits de la nature. Le sol est d'une aridité effrayante. Le Nil lui-même, ce fleuve de vie, est dans cette contrée couvert de rochers noirs, contre lesquels l'eau se heurte avec fureur et semble s'irriter de leur résistance. Tout ce qui entoure est nu, décharné et ressemble au chaos : l'homme se sent mal à l'aise au milieu d'une pareille nature.

On ne rencontre que de loin en loin quelques maigres parcelles de végétation, quelques lieux habités, quelque signe de vie. On voit parfois un vieillard à barbe blanche, gardant un troupeau de chèvres ou filant la quenouille. Ici les mœurs particulières et primitives se montrent dans toute leur simplicité.

Ces populations, isolées entre leurs montagnes nues, ne semblent pas se douter qu'il existe ailleurs un meilleur pays, doué d'une plus riche végétation. Leur petit entourage, au milieu d'une nature si désolée, leur semble être le centre du monde, et pourtant à l'époque où Méhémet-Aly envoyait ses troupes au Soudan, ces rares habitants se sont vus tellement excédés de charges et de vexations de la part de la soldatesque turque, que la plupart durent abandonner le pays qui les vit naître eux et leurs ancêtres. Mais cette voix qui dit à tous les êtres de la création : « Mon pays, est le plus beau de la terre; » parla si vivement en eux, qu'ils revinrent presque tous chercher leurs petites oasis. Aujourd'hui ces malheureux se cachent avec leurs maigres troupeaux au sein de leurs rochers, quand ils prévoient des impositions en nature trop fortes pour leurs moyens; mais ils reviennent toujours à leurs pénates. Ces impositions sont d'autant plus lourdes pour eux que le pays est plus privé de ressources et les stations plus rares.

Au milieu de cette région disgraciée de la nature, on remarque un point qui n'est pas dépourvu d'agréments; partout ailleurs il serait d'une pauvreté et d'une aridité désespérantes; mais là, ces quelques palmiers qui avoisinent le Nil, ces quelques terres que l'on défend avec peine contre l'envahissement des sables; une petite anse du fleuve qui forme un port pour le stationnement des barques, un faible groupe de cabanes qui offrent quelques ressources; enfin deux points culminants, en face l'un de l'autre, sur chaque rive du Nil où sont des ruines égyptiennes, font de cet endroit un lieu remarquable. Cette localité, cette oasis au milieu de la région des pierres, c'est Semné! Là le fleuve est rétréci, obstrué et encaissé par un rocher, un barrage de granit, dont les deux côtés forment les éminences sur lesquelles sont situées les ruines égyptiennes, ainsi que d'autres ruines de fortifications et d'habitations, appartenant à une époque plus récente.

Les temples sont de petite dimension; mais d'une bonne exécution. Ils sont remarquables par leur antiquité et leur style : l'un et l'autre offrent des colonnes cannelées entre des piliers carrés. Celles du temple de la rive gauche sont ornées sur leur pourtour de vingt petites facettes concaves, qui ressemblent aux cannelures de l'ordre dorique grec, dont elles ont à peu près les proportions. Les chapiteaux sont formés d'une pierre rectangulaire formant un bandeau simple dont la hauteur est à peu près le tiers de la largeur, laquelle est un peu plus forte que le diamètre supérieur de la colonne. Une facette du devant forme entre les cannelures une ligne verticale d'hiéroglyphes. Sur les colonnes du temple de la rive orientale, les cannelures sont purement exprimées sans le moindre mélange. Ici encore, l'origine de l'ordre dorique attribué aux grecs est parfaitement reconnaissable sur ce monument qui remonte à une très-haute antiquité. D'après les tableaux et les cartouches des rois figurés sur ce monument, il paraît remonter à Osortasen III et avoir été restauré et dédié à son fondateur par Thoutmosis III, de la dix-huitième dynastie. En effet Osortasen III appartient à la dix-septième dynastie, époque à laquelle les pasteurs étaient maîtres de l'Égypte, qu'ils saccagèrent jusqu'à la première cataracte. Ce prince avait dû s'établir dans les parties les moins accessibles de ses États, et sous ce rapport Semné remplissait des conditions remarquables.

A partir de notre station de Semné, la route, jusqu'à Ouadi-Halfah, s'effectua dans un pays tout aussi triste, tout aussi dénudé que celui que nous venions de parcourir. Parmi les ruines chrétiennes que l'on voit, il n'y a rien de bien remarquable. En général, depuis que nous rencontrâmes de ces ruines, la brique cuite ou crue fait l'élément principal de leur construction. Quelquefois le moellon, presque brut, est employé dans les parties inférieures. Quelques fragments de peintures grossières sur enduits laissent deviner des images de saints et d'apôtres, parmi lesquels on distingue saint Georges, qui paraît avoir joué un rôle important chez le peuple chrétien qui habita jadis ces lieux.

Cette dernière partie de la route fut pour moi comme le coup de grâce donné à mes forces. La veille, pendant notre repas de midi, malgré une chaleur accablante, je m'éveillai avec une sueur froide dans le dos, et je me sentis trembler à tel point que je ne pouvais tenir, sans l'épancher, une tasse de café qu'on me présenta. Lorsque ce tremblement eut cessé, M. Kovalewski fit remarquer que ma respiration était courte; que depuis quelque temps je ne pouvais plus supporter de marches actives comme précédemment, et il ajouta, comme il l'avait déjà dit avant cet accès, que j'étais atteint aux poumons. Le docteur eut cette fois la maladresse de l'approuver, et cela en ma présence. Ma faiblesse même me rendit plus crédule à cette double opinion. Qu'on juge de la situation où je me trouvais, sachant que cette maladie est mortelle. Il fallait donc me familiariser avec l'idée d'en finir bientôt avec la vie!...

Je n'entretiendrai pas le lecteur de toutes les impressions pénibles que me causa cette perspective; je dirai seulement qu'après avoir bravé sans effort, au Soudan, tous les dangers venant soit des hommes, soit des animaux féroces, soit du climat, je me trouvais sans force devant cette idée d'une mort paisible et lente, devant cette idée du néant que l'on voit arriver à pas comptés. La crainte de mourir avant d'avoir revu la France, ma famille, devint le sujet principal de mes pensées, et finit par être la seule espérance sur laquelle j'osais compter.

A mesure que nous avancions du côté de Ouadi-Halfah, je sentais mes forces m'abandonner de plus en plus, aussi ne fut-ce que par une sorte d'apathie, d'indifférence, qu'en arrivant près de la cataracte je m'arrêtai sur une hauteur qui la domine ainsi que le pays environnant, pour jeter un coup d'œil sur cette grande scène du chaos des éléments.

Je ne cherchais plus d'impressions et pourtant je ne pus me défendre d'une grande sensation en voyant, au milieu du désordre de la nature, l'eau mugir de toute part et se heurter contre une innombrable quantité d'îlots, de rochers noirs. Mille courants, mille tournoiements, mille bouillonnements s'entendaient de tous côtés comme les voix confuses d'une foule immense. Les eaux semblaient se déchaîner contre les écueils, qui les faisaient rebondir en flots écumeux. Ce désordre, ce fracas des éléments existe sur une largeur de plus de deux mille mètres et une longueur de plus de dix mille. Les montagnes arides et décharnées qui entourent de leurs têtes chauves cette vaste scène de désordre, venaient encore accroître ma tristesse et le trouble de mes pensées. Il me prenait envie d'être au milieu de ces éléments en furie pour sortir d'un trait de ma pénible perspective.

Mais une autre idée se présenta bien vite à ma mémoire. Je fermai les yeux pour songer à un autre point de vue, où j'avais souvent humé une fraîche brise me caressant le visage. Là pas de bouffées de vent brûlant, pas d'horizon de feu, de roche et de lumière. Du haut du Montabon, dont les cimes sont couvertes de forêts, de bruyère et de mousse, je voyais en souvenir, d'un côté, mon village de Charcey; de l'autre, la vaste plaine de la Bresse, où la Saône déroule paisiblement ses contours; magnifique panorama, frais et verdoyant que prolongent les montagnes du Jura, et que terminent majestueusement les cimes neigeuses des Alpes, qui se perdent dans les nues. Oui, je voulais revoir ce frais pays, peuplé de mille souvenirs. Oh! combien j'eusse désiré changer mon rocher nu, mon brûlant horizon du désert, pour cet autre horizon plein de vie et de fraîcheur. Mais, hélas! mers et continents m'en séparaient, un soleil de plomb pesait sur ma tête, la fatigue brisait mes membres, la souffrance m'accablait et il fallait cheminer... cheminer encore.

CHAPITRE XV

IBSAMBOUL

Les colosses d'Ibsamboul.— Le spéos d'Hathor.— Mésintelligence.— Le temple souterrain de Phré. — Révélations des tableaux antiques. — Incertitude sur la destination des temples. — On espère toujours. — Amada. — Réquisition à la turque. — Rébellion.

En quittant les hauteurs de Ouadi-Halfah, j'aperçus quelques ruines, quelques débris : ce devaient être ceux, souvent explorés, de la *Béhéni* des Égyptiens; mais je n'eus pas le courage, pas même l'envie de les examiner, mon seul désir étant de venir me jeter dans la barque qui devait nous conduire à la première cataracte. Le 16 juillet, je sentis avec plaisir ma barque prendre le large et descendre au gré du courant; j'étais tellement rompu, accablé par la chaleur, la fatigue et la maladie, que ma première journée se passa comme un long cauchemar. Je ne sus pour quelle raison, mais au lieu d'être tous réunis dans une seule barque comme auparavant, nous étions répartis sur trois, et je me trouvais seul dans l'une.

Vers le soir, lorsque je sentis la barque amarrée, je soulevai ma tête pour apercevoir le lieu où nous étions, et, trop faible, je la laissai retomber aussitôt. J'avais aperçu le Nil encaissé de rochers; mais, chose bizarre, ces rochers m'avaient laissé l'impression fantastique de géants adossés à leurs masses ou de monstrueux bustes sortant du sable dans diverses positions. Un peu après je fis un second effort pour me rendre compte de cette étrange vision. Ce n'était point une hallucination de mon esprit : ces colosses debout, ces colosses assis, dont je ne voyais que le buste et qui eussent eu plus de trente mètres de haut s'ils se fussent levés, étaient bien réellement devant mes yeux. Je reconnus que j'étais en face des gigantesques façades des Spéos, taillés dans les rochers d'Ibsamboul ou, si l'on aime mieux, d'Abou-Zimbil (le père de l'épervier).

Bientôt je vis mes compagnons de voyage se diriger vers le plus rapproché de ces temples pour le visiter; mais je n'eus pas la force de les suivre. Pour moi, qui eusse fait des centaines de lieues afin de voir ces monuments, c'est dire assez combien ma position était pénible. L'entrée du temple d'Hathor n'était cependant pas à plus de vingt pas de ma barque, mais ce ne fut que le lendemain, me sentant un peu mieux, que j'eus la force d'en visiter l'intérieur; pour le moment je me bornai à l'inspection de ce que j'avais sous les yeux. Six statues colossales, dégagées en plein relief dans le rocher, en décorent l'entrée, quatre de ces statues, les deux plus rapprochées ainsi que les deux plus éloignées de la porte, représentent Ramsès le Grand ou Sésostris, et les deux intermédiaires Nofré-Ari, sa femme, qui dédia ce temple à Hathor, Vénus égyptienne. Ces souverains ont à leurs pieds, l'un ses fils, l'autre ses filles, avec leurs noms et leurs titres. Ces dernières statues ne vont qu'aux genoux des plus grandes et pourtant elles ont déjà près de trois mètres de haut. Chacun des colosses, d'une belle sculpture, est taillé en relief dans une niche carrée. Au-dessus, la façade est complétée par un entablement et différents ornements refouillés dans le flanc de la montagne. L'autre temple, le plus grand, dédié à Phré, se voyait un peu plus loin, à gauche. Un amoncellement de sable s'élève en talus jusqu'au-dessus de la porte, et il a fallu pratiquer un trou dans ce sable, comme un entonnoir, pour pénétrer dans l'intérieur par le haut de la porte. Cette seconde façade est décorée de quatre énormes colosses assis, dont on ne voit que la partie supérieure, mais dont on peut se figurer la grandeur par la largeur des épaules, qui est de huit mètres. Ces figures d'une sculpture parfaite et d'un fini remarquable, rappellent le type des populations berbery, dont les Égyptiens anciens paraissent être les ancêtres. Malheureusement M. Salt, consul anglais, fit enlever l'une de ces belles têtes, ce qui défigure considérablement l'édifice. Le haut de la façade est décoré par une frise, comprenant le nombre sacré de vingt et une statues de singes ou cynocéphales.

Nous passâmes la nuit amarrés devant ces spéos, et le lendemain matin, quand je vis mes compagnons de route se disposer à aller continuer leur visite commencée trop tard la veille, je sentis que la fraîcheur de la nuit et le repos avaient ranimé un peu mes forces; j'en profitai pour visiter l'intérieur de ces spéos, entièrement taillés dans la montagne.

Le temple d'Hathor se compose d'un pronaos de douze mètres de côté, divisé en trois nefs par deux rangs de trois piliers chacun, décorés de têtes d'Hathor; ensuite d'un naos peu profond et de même largeur que le pronaos, auquel il communique par trois portes. Au fond et sur les côtés de cette seconde pièce, on trouve trois petits sanctuaires. Dans celui du milieu, qui a de deux à trois mètres de côté, on voit en face la statue d'Hathor adossée au rocher, entre deux pilastres carrés. Elle est surmontée d'une tête de génisse sacrée, dont la dépouille retombe derrière elle et l'enveloppe en partie de ses plis. Depuis l'entrée jusqu'au sanctuaire la profondeur du monument est de vingt-trois mètres.

Toutes les faces des différentes pièces de ce temple sont décorées de légendes hiéroglyphiques et de grands bas-reliefs qui, pour la plupart, sont des sujets d'offrandes. Les plafonds sont également décorés et peints de divers sujets; mais tellement enfumés, qu'il est difficile de les bien discerner.

J'avais parcouru assez bien le petit espace qui séparait le temple d'Hathor de la barque, malgré ma faiblesse et ma respiration courte; mais, quand il fallut gravir les talus de sable pour atteindre l'entrée du grand temple de Phré, il n'en fut pas de même. A chacun de mes pas sur ces sables inclinés, je reculais d'autant et restais presque à la même place. Voyant que nos hommes avaient déjà pénétré dans le temple pour allumer les torches et que j'étais seul en arrière, j'appelai quelqu'un. M. Kovalewski, qui se trouvait encore au dehors et à portée de me voir et de m'entendre, pénétra dans le temple. Je crus d'abord qu'il m'allait envoyer quelqu'un, mais j'attendis en vain; je restai seul là sur le sable sans pouvoir avancer.

Depuis longtemps j'avais éprouvé les effets du mauvais vouloir du colonel russe; mais ce manque d'aménité, de convenances d'un compagnon de voyage avec lequel j'avais partagé tant de périls, avait néanmoins quelque chose de bien pénible cette fois, à cause de mon état de souffrance. Hélas! il ne faut pas trop attendre de notre pauvre nature humaine. Je ne savais pas alors que M. Kovalewski, auquel je ne voyais faire aucun travail sérieux, eût l'intention de publier aussi une relation du lointain voyage que nous venions de faire. L'activité que j'avais déployée, toutes les fatigues que je m'étais imposées pour recueillir les plus intéressants documents, devaient être par cela même pour lui une chose pénible et sans cesse renouvelée; car, lui, n'avait été ni assez actif ni assez peu soucieux de sa personne pour s'aventurer là où il y avait quelque chose à voir, comme je l'avais fait si souvent. Et pourtant que de renseignements ne lui ai-je pas donnés, sans m'inquiéter s'il en ferait usage ou non!

Aujourd'hui, en lisant sa publication, dans laquelle il a eu soin de ne pas laisser paraître une seule fois mon nom, je vois que le plus souvent il cite les faits que je lui faisais connaître, comme les ayant observés lui-même. D'autres fois, je ne puis m'empêcher de rire, en me voyant désigné ainsi : « L'un des *Arabes* venus avec moi compta (dans les gorges du haut Toumate) cent trente éléphants réunis en troupeau... Un *soldat* fit telle ou telle chose, » etc., etc. C'est ainsi, quand il ne se met pas personnellement à ma place, que je me trouve aujourd'hui désigné dans son ouvrage, écrit en russe et analysé en français dans les *Nouvelles Annales des voyages.*

Il voyait aussi avec déplaisir les opérations que je faisais pour un relevé de cartes, que je ne pouvais lui communiquer avant d'en avoir fait le rapport géométrique; lequel ne devait pas laisser de liberté pour l'exagération. Il trouvait également singulier que mes dessins ne fussent pas exagérés, pour mieux faire sentir les choses, disait-il. C'est dans ce sens qu'il m'a laissé un spécimen de son savoir faire sur un de mes cahiers de notes. Aussi, avec nos manières différentes de voir, la première chose qu'il m'a fallu faire, sous peine d'épouser ses exagérations lors de l'apparition de sa publication, a été de ramener de deux degrés et demi, c'est-à-dire de près de quatre cents kilomètres, le point où il avait placé géographiquement l'extrémité de notre voyage, ce qui a fait le sujet de notices et de réponses qui, de part et d'autre, furent publiées dans le Bulletin des Sociétés géographiques de Paris et de Saint-Pétersbourg. M. Kovalewski, malgré l'assistance de graves académiciens moscovites, qui avaient d'abord cru à la précision de ses récits, fut obligé d'abandonner ses assertions; et sa carte, qui était sur le point de paraître dans les *Annales des voyages*, fut mise de côté. M. Kovalewski avait donc quelques raisons de craindre mon travail, et je ne dois pas être trop exigeant à l'égard d'un homme que mes récits trop pâles devaient gêner considérablement dans sa verve d'explorateur. Aussi plusieurs fois avais-je été obligé d'employer les moyens les plus décidés pour vaincre les obstacles qu'il cherchait à me créer. Cette fois, il n'y avait qu'un acte négatif; c'eût été peu de chose dans un autre moment, mais, malade comme je l'étais, je restai seul sur le sable glissant et brûlant. Pourtant ne pouvant pas me résigner à manquer pour cela l'étude d'un aussi intéressant monument, je m'approchai du rocher qui limite le sable, et là, me cramponnant des mains contre le rocher et des pieds sur le sable, je fis si bien, que j'atteignis l'entrée du temple, non sans m'être arrêté bien des fois pour reprendre des forces.

Quatorze salles ou pièces diverses, toutes évidées dans le rocher, forment l'ensemble de ce monument. Les principales sont disposées dans le même axe et en décroissant de grandeur à mesure que l'on avance, comme au temple d'Hathor, avec cette différence qu'ici elles sont plus importantes, et qu'il y en a une de plus dans l'axe principal; les huit autres pièces sont disposées irrégulièrement sur les côtés et paraissent avoir été pratiquées postérieurement.

Le pronaos a seize mètres de largeur sur dix-sept mètres cinq décimètres de profondeur; il est divisé en trois nefs par deux rangs de quatre piliers chacun, auxquels sont adossées des colosses en plein relief de plus de sept mètres de hauteur. Cette salle est d'un grandiose et magnifique effet. Ensuite on entre dans une seconde salle moins grande, qui est soutenue par quatre piliers. De là on pénètre par trois portes dans une autre pièce donnant entrée à trois cella ou sanctuaires; le principal, celui du milieu, est situé dans l'axe longitudinal de l'édifice, il présente au milieu un piédestal ou autel et au fond quatre statues assises. Par les deux portes latérales de la première pièce ou pronaos, on pénètre par l'extrémité des nefs dans de petits vestibules; ils donnent accès chacun à deux longues pièces contiguës, séparées par une cloison taillée dans le rocher et entourée d'une banquette étroite et élevée. La longueur de ces quatre pièces est perpendiculaire à l'axe principal du temple; elles sont complétement décorées de figures et d'hiéroglyphes, comme toutes les autres pièces. De la première salle ou pronaos, on pénètre aussi directement dans deux autres pièces latérales situées sur le côté droit.

Ce monument est d'une véritable magnificence, aussi bien à l'intérieur qu'à l'extérieur. Il est certainement l'œuvre la plus belle et la plus importante qu'ait enfantée la Nubie. Pourtant il ne faudrait pas s'exagérer les difficultés de sa construction, par ce seul fait qu'il est taillé en plein dans le roc. Ce rocher n'est autre que ce grès, souvent très-friable, qui constitue la majeure partie de la haute et basse Nubie, et qui par conséquent ne doit guère présenter plus de difficultés pour être taillé dans le roc que pour être édifié en construction ordinaire.

Parmi les sujets des bas-reliefs, en partie revêtus de leurs couleurs, on en trouve ici de très-intéressants et très-variés; les sujets d'offrandes font place en grande partie à des sujets d'histoire et de mythologie. Un de ceux qui me frappèrent le plus était un groupe de captifs nègres, ayant les bras liés derrière le dos, et enchaînés les uns aux autres par un même lien qui leur saisit le cou. La naïveté des expressions, la vérité des profils, étaient parfaites; mais un fait très-remarquable, c'est que ces hommes étaient presque entièrement nus, sauf une peau qui leur ceignait les reins; c'était à peu près ce que je venais de voir chez les populations nègres d'où je sortais; circonstance qui me montra que les nègres d'il y a trente à quarante siècles étaient dans le même état qu'aujourd'hui. Les populations nègres du Midi ne sont pas les seules figurées dans ces tableaux historiques des guerres de Sésostris. On y voit aussi les races du Nord, distinguées par leurs teints pâles, par leurs longs vêtements recouverts de manteaux et par des différences de traits bien senties.

La supériorité de la civilisation égyptienne sur celle des peuples soit du Nord, soit du Midi, se montre par beaucoup de détails. L'art de la guerre semble être l'apanage de la civilisation la plus avancée. A la fougue des peuples barbares et indisciplinés, attaquant sans ordre et qui ne semblent obéir qu'au fatalisme comme le font aujourd'hui les Africains en présence des Européens, on voit au contraire les Égyptiens opposer une tactique raisonnée; leurs évolutions sont combinées avec ensemble, l'ordre règne dans leurs rangs, et leurs mouvements semblent exécutés avec précision. Les tableaux qui représentent ces scènes manquent de perspective; pour y suppléer, les rangs des Égyptiens sont placés au-dessus les uns des autres, mais régulièrement, tandis que ceux des ennemis sont figurés dans des positions variées, qui indiquent suffisamment l'intention de l'artiste.

D'un côté on voit un assaut exécuté avec beaucoup d'ensemble, le chef se distingue sur son char de bataille.

Ailleurs on voit une ligne de chars conduits en bon ordre par les Égyptiens, bien caractérisés par leur costume, leur teint et leurs traits particuliers. En face, on voit les chars des adversaires qui se présentent en cohue et en désordre; ils se heurtent, se culbutent, et semblent déjà en déroute avant le choc. Les combattants qui les conduisent ont une mèche de cheveux réunis sur la tête, et sont en outre caractérisés, comme nous venons de le dire, par leur teint plus pâle et leurs longs vêtements. M. Champollion jeune dit que l'inscription hiéroglyphique qui accompagne ce groupe les nomme Scheto, qui sont les Scythes des auteurs anciens; ainsi les Égyptiens auraient porté leurs armes victorieuses jusqu'au cœur de l'Asie, chez des peuples alors beaucoup moins civilisés qu'eux; d'un autre côté, nous venons de voir, par d'autres tableaux, qu'ils les ont également portées jusque dans les régions voisines de l'équateur, où sont les populations nègres désignées sous le nom de Nahasi par les Égyptiens. Ces faits nous montrent que l'Éthiopie [1]

---

[1] Nous entendons par Éthiopie seulement les contrées où l'on trouve des ruines, des restes de civilisation, et qui sont limitées au sud par le Fleuve Bleu.

n'était point indépendante de l'Égypte : sans cela il eût d'abord fallu vaincre ce pays avant d'attaquer les nègres.

Le grandiose aspect de ces antres sacrés était bien fait pour imposer une crainte superstitieuse à la foule qui les visitait. De nos jours même, malgré toutes les lumières qui nous éclairent, on ne peut s'affranchir complétement de cette impression.

Plusieurs écrivains ont à tort donné à certains temples égyptiens le nom de palais. D'autres ont dit que ce n'était que le résultat de diverses constructions ajoutées les unes devant les autres en avant du sanctuaire, qui était le temple primitif. Ici on est bien obligé de reconnaître que le temple était conçu d'un seul jet dans son ensemble, puisque le pronaos devait être refouillé le premier. Ces spéos ayant la même disposition que les grands temples égyptiens, je ne pense pas que personne soit disposé à leur donner le nom de palais.

Pour sortir du temple de Phré, il fallait de nouveau gravir les sables qui s'étendent dans l'intérieur depuis le haut de la porte, puis l'entonnoir qu'ils forment en dehors, et que devait bientôt reboucher la tempête dans le mouvement éternel qu'elle imprime aux sables du désert. Quant à l'autre temple, il reste constamment ouvert, et sert depuis longtemps de refuge aux populations des environs contre les attaques des Bédouins du Gharb et de la Libye.

Avec l'aide de quelques Berbery je parvins, non sans

peine, à regagner la barque, qui reprit bientôt le large. En y mettant le pied, je tombai presque de faiblesse. Dire la pénible situation où je me trouvais serait difficile; les dangers qu'on brave, la mort qu'on affronte, ne sont pas comparables. J'avais toujours la pensée de cette mort certaine, qui m'avait été pronostiquée. Cependant celui qui a dit que l'espérance ne quitte l'homme qu'avec le dernier soupir a dit vrai. Pour mon compte, je me rattrapais sans cesse à quelque branche; mon idée se complaisait à supposer que le docteur s'était trompé, ou que cette maladie n'était plus incurable, ou bien encore que c'était un sentiment de pusillanimité qui avait porté le docteur à dire comme M. Kovalewski ; peut-être n'était-ce qu'une inflammation d'intestins, causée par les chaleurs et par les fatigues extraordinaires que je m'étais imposées. Des pensées consolantes ou d'espérance venaient ainsi tempérer ma situation.

Nos barques continuèrent à descendre le Nil, entre les montagnes de grès qui sont la continuation de celles que nous avions traversées dans le désert de Korosko, et sur les versants desquelles les vents d'ouest déposent de longues coulées de sable, comme nous les avions déjà observées.

. Nous passâmes devant Ibrim, antique Primis, sans la visiter, puis nous atteignîmes le temple d'Amada, qui date des ancêtres de Toutmosis IV, qui le termina ou plutôt qui y ajouta un pronaos en pilier en avant du portique, ou colonnes antiques qui sont d'un autre style. Ce monument, qui a été converti en église chrétienne, comme beaucoup d'autres, a conservé des traces de cette destination. On y voit encore les restes d'un clocher en briques crues; les anciens bas-reliefs, d'un beau fini, avaient été recouverts d'un enduit sur lequel étaient figurés des saints. Pendant quelque temps je dus renoncer à voir les monuments; j'étais trop faible pour supporter la moindre excursion.

Au-dessous de ce lieu, les vents étant devenus contraires, les hommes avaient grand'peine à faire avancer la barque par le seul secours des rames.

Nos mariniers, pour se faire aider, cherchèrent comme d'habitude des hommes sur la rive. Comme d'habitude aussi, ils tombèrent sur les premiers qu'ils rencontrèrent, sans s'inquiéter des conséquences que pouvaient avoir pour ceux-ci la corvée à laquelle on les soumettait. Ils entraînèrent d'abord des gardiens de troupeaux, laissant les bestiaux à l'abandon; puis les hommes qui conduisaient les sâki furent enlevés sans égard pour leurs travaux, et les bœufs qui soutenaient la chaîne sans fin des récipients pleins d'eau furent forcément livrés à eux-mêmes. Mais les agents de l'administration turque n'y regardent pas de si près, et les hommes furent entraînés. Tandis qu'ils étaient conduits à nos barques à coups de cravache, des femmes coururent au village pour donner l'alarme et ameuter les habitants contre nous.

A peine avions-nous fait quelques kilomètres avec ces hommes, que nous vîmes arriver une foule bruyante et armée de lances, de grands bâtons, de fourches et de fusils. Pour exciter les hommes, les femmes, enveloppées de leur pièce de toile, prenaient du sable dans leurs mains, le jetaient en l'air, en faisant entendre un cri de guerre étrange : dans le tumulte des voix, on distinguait ces syllabes répétées avec volubilité par chacune : *Athééééé, iou, iou, iou, iou, iou, iou, iou, iou, oû, oû.*

La barque de M. Kovalewski et du docteur se trouvait la première, et la mienne, plus petite, était à deux cents pas en arrière. Quant à celle du colonel turc, elle était fort loin en arrière, nous ne l'avions pas vue depuis le matin.

Lorsque cette troupe tumultueuse déboucha près de nous, sur le haut de la rive, nous fûmes salués par de nombreux cris de guerre et une volée de pierres. Les marins qui se trouvaient sur la plage avec les hommes de corvée qu'on venait délivrer forcèrent ceux-ci, à coups de courbache, à se jeter à l'eau, et s'y jetèrent eux-mêmes pour gagner la barque à la nage et prendre le large afin d'échapper à nos agresseurs.

Mais, une fois arrivés sur la barque, il ne restait plus que deux habitants de l'endroit. Les uns s'étaient échappés avant de se jeter à l'eau, et d'autres avaient fui à la nage.

Cependant l'arrivée incessante des Berbery ou Barabras sur la rive avait grossi leur nombre et formé un deuxième groupe qui s'avançait sur la barque du colonel russe. Près de nous les cris redoublèrent, des volées de pierres et des bâtons tournoyant en l'air nous arrivaient sans cesse, avant que nous ayons pu prendre suffisamment le large. Les fusils avaient été aussi braqués sur nous; mais, soit que ceux-ci fussent en mauvais état, soit que les munitions manquassent, ou bien que ces gens craignissent d'aggraver leur attaque par des coups plus meurtriers avant de savoir si leurs compatriotes seraient relâchés sans qu'ils en vinssent à cette extrémité, aucun coup de fusil ne se fit entendre.

Tandis que les cris de guerre et les projectiles arrivaient d'un côté, que de l'autre nos marins gagnaient le large au plus vite, il me sembla reconnaître par les gestes de nos agresseurs, dont les paroles restaient inintelligibles dans le tumulte, que ces gens ne désiraient que la mise en liberté de leurs compatriotes.

Alors je commandai aux mariniers de tourner au contraire la proue vers la rive, pour aller mettre à terre nos deux Berbery. A peine ce mouvement fut-il exécuté que les projectiles cessèrent de nous arriver. Les cris, les reproches, les gestes menaçants, ne continuèrent que de la part de quelques mégères plus acariâtres.

De son côté, le colonel eut une scène à peu près analogue, et qui finit de la même manière.

Jusqu'au moment de cette attaque, j'avais cru que ces hommes de corvée avaient été requis dans le village; mais, quand j'appris qu'ils avaient été enlevés violemment à des travaux où leur présence était indispensable, j'en fis des reproches aux gens de notre équipage. Ceux-ci, loin de s'émouvoir, me répondirent tranquillement que tel était l'usage; que, sans cette rigueur, les hommes disponibles fuient de leurs maisons quand on vient les requérir au nom du gouvernement égyptien, et qu'on ne trouve plus que les femmes, les enfants et les hommes qui ne peuvent fuir, ou qui n'ont pas la facilité d'abandonner les animaux qu'ils conduisent.

Cette scène nous avait amenés jusqu'au-dessous de Korosko, lieu où nous avions fait notre entrée dans le désert, et au-dessous duquel le cours du Nil nous est déjà connu.

Nous allons donc nous reporter de l'autre côté des déserts et reprendre notre récit à Kartoum; mais, avant de continuer notre itinéraire, je pense que c'est ici le moment de faire quelques remarques générales sur la formation du Sahara et sur les effets de mirage que nous avons eu si souvent l'occasion d'observer.

FORMATION DU SAHARA

On s'est demandé souvent si les sables du Sahara étaient un transport alluvionnaire, ou le résultat d'une décomposition spontanée de rochers préexistants. L'incertitude ne doit plus exister à cet égard pour celui qui aura présentes à la mémoire les observations que nous avons consignées dans ce récit. Cette question est assez intéressante pour que nous réunissions ici quelques remarques qui, non-seulement sont propres à fixer les idées à ce sujet, mais encore qui sont de nature à donner une idée de la constitution actuelle du Sahara et des causes de sa stérilité.

On sait que les grès abondent en Égypte; on a vu que, depuis les granits de la première cataracte jusqu'au milieu du désert de Korosko, le sol est entièrement formé de cette matière, sauf de très-faibles exceptions; que la friabilité de ces grès croît à mesure que l'on approche des plaines de sable.

A quelque distance d'Abou-Hamed, nous avons retrouvé les grès, qui règnent non pas exclusivement, mais dans de très-grandes proportions, jusqu'aux montagnes qui avoisinent Korosko. Dans le désert de Bahiouda nous avons encore retrouvé les grès avec des géodes, comme dans le désert de Korosko. Nous avons vu que le mont Barkal et ses environs étaient encore composés de ces mêmes entassements de grès. Là seulement il est blanchi davantage par des grains de feldspath passant à l'état de kaolin.

Dans l'espace qui sépare Dongolah de la deuxième cataracte, le grès est encore la matière dominante, et il paraît s'étendre très-loin dans l'ouest, d'après les rapports que nous avons recueillis. Enfin, depuis la deuxième cataracte jusqu'à la première, il règne presque exclusivement.

Nous avons vu, en quittant Korosko, que ces montagnes de grès sont très-souvent formées de couches d'une nature bien différente; les unes sont fortement liées par un ciment d'oxyde de fer et d'argile, et affectent une teinte sombre; les autres sont moins liées, et d'autres enfin ne sont que des grès très-peu agrégés, et que la moindre action mécanique réduit en sable de même nature que celui du désert. Ces montagnes forment des plateaux peu élevés au-dessus de la plaine, elles sont entrecoupées de gorges qui s'agrandissent de plus en plus en s'approchant des régions où le grès devient plus friable. A mesure que l'on approche des plages de sable, les plateaux se transforment en petites montagnes plus ou moins coniques, séparées par des fonds sablés qui s'étendent progressivement à mesure que les monticules perdent de leur importance. On reconnaît néanmoins leur structure en couches horizontales de diverses densités, et qui conservent encore le même ordre, la même position réciproque dans chacun d'eux. Enfin, dans les endroits où ce grès présentait trop peu de consistance, les couches supérieures sont complétement transformées en plaine de sable, où l'on rencontre encore de loin en loin quelques affleurements de ce grès ou psammite.

Ces circonstances parlent si clairement d'elles-mêmes, qu'il est presque superflu d'ajouter que l'origine des plaines de sable du désert vient de la désagrégation spontanée des parties les plus friables de ces vastes gisements de grès.

Maintenant, si nous consultons les voyageurs qui ont visité le Fezzan et d'autres parties du Sahara, nous apprenons également que les montagnes qui l'avoisinent sont constituées par des grès friables.

M. de Rosière, ingénieur de la commission d'Égypte, dit, en parlant des grès de ce pays, que là où le grès est friable les grains de quartz désagrégés et accumulés forment de longs amas au pied des collines, et quelquefois les masquent complétement. Ainsi noyées dans le sable, on les prendrait pour de grandes dunes, si l'on ne voyait saillir çà et là quelques pointes de rochers plus consistants qui ont résisté à la désagrégation. Dans d'autres parties, les couches supérieures déchirées et leurs débris épars sur les pentes inférieures offrent un aspect ruiné et tout démembré.

En examinant la relation du voyage d'Hornemann, qui s'est rendu d'Égypte au Fezzan par le désert, on y trouve plusieurs renseignements à ce sujet. Dans tous les lieux où ce voyageur a rencontré des montagnes, il a reconnu qu'elles sont d'une hauteur médiocre et disposées par couches horizontales. Toute sa description du Haroudje offre la plus grande analogie avec l'aspect des montagnes de grès que nous avons parcourues à partir de Korosko : seulement il dit que la roche en est « calcaire ou pierre à chaux. » Mais il est à présumer que sous ce dernier rapport il fait une erreur, parce que sa description indique des effets et des montagnes de même nature que celles dont nous avons parlé; en outre parce qu'il désigne sous la même qualité toutes les roches qu'il rencontre depuis l'Égypte jusqu'au Fezzan, bien que le Haroudje blanc et le sol du Fezzan soient connus pour être constitués en grès friables ou psammite.

Sous cette réserve, voici comment s'exprime Hornemann à l'égard de la première des montagnes du Haroudje noir, qu'il atteignit : « Elle était de *pierre calcaire et à chaux*. La montagne avait la forme d'un cône imparfait, je pense que son *stratum* était originairement horizontal, comme celui des montagnes que nous avions déjà passées; mais par quelles convulsions de la nature est-il maintenant rompu, retourné et tout pêle-mêle? La substance de la montagne, quant à la couleur et d'après l'examen d'un fragment, ressemble à un *basalte ferrugineux, et je crois que c'en est un.* »

Par cette indécision ou plutôt par cette contradiction, on comprend qu'il ne faut pas trop s'attacher au nom qu'il donne à la roche; d'ailleurs on voit encore, par la formation volcanique qu'il attribue à ces roches, quoique formées par couches horizontales, qu'il ne faut admettre dans son récit que la partie descriptive : voici donc le résumé des points les plus saillants de sa description.

« D'affreuses montagnes se succèdent les unes aux autres. La route serpente au sein d'étroits et tristes ravins, où l'on rencontre parfois quelques herbages, grâce aux pluies considérables qui tombent dans cette région. Sur des terrains parfaitement plats s'élèvent des montagnes isolées et peu élevées, dont les côtés, depuis le bas, sont extrêmement escarpés et couverts de pierres détachées. Les vallées intermédiaires sont couvertes de sables mouvants. La substance pierreuse de ces montagnes varie de couleurs et de densités. Bien que la stratification ou le lit de ces pierres soit parfaitement horizontal, elles sont souvent dérangées et les *strata* offrent des irrégularités. Enfin, les sables mouvants qui couvrent les plaines s'amoncellent autour des montagnes et de leurs bases. »

Pendant huit jours, avant d'arriver au Fezzan, il marche dans des défilés de même formation, d'abord plus étroits et plus accidentés de roches roulantes, puis plus larges. Dans un endroit, il chemine pendant quelques heures dans une plaine d'une certaine étendue; ensuite il continue dans de nouvelles montagnes du même genre, mais moins élevées. Là les fonds sont plus étendus et plus sablés. Ses compagnons de route lui dirent que les montagnes qui bordent la plaine sont plus basses et ont leurs pierres plus friables. Dans les terrains de cette dernière nature, qu'il a vus lui-même, il a rencontré des coquillages de mer pétrifiés, mais si faiblement incorporés à la pierre tendre, qu'on les en détache sans peine.

Ainsi, sauf les débris organiques que je n'ai pas eu occasion de voir, mais que M. de Rosière a observés dans des grès de la haute Égypte, il est impossible de trouver une description plus conforme à celle du pays que l'on rencontre en traversant le désert, au sud de Korosko.

M. Barth, de son côté, dit « que l'Hamâda, qui fait suite au Haroudje, en s'éloignant au nord-ouest, est un plateau dont la grande masse se compose de grès, que l'on prendrait au premier abord pour du basalte à cause de la surface complétement noire qu'elle offre, ainsi que des blocs détachés qui gisent à leurs pieds. On y rencontre quelques rares parties de gypse, d'argile et de calcaire. » Ce n'est que dans une partie du parcours compris entre Ghat et Tin-Tellous que ce voyageur traversa un vrai désert privé de toute végétation. Ce n'est que là aussi qu'il rencontra presque exclusivement des grès et des sables; ce sont en partie des grès rouges et blancs entre lesquels se montrent le granit et le quartz. Ce sol répond absolument à celui que nous avons traversé dans une latitude un peu plus méridionale : pourtant cette région, explorée par la mission anglaise, ne paraît nulle part offrir d'aussi vastes étendues d'une complète aridité.

Le Haroudje, ou plutôt des montagnes de même nature s'étendent très-loin à l'ouest du côté de Gadamès. Au sud, le Haroudje blanc s'étend dans le pays des Tibbous *Rshade* ou Tibbous des rochers, qui *habitent des cavernes*. En effet, nulle roche n'est plus propre à fournir facilement des habitations. Les couches supérieures, imprégnées de ciment ferrugineux, résistent aux intempéries; tandis que d'autres couches inférieures se désagrégent facilement et forment des cavernes. On sait que dans cette partie des Tibbous on voyage dans un désert de montagnes et de sable.

Nous voyons donc le désert de Lybie, le plus grand désert du monde, enveloppé de terrains où le grès friable l'emporte grandement sur les roches calcaires et primitives. Tous ces grès sont disposés en couches horizontales et forment des plateaux plus ou moins découpés, plus ou moins réduits en sable, selon le degré de cohésion des couches. Les parties dures et les plus résistantes paraissent exister principalement au périmètre extérieur de ce vaste ensemble. Le centre, sur lequel nous avons peu de renseignements, paraît offrir moins de montagnes et de plus vastes parties réduites en sables mouvants. Quant aux points où l'on trouve de l'eau et de la végétation, on peut presque être certain qu'une autre nature de roche se montre là, et que, si elle n'est pas visible, elle forme au-dessous des sables des couches imperméables.

Lors de la formation de ces vastes amas de grains quartzeux sous les eaux, il semble que les matières propres à faire un ciment pour les agréger n'aient pu atteindre que le périmètre, tant la masse était considérable; de là ces couches centrales qui se sont spontanément transformées en sable, dont les petits grains anguleux, privés de ciment, n'ont pu ni conserver les eaux, ni donner le moindre aliment nutritif aux végétaux. Si les terrains de grès forment toujours un mauvais sol dans nos contrées, où ils ne sont privés ni de pluie ni de matières étrangères, que peut-on espérer de ces vastes plages brûlantes au-dessus desquelles le nuage du ciel même ne peut que très-rarement subsister. Qu'il vienne du nord ou du midi, il semble se fondre et disparaître dans l'espace à mesure qu'il approche de ces régions ; et sans l'action dissolvante de l'eau, les siècles ont beau s'accumuler, ces régions semblent destinées à une éternelle stérilité.

D'où viennent ces immenses amas de grains quartzeux ayant presque tous la même grosseur; quelle a pu en être l'origine? Telle est la question qu'on s'est posée, sans l'avoir résolue.

M. de Rosière, en considérant les seuls amas que l'on trouve au-dessus des cataractes du Nil, avait pensé qu'ils étaient un produit des hautes régions du fleuve; que les débris les plus gros étaient restés en route, que les grains de faible grosseur s'étaient déposés dans des lacs formés par les barrières de granit, et que les parties limoneuses avaient été emportées plus loin dans la mer. Cette théorie est en effet admissible quand il ne s'agit que d'un bassin médiocre sur le cours du Nil; mais que devient-elle quand il s'agit de presque toute une moitié du continent africain, et de régions où le Nil ni d'autres rivières n'ont aucune action? Non, il faut reconnaître une cause plus puissante, plus vaste, dont nous ne pouvons nous rendre compte sans connaître les cataclysmes et les vicissitudes du globe, que les études géologiques plus approfondies révéleront peut-être un jour.

LE MIRAGE

Bien des voyageurs ont parlé des effets de mirage plus ou moins merveilleux qu'ils ont observés : les uns ont vu des paysages au milieu des déserts, des îles verdoyantes, des villes, des ports de mer avec des vaisseaux à flot; quelques-uns même croient avoir vu des chameaux allant et venant sur des quais, etc., bien qu'étant hors de portée des lieux et des objets qui auraient pu motiver de tels effets. L'un de ces voyageurs, M. Kovalewski, celui-là même qui était avec moi et qui les observa à la même heure et des mêmes points, prétend avoir vu de vastes rivières, *coulant*, avec des rives verdoyantes; pourtant moi aussi j'étais là, et je n'ai rien vu que ce que je vais décrire et qui ne manque pourtant pas d'intérêt, quoique pris dans la simple réalité.

Tous les récits que j'avais lus, avant que ma propre expérience ne m'eût mis à même de les apprécier à leur juste valeur, avaient frappé vivement mon imagination; mais, actuellement que j'ai été à même d'observer d'innombrables effets de mirage, en traversant des déserts de toute nature et les plus chauds de la terre, mon jugement s'est modifié dans l'appréciation de ces récits. Pour qu'un objet soit reproduit par le mirage[1], il faut que son existence soit réelle au delà et à portée du lieu où il se produit, et, dans le cas

---

[1] Voici ce que la science développée par MM. Monge, Huddart, Wolaston et Biot nous enseigne :

Lorsque le sol est fortement échauffé par le soleil et que le temps est calme, la terre émet du calorique par voie de rayonnement. L'air se dilate, mais d'une manière inégale; cette dilatation est plus forte dan les couches immédiatement voisines de la terre; elle l'est moins à mesure que les couches s'en éloignent, et il en résulte des densités différentes. Or, les rayons lumineux partis des objets situés au-dessus de l'horizon pour arriver au sol, en traversant ces couches de différentes densités, sont chaque fois réfractés et finissent par être réfléchis. Quand on plonge obliquement dans l'eau une partie d'un bâton, il paraît brisé; cela vient de ce que les rayons lumineux sont réfractés, suivant un angle bien prononcé, en passant du milieu plus dense de l'eau dans le milieu moins dense de l'air. Mais si le rayon lumineux, au lieu de passer d'un certain milieu dans un autre très-différent, ne passe que d'une couche d'air plus dense dans d'autres successivement un peu moins

extrêmement rare, au milieu des déserts, où cet objet ne se trouverait pas en vue directe du spectateur, il faut qu'il ne soit pas à une distance qui le mette hors de portée de vue, sans quoi l'image, ordinairement affaiblie et souvent défigurée par la réfraction, serait de même inappréciable à l'œil. Aussi les cas de mirage plus ou moins étonnants que l'on observe hors de ces circonstances ne sont que des reproductions plus ou moins défigurées d'objets réellement réfléchis. L'effet de mirage le plus ordinairement reproduit dans les déserts consiste dans la teinte du ciel que réfléchissent les couches d'air dilatées inégalement sur certaines parties de la surface du sol : elles ressemblent à de l'eau, par cela seul que, comme une surface liquide, ces couches d'air réfléchissent le ciel. Cependant cette similitude n'est pas parfaite en tout point; les contours d'une surface liquide sont fixes et net-

denses, ce rayon lumineux, au lieu d'être réfracté suivant un angle bien dessiné, ne le sera que suivant de très-petits angles qui, ajoutés les uns aux autres, forment une courbure. Alors, si l'on suppose un observateur placé de manière qu'il reçoive en même temps les rayons lumineux qui partent des objets pour arriver directement à lui et ceux qui, partant des mêmes objets pour arriver au sol, sont réfléchis, cet observateur verra les objets eux-mêmes et leurs images renversées au-dessous d'eux. M. Biot, dans ses savantes *recherches sur les réfractions extraordinaires qui ont lieu à l'horizon*, explique, page 90, un cas où l'on peut voir l'objet directement et deux autres images inférieures, la première renversée et la seconde droite... Quant au mirage qui a lieu à la surface de la mer, il paraît être moins le résultat d'une différence de température dans les couches d'air superposées que celui d'un affaiblissement de densité produit par le mélange de la vapeur dans la portion d'atmosphère en contact avec la surface de la mer.

tement dessinés, tandis que ceux du mirage gazeux sont moins nets et ont presque toujours une certaine mobilité, une espèce d'oscillation qui vient de ce que l'air n'est jamais d'un calme parfait. Cet effet de mirage se produit dans trois circonstances principales. Dans le premier cas, la surface réfléchissante se trouve isolée sur les plages de sable : elle ressemble par conséquent à un lac ou à une mare d'eau. Dans le second cas, l'effet de mirage se produit à l'horizon et se lie avec le ciel; d'où il résulte qu'il ne produit d'autre effet que celui de faire paraître l'horizon plus bas qu'il n'est réellement. Le troisième cas, qui se prête à des illusions très-diverses, est celui dans lequel l'effet de mirage se trouvant un peu au-dessous de l'horizon, ne touche le ciel que par certains points, les plus bas de la ligne d'horizon. Dans ce cas, il suffit quelquefois que le spectateur se baisse ou se redresse pour que le contact ait ou n'ait pas lieu; mais, quand il a lieu, il ne se produit pas par une jonction d'abord peu sensible, comme on pourrait le croire : malgré une ligne de séparation assez appréciable, il se produit spontanément sur une certaine largeur, et, le ciel et son image réfléchie se marient par des contours arrondis. Je ne saurais mieux comparer l'effet de ce contact qu'à celui de deux cuillerées d'eau qui, étant versées parallèlement sur une table, viendraient peu à peu à se joindre : leur contact, au lieu de commencer d'abord par un point imperceptible, s'accomplit spontanément sur une certaine largeur, et cette jonction produit des contours semblables à ceux dont je viens de parler, bien que la cause physique de ces effets soit différente.

Les effets de mirage sont plus ou moins compliqués : tantôt on voit à l'horizon une suite de contacts du ciel avec son image réfléchie; ils ne laissent entre eux que quelques points visibles dont les formes plus ou moins fantasmagoriques se prêtent à bien des illusions. Ces taches, dont la couleur est peu appréciable dans le lointain, sont, pour l'un des rochers, pour l'autre des arbres ou un paysage; pour un troisième, des îles verdoyantes, etc. Pour ce qui est de l'aspect verdoyant, il est probable que le grand désir qu'a le voyageur de jouir d'une verdure dont il est privé dans le désert contribue autant que l'éloignement à lui faire attribuer cette couleur aux figures vaporeuses qu'il aperçoit, surtout quand elles lui paraissent affecter des formes de végétaux. D'autres encore voient dans le contact du ciel avec son image réfléchie l'entrée d'un port de mer, et dans les points visibles de l'horizon des vaisseaux à l'ancre ou à la voile; il est aussi question, dans je ne sais plus quelle relation, de chameaux en mouvement sur des quais; mais je pense que des taches, oscillantes peut-être, qui ont été prises pour des chameaux en Nubie ou en Arabie, auraient pu être prises pour des éléphants au Soudan, ou pour des gondoles à Venise.

Quant aux effets de mirage, qui reproduisent les objets réels et non défigurés, ceux-là sont moins équivoques; mais ils se produisent toujours en avant ou à proximité des objets mêmes. Ainsi, l'un des effets de ce genre les plus remarquables que j'aie vus, c'est le mirage d'un rang de palmiers-doums qui s'est réfléchi sur quatre et cinq rangs en avant les uns des autres (effet dont nous avons déjà parlé). Il produisait l'aspect d'un quinconce : cependant, avec un peu d'attention, on remarquait que les rangs inférieurs, qui auraient dû paraître plus gros et plus nettement dessinés, s'ils eussent été réels et en avant des autres, paraissaient au contraire d'une forme plus vague et de même grosseur que les plus éloignés, c'est-à-dire les plus élevés.

Dans ce même endroit, on voyait aussi des réflexions du ciel, quoique l'horizon fut borné par des montagnes. Pour que le mirage ait lieu dans cette circonstance, il faut que les couches d'air jouissent d'une grande puissance de réfraction, et cela arrive quand une brise fraîche, autant qu'elle peut l'être sous un soleil brûlant, s'arrête ou se calme sur un sol fortement échauffé. Alors il dilate vivement les couches inférieures, et leur donne une puissance de réfraction qui arrive à réfléchir les rayons lumineux sous un angle plus prononcé. Il est d'autres conditions qui favorisent encore le mirage : si, entre le spectateur et l'objet réfléchi, le sol présente un affaissement ou une concavité, alors un rayon lumineux partant de l'objet pour atteindre le bord de cette concavité peut subir une série de réfractions qui lui font décrire une courbure rapprochée de celle du sol. Dans ce cas, cette longue suite de réfractions, en s'accumulant sur le développement de la courbure, finit par réfléchir ce rayon lumineux dans une direction fortement déviée. Il résulte de là, et c'est ce qui a lieu en réalité, que le plus grand nombre des effets de mirage paraît se produire uniquement sur les parties de ces concavités les plus voisines de l'observateur. Maintenant on comprendra facilement que si, devant un spectateur, il se présente plusieurs dépressions ou concavités sur le sol, chacune de ces dépressions peut produire séparément un effet de mirage. C'est ce qui paraît avoir lieu dans beaucoup de circonstances, quand le même objet est reproduit plusieurs fois, ou que les réflexions du ciel se multiplient les unes devant les autres. Tel était effectivement le cas que nous avons signalé page 131 de ce volume.

FIN DU PREMIER VOLUME.

TABLE DES MATIÈRES

CONTENUES DANS CE VOLUME

PREMIÈRE PARTIE
ÉGYPTE ET NUBIE

Avant-propos. 1
Extrait du rapport de l'Académie des inscriptions et belles-lettres . . . 6

CHAPITRE PREMIER. — DÉPART DU CAIRE.

Rues et véhicules du Caire. — Embarquement sur le Nil. — Les villas du Caire. — Mœurs et réflexions. — Aspect de la vallée du Nil. — Différents groupes de pyramides. — Le crépuscule en Égypte. — Diversité des passagers.. 11

CHAPITRE II. — LES BORDS DU NIL.

Aspect de Béni-Souef. — Promenade et apparitions nocturnes. — Mes compagnons de voyage. — Les *saki*. — L'arrosement des terres. — Filature et palais des pachas. — Les hypogées. — Sons harmonieux sur le Nil. — Kénéh et Dendérah. — Lenteurs des barques à voiles. — Anglais et Russe aux prises. — Approche de Thèbes. 23

CHAPITRE III. — THÈBES.

Palais de Luxor. — Le ciel qu'il faut à l'obélisque. — Les hiéroglyphes. État actuel de Luxor. — Karnak; ses avenues de sphinx; Aspect colossal de Karnak. — Origine de l'ordre architectural. — Étendue de Karnak. — Statue parlante de Memnon. — Réflexions sur Karnak. — Barbarie de l'islamisme. — L'histoire révélée par les monuments. — Transport des monolithes. — L'art est né sur les bords du Nil. — Antiquités offertes par les fellahs.. 35

CHAPITRE IV. — DE THÈBES A SYÈNE.

Esneh; son temple. — Les Almées d'autrefois. — Immutabilité en Égypte. — Costume des Almées. — Danses lascives. — Imitation des saturnales antiques.— La bastonnade appliquée. — Effets divers de la bastonnade.—

Edfou ; type de temple. — La triade égyptienne. — Assouan. — Forme et nature de l'Égypte. — Produits de l'Égypte.   55

CHAPITRE V. — ILE DE PHILÆ.

Première cataracte. — Sites remarquables. — Monuments de l'île de Philæ. — Légende orientale — Seul dans l'île sacrée. — Apparition fantastique. .   75

CHAPITRE VI. — BASSE NUBIE.

Procédé turc. — Lenteur de la navigation. — Le tropique. — Vallée du Nil en Nubie. — Nombreux temples. — Maisons nubiennes. — Intérieur nubien. — Usages divers. — La bestialité. — Korosko. — Mosquée primitive. — Préparatifs de la caravane.   89

CHAPITRE VII. — MONTAGNES DU DÉSERT.

Défilés inextricables. — Sinistres rencontres. — Contrastes de la nature. — Le trou du buffle. — Notre monde. — Installation au désert. — Carcasses d'animaux solidifiées.   109

CHAPITRE VIII. — DÉSERT DE KOROSKO.

Le désert change d'aspect. — Fleuve sans eau. — Formation du désert. — Mer de sable. — Caravane d'esclaves. — Les géodes. — Autre formation. — Remarquable effet de mirage.   121

CHAPITRE IX. — EL MOURATH OU LES PUITS AMERS.

Les eaux saumâtres. — Perspective illusoire. — Abandon d'un chameau épuisé. — Apparences trompeuses. — L'intérieur d'une montagne.   135

CHAPITRE X. — LE KRAMSINE.

Obligations impérieuses du désert. — Indice de Kramsine. — L'eau devient nauséabonde. — Le soleil scarifie la peau. — La tempête nous menace. — Précautions contre les pluies de sable. — Chaudes rafales du Kramsine. — On ne choisit pas son lit. — Marche pénible. — Un signe d'espoir. — La joie renaît. — Chants et danses des chameliers. — Un coin de verdure après le désert.   147

DEUXIÈME PARTIE

ÉTHIOPIE

CHAPITRE PREMIER. — LE PAYS DE ROBATAT.

Un Éden. — Un oiseau armé. — Protection du saint Abou-Hamed. — Différence de population. — Cause du teint nègre. — Abadiè et Bicharry. — Type physique et coiffure. — Vêtement. — Coutumes antiques et inductions. — Nature géologique. — Pluie de sable. — Un chef bâtonné. — Un crocodile. — Étude de mœurs. — Métier éthiopien. — Site charmant. — Comme on fait son lit.   163

TABLE DES MATIÈRES. 431

CHAPITRE II. — **DANSE ET CÉRÉMONIE FUNÈBRE.**

Danse bizarre. — Contorsions lugubres. — Singulières ablutions. — Lamentations. — Convoi funèbre. — La fosse. — Différents caractères de danse. — Nature de la musique. 187

CHAPITRE III. — **BERBER.**

El-Mekkeri. — Les courtisanes. — Contrastes. — Indépendance et asservissement. — Navigation sur le Nil. — Récréations des matelots. — Les bords du Nil dépeuplés. — L'amulette. — Une mère qui vend son enfant. — Servitude de la femme. 197

CHAPITRE IV. — **MÉROÉ.**

Le parti qu'il fallut prendre. — Marche de nuit. — Incident. — Emplacement de Méroé. — Nécropoles de pyramides — Age différent des pyramides. — Le sanctuaire. — Sujets des décorations. — Caractère des sculptures. — Sujet d'origine égyptienne. — Je rejoins la dahabié. . . . 211

CHAPITRE V. — **CHENDY. — MORT TRAGIQUE.**

Ville détruite. — Petite cause de grands événements. — Orgie funeste. — Les convives brûlés. — Atroce vengeance. — Palais nubien. — Cérémonial. — Dîner turc. — Départ pour Naga. 225

CHAPITRE VI. — **NAGA. — MŒURS.**

Désir incompris. — Les houris de Naga. — Songe et réalité. — Tentation. — Éclaircissement. — Hospitalité éthiopienne. — Ruines d'El-Sourat. — Désappointement. — La case des étrangers. — Mauvais vouloir. — Grâce et nudité des femmes. — Départ pour le désert. — Une caverne et ses hôtes. — Nous cheminons au hasard. — Une alerte. 239

CHAPITRE VII. — **RUINES DU DÉSERT D'AREDAH.**

Les Pontifes jugeaient les rois. — Aredah doit être l'antique Arrata. — Destination de Méçaourat. — Disposition des ruines. — Particularité des temples. — Variété de l'ornementation. — Origine du style. — Édifice extérieur. — Quelle était la toiture. — Le chemin d'Arrata. 261

CHAPITRE VIII. — **RUINES D'ARRATA DANS LE DÉSERT DE NAGA.**

Disposition des ruines. — Différentes époques. — Le grand temple. — Propylée. — Distribution du grand temple. — Temple de l'Est. — Temple de l'Ouest. — Sculpture et ornementation. — Construction. — Style romano-égyptien. — Temple du Sud et autres ruines. — Comme on vit au désert. — Dissentiments. — Seul dans les steppes du désert. — Nature du sol. — Derniers restes de la civilisation au Sud. — Ruines de Sauba. . . 275

CHAPITRE IX. — **LES STEPPES D'AREDAH.**

Le royaume des herbivores. — L'Onagre. — Compagnons inattendus. — Vertu de la boussole. — Triste perspective. — Une découverte. . . 297

CHAPITRE X. — UN CAMPEMENT DE PASTEUR.

Entourage indéfinissable. — Une visiteuse. — Complément de l'hospitalité. — Conséquences de la vénalité de la femme. — Mésaventure et perplexité. — Perte irréparable. — Dénûment. — Région des pluies. — Arrivée à Kartoum... 305

CHAPITRE XI. — DÉSERT DE BAHIOUDA.

Autre temps autres hommes. — Faune des steppes de Bahiouda. — Route de Mitameh. — Retenus au désert. — Sorte d'hallucination. — Nous reprenons notre marche. — Acropole chrétienne. — Ruines de basilique. — Les torrents... 321

CHAPITRE XII. — RUINES DE NAPATA.

Illusions et néant. — Sanctuaire des pyramides. — Destination des pyramides — Voûtes remarquables. — Forme et âge relatif des pyramides. — Les temples. — Les plus anciennes ruines. — Animaux symboliques. — Sacrifices humains. — Le typhonium. — Similitude d'usages anciens et modernes. — Destruction de Napata. — Nécropole de Nouri. — Chaleur accablante. — Sous les palmiers. — Agréable surprise............ 335

CHAPITRE XIII. — LE DONGOLAH.

Douce navigation. — L'ancienne Dongolah. — La douleur exprimée par la danse. — Les contrastes. — Les bords du Nil. — El Ordah. — Les fourmis blanches. — Populations et mœurs. — Victimes de l'esclavage. — Conversions faciles. — Comme on juge le nègre. — Cause du maintien de l'esclavage... 359

CHAPITRE XIV. — RÉGION DES PIERRES ET DES CATARACTES.

Passage d'une cataracte. — Notre barque violemment emportée. — Influence du point de vue. — Nouvelle cataracte. — Ruines de Secé. — Soleb ou Abuncis. — Doch Nélona. — Amara. — Les phases de la génération. — Cataracte de Dal. — Le pays des pierres. — Un monde exceptionnel. — Semné. — Temples de style primitif. — Pauvre pays. — Plus d'espoir. — Le chaos. — Souvenir et réalité... 375

CHAPITRE XV. — IBSAMBOUL.

Les colosses d'Ibsamboul. — Le spéos d'Hathor. — Mésintelligence. — Le temple souterrain de Phré. — Révélations des tableaux antiques. — Incertitude sur la destination des temples. — On espère toujours. — Amada. — Réquisition à la turque. — Rébellion... 397

FORMATION DU SAHARA........................... 414
LE MIRAGE..................................... 422

FIN DE LA TABLE DU PREMIER VOLUME

PARIS. — IMP. SIMON RAÇON ET COMP., RUE D'ERFURTH, 1

www.ingramcontent.com/pod-product-compliance
Lightning Source LLC
Chambersburg PA
CBHW050911230426
43666CB00010B/2117